高等职业教育电子商务专业系列教材

# 企业直播与运营

主　编：罗维佳
副主编：刘俊怡　刘燕妮
彭之昊　邹凯茵

重庆大学出版社

## 内容简介

本书基于企业直播在多行业多场景中的应用实践，以培养能适应各行各业要求的直播运营人才为目标，在“炼核心、塑技能、提素养”的编写原则下，以“品质直播”为核心，详细讲解了企业直播的基础知识和应用路径，从知识技能解析到实操实战设计，从直播工作流程到各直播场景的应用落地，图文并茂，内容全面丰富，讲解由浅入深，打造立体化的品质直播实战教学内容。本书适用于职业院校电子商务类、市场营销类等商贸专业教学，可作为有意向从事直播类工作人员的学习用书。

**图书在版编目（CIP）数据**

企业直播与运营 / 罗维佳主编. -- 重庆 : 重庆大学出版社， 2024.1
高等职业教育电子商务专业系列教材
ISBN 978-7-5689-4413-7

Ⅰ.①企… Ⅱ.①罗… Ⅲ.①网络营销—高等职业教育—教材 Ⅳ.①F713.365.2

中国国家版本馆CIP数据核字(2024)第065541号

企业直播与运营
QIYE ZHIBO YU YUNYING

主　编　罗维佳
副主编　刘俊怡　刘燕妮　彭之昊　邹凯茵
参　编　徐林海

策划编辑：龙沛瑶
责任编辑：龙沛瑶　版式设计：龙沛瑶
责任校对：刘志刚　责任印制：张　策

*

重庆大学出版社出版发行
出版人：陈晓阳
社址：重庆市沙坪坝区大学城西路21号
邮编：401331
电话：（023）88617190　88617185（中小学）
传真：（023）88617186　88617166
网址：http://www.cqup.com.cn
邮箱：fxk@cqup.com.cn（营销中心）
全国新华书店经销
重庆正文印务有限公司印刷

*

开本：787mm × 1092mm　1/16　印张：17.25　字数：360千
2024年1月第1版　2024年1月第1次印刷
印数：1—2 000
ISBN 978-7-5689-4413-7　定价：68.00元

# 前言
Preface

当下，企业直播已从激进扩张升级为品质直播，培养以用户体验为准则、以业务需求为核心、以直播技术为依托的品质直播运营人才是职业院校的重要育人内容。基于品质化升级的需求和工作流程变化，直播除企业的宣传销售以外，在诸多行业、场景中均已有了应用实践：如数字会展、教育培训等。在此背景下，本书内容将聚焦3个模块，赋能数字化商贸人才的企业直播与运营能力教学：

1.基于企业直播运营的基础知识模块，包括企业直播的发展历程、企业直播的常见业务、我国企业直播产业图谱、企业直播的工作岗位、企业直播平台与工具、企业直播效果评估数据指标、直播从业法律法规等。

2.基于企业多场景应用的品质直播模块，包括卖场门店、工厂基地、展会论坛等。

3.基于未来趋势的新直播技术模块，比如元宇宙概念下的数字人直播、虚拟现实直播等。

本教材的创新价值点在于打造一门能够面向广阔应用场景，以企业直播运营为知识内容、以直播实施管理为技能要求、以数字化职业能力为素养的职业教育课程。以企业直播运营为视角，以“品质直播”为核心，从知识技能解析到实操实战设计，共9个项目，27个任务，由浅入深，由点及面，循序渐进，包括认识企业直播、企业直播平台与工具，学习直播效果评估，掌握企业直播规范准则，打造企业品质直播，做好直播带货，打造空中展厅，搭建高效课堂，认识直播技术发展及应用创新等内容。每个项目后附有案例与实操，教学资源丰富，力求为读者提供全面而深入的学习体验。

在企业直播运营基础模块：

项目一是探索企业直播，包括直播的概念解析与现状趋势认知、企业直播常见业务与应用场景、企业直播的工作岗位认知与团队建设要求。通过“做”与“学”结合，学习者建立对企业直播的扎实认知，为后续的项目任务打好基础。

项目二是企业直播平台与工具，包括探究公域与私域流量、探究直播平台（短视频类、社交类、电商类、直播服务商类）、探究直播设施设备、探究内容创意服务工具。在本项目中，学习者可全面认识我国直播行业内的平台特征与流量特点，掌握直播设备道具与软件服务应用，为接下来的任务实操、培养专业能力做准备。

项目三是直播效果评估，要求学习者掌握直播数据指标的内涵与直播效果分析工具的应用，培养具备能够独立分析直播活动的运营数据，使用各种工具与技术对直播进行效果评估，能够独立设计直播活动的效果评估方案的专业能力。

项目四是企业直播规范准则，学习者需要了解直播相关法律法规的概念和特征，掌握电子商务法的调整对象和范围，掌握广告法的基本情况及制度规范，掌握网络主播行为规范，掌握网络信息内容生态治理规定的主要内容。此项目旨在帮助学习者实现在直播实践活动中遵守行业自律，建立法规意识。

在打造多场景品质直播模块：

项目五是打造企业品质直播，包括直播展示、直播引流、直播互动三方面的内容，使得学习者掌握打造直播优质展示的要点、掌握直播前中后分发推广宣传的策略、掌握直播互动策略与应用技巧，培育学习者无论应对哪种直播场景都可以保证品质直播与运营管理的职业素养。

项目六是做好直播带货，属于品质直播在营销场景下的应用，内容包括：规划营销直播全场脚本，设计直播话术，直播执行与管理要点，直播准备和意外应对与处理、直播复盘等全流程工作，通过分阶段分任务的实操训练，培育学习者构建营销直播的专业能力。

项目七是打造空中展厅，属于品质直播在连锁门店直播、工厂直播、展会直播下的应用，培育学习者认识门店直播、工厂直播、展会直播的特点优势，掌握运营操作要点，通过分阶段分任务的实操训练，培育学习者构建多场景下直播的专业能力。

项目八是实现数字化高效沟通，属于品质直播在教育课程直播、企业培训直播下的应用，培育学习者认识课程直播、企业培训直播的特点优势，掌握运营操作要点，通过分阶段分任务的实操训练，培育学习者构建多场景下直播的专业能力。

企业直播新趋势的模块：

项目九围绕数字人直播、扩展现实技术直播、元宇宙直播三方面内容，以提升探索调研职业能力为线索，涉及了解有关数字人直播、扩展现实技术直播、元宇宙直播的现实应用与优势特征，培养学习者创新进取精神，不断探索新技术、新要素、新业态的能力。

本教材特色是情景教学、任务驱动和成果导向，利用思维导图构建图形化技能图谱，强调OBE（Outcome-based Education，基于学习产出的教育模式）成果导向引导课程作品产出，每个项目均采用“情景导入、知识解析、任务实施、应用实操、任务评价”的组织形式，全面指导学习者深入开展企业直播运营的学习与探究，更注重数字商贸人才的职业核心能力与信息素养，培养“硬技能”的同时，也塑造“强内核”，同时，教学内容结合校企合作的项目需求可灵活重构教学环节和考核任务，更加突出职业教育的技能能力要求和产教融合需求。

本书模块一的项目一、二，模块三，由罗维佳编写；模块二的项目五、六由刘俊怡编写；模块二的项目七、八由罗维佳、刘燕妮合作编写；模块一的项目三由罗维佳、彭之昊合作编写；模块一的项目四由邹凯茵编写；全书统稿由罗维佳完成。

感谢南京奥派信息产业股份公司董事长徐林海老师对教材提出宝贵建议，基于1+X直播电商证书的评价标准，指导设计教材实操任务和评价标准，对教材的岗课赛证融通在内容上给予了大力支持，在此向他表示衷心的感谢。

由于水平有限，尽管我们在编写过程中力求准确、完善，但书中难免存在疏漏和不足之处，敬请专家和广大读者提出宝贵意见。

编 者

广 州

2023年12月18日

# 目 录
Contents

# 模块一　企业直播运营基础

## 项目一
## 探索企业直播

【职场场景训练】

党的二十大报告明确数字经济是构建现代化经济体系的重要引擎，要大力推动数字经济与实体经济融合发展的战略部署。“直播+”作为数字经济视角下企业的主要升级路径被各行各业广泛看好。

小慧是一名就读职业院校电子商务专业的学生，因兴趣在生活中经常观看直播，也抱有日后从事直播类工作的想法。为了做好自己的职业生涯规划，小慧计划在明确自身的能力和特点后，建立对直播行业的全局认识，探明直播行业的发展前景，调查直播类岗位要求和上升路径，根据自己的特点和现实条件，确立自己的职业生涯目标，明晰自己的努力方向，有计划有步骤地设计学习目标，从而提高自己的竞争能力。

【项目学习目标】

通过本项目的学习，应达到的具体目标如下：

1.知识目标

（1）掌握直播的概念和直播行业的发展状况。

（2）了解企业直播的业务内容与场景应用。

（3）了解企业直播的工作岗位与职责。

2.技能目标

（1）能够通过调查了解直播行业状况。

（2）能够通过调查了解企业具体直播业务。

（3）能够通过调查了解直播业务的岗位要求与职责。

3.素养目标

（1）拥有不断学习、提高技能的意识。

（2）重视市场调查，具备谨慎执业、细致严谨的职业品格。

（3）具备创新进取精神，不断探索新技术、新要素、新业态。

【技能提升图谱】

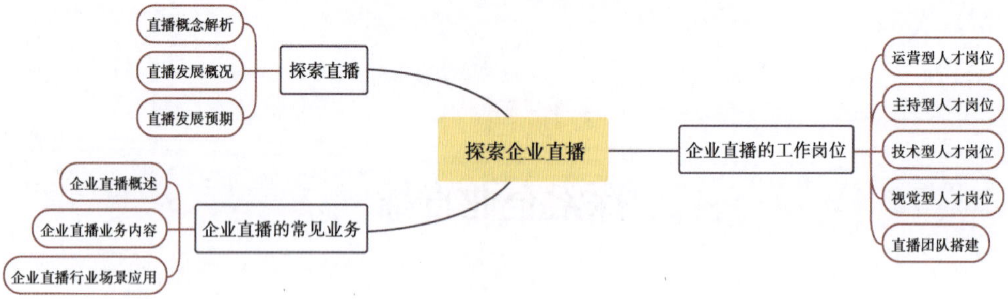


【学习成果展示】

直播类岗位从业规划书

# 任务一　探索直播

【情境导入】

小慧从日常接触到的各种媒体上，感受到了直播业务蓬勃发展，一片繁荣景象。通过学校学习，小慧知道职业生涯规划应该建立在客观、全面的行业分析基础上，所以小慧计划对直播行业进行调研，了解当下直播的发展情况与未来趋势。

【知识解析】

## 一、直播概念解析

直播，通常是指“网络直播”，在广播电视词典里将直播界定为“广播电视节目的后期合成、播出同时进行的播出方式”。

目前，根据直播内容采集方式的不同，可将直播分两类：一类是“网络电视”，是电视媒体中心在网上提供电视信号的观看，例如各类体育比赛和文艺活动的直播，这类直播原理是将电视信号通过采集，转换为数字信号输入电脑，实时上传网站供人观看；另一类是在互联网移动终端上广泛使用的“网络直播”，通过在现场架设独立的信号采集设备，将采集的音频、视频导入导播端，再通过网络上传至服务器，发布至用户终端供人观看。

“网络直播”原先在互联网上是存在于秀场直播或语音直播间的，用户主要通过电脑进行收听互动，直播内容多为演唱、聊天。而到后期，直播逐渐成为企业产品或服务的网络营销与宣传方式，形式多样，包括并不限于：直播导购、直播培训、直播健身、直播卖房等。

## 二、直播发展概况

2019年被称为我国“直播带货”元年，直播作为一种线上购物形式快速进入大众生活。紧接着，2020年突如其来的疫情冲击线下消费，直播带货进一步主流化，因其打破空间距离，直观的画面展现吸引更多用户浏览观看，同时，因其便于沟通，提高用户黏性和忠诚度；企业因疫情而来的线下销售困难在线上直播得到解决，从此直播带货成为新型消费中的重要环节。除了知名主播，还有众多的品牌商、企业和“新人”也加入了直播大潮。这些“新人”包括各级领导干部，他们开始化身“带货达人”推销地方旅游资源和农副产品；企业家群体也不断加入直播，强化品牌形象维护用户关系；就连以保守著称的传统金融机构，也纷纷开始在支付宝上直播卖基金，在直播间给用户送福利。

同时，因直播的便利与高效，直播技术开始在各行各业应用普及。2020年年初，5000万名网友齐聚直播间，观看武汉火神山、雷神山医院施工现场的24小时直播；中国各地的大学、中小学等各个院校的线下老师们，开始采用网络进行线上直播教学。

后疫情时代，直播业态在提振经济、促进消费方面也起到了重要作用。“直播+”形式应时而生，为实体经济向数字化转型提供了平台，“直播+电商”“直播+助农”“直播+文旅”等新商业模式实现了快速发展。同时，抖音等短视频平台在助推优质内容创作上，也为传统文化的传播贡献了力量。

大众用户对直播的热衷，推动更多企业积极探索直播。从场景来说，企业直播已经由单一的发布会直播升级到全场景直播矩阵，即培训直播、营销直播、数字会展、办公直播、招聘直播。如果说“互联网+”在我国的推广与普及花了3～5年时间，那么“直播+”只花了数月，便从体育、游戏、真人聊天秀、演唱会等泛娱乐领域“出圈”，快速在电商、会展、文旅、教育、新闻、出版、政务等领域开花结果，成为各行各业的“标配”。当下，更多“直播+”业态不断涌现，已然万物皆可卖，全民皆主播。

## 三、直播发展预期

2021年开始，直播电商的规模开始破万亿元，每周有超过20000场直播在各个电商平台上演。直播作为营销活动链条中集品牌传播、产品销售、客户服务、转化变现为一体的重要环节，是营销工作中的最佳流量入口和最好的转化平台，已经成为企业常态化运营的一部分。现在有越来越多的传统行业、线下门店通过短视频、直播等方式实现数字化转型和商业模式创新，迎来企业经营的事业第二春。

未来的直播发展前景十分广阔，一方面，它能承载更多的内容传播，通过网络直播平台深度赋能更多领域，如教育、医疗、文化等，提供更加精准的服务；另一方面，随着技术的发展，直播智能化将成为网络直播的未来发展趋势。例如，AI主播技术的应用，使机器人主播可以和真人主播一样表现出情感和互动，同时可以更好地满足用户的需求。

与此同时，直播技术的快速发展，为直播的全球化提供了技术支持。在全球经济协同发展的视角下，全球直播市场越来越受到重视，各大直播平台开始布局全球市场。海外用户数量的增加也加速了直播行业的全球化。直播平台根据不同国家和地区的文化和市场需求，适当地调整和优化平台的内容和功能，以更好地适应当地用户的需求，实现更好的用户体验和商业回报。

综上所述，我国直播电商行业处于快速发展期，直播带货将成为越来越多商家标配的营销方式，被各行各业广泛重视，传统的搜索广告、图文广告等形式将逐步被取代，直播的未来趋势将是更加多元、智能、全球化，赋能数字经济的发展。

【任务实施】

小慧计划对直播行业建立一个客观全面的通识。打算通过以下方法搜集信息：

1.搜索行业分析报告

进入艾瑞网。

点击右上角搜索框，搜索行业关键词“直播”。

艾瑞网页面

进入第一财经商业数据中心。

点击上方搜索框，搜索行业关键词“直播”。

搜索结果选择“报告”标签。

第一财经商业数据中心页面

2.搜索上市公司年报

选择在直播行业内已上市的公司，搜索年报。

进入巨潮资讯网。

左上角公告速查，输入证券代码，分类选择年报。

巨潮资讯网页面

查看年报中的市场回顾了解行业信息与背景。

3.搜索上市公司招股书

选择在直播行业内即将上市的公司，搜索招股书。

进入上海证券交易所官网搜索。

进入深圳证券交易所官网搜索。

进入香港证券交易所官网搜索。

具体搜索方式参考下图：

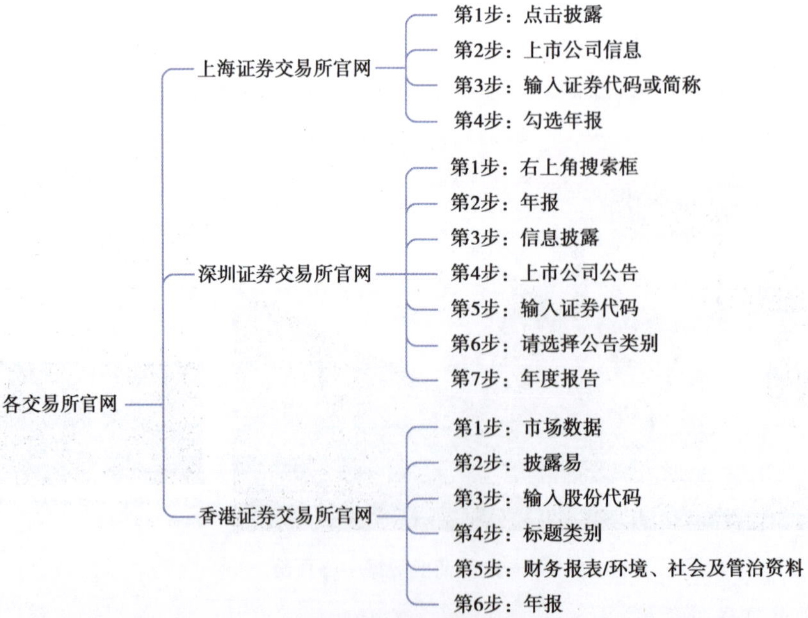


上市公司招股书搜索路径

（图片来源：网络公开资料整理）

搜集行业分析报告和年报、招股书后，小慧开始根据资料中有关市场规模、竞争格局等内容进行汇总整理，从而建立全面客观的行业认知。

【应用实操】

请按照行业分析报告、上市公司年报、上市公司招股说明书的路径，查找以下行业或公司的市场规模、竞争格局等内容，并形成总结结论。

（1）搜索直播行业调研报告。

（2）调研某一直播相关的已上市公司。

（3）调研某一直播相关的即将上市公司。

【实操评价】

| 项目 | 能够按要求搜集材料 | 能够摘录出市场规模、竞争格局等内容 | 能够根据汇总的材料得出结论 |
| --- | --- | --- | --- |
| 评分标准 | 优秀：行业分析报告和年报、招股书三项完整<br>良好：行业分析报告和年报、招股书两项完整<br>合格：行业分析报告和年报、招股书一项完整 | 优秀：资料完整准确<br>良好：资料较为完整准确<br>合格：资料一般完整准确 | 优秀：结论客观准确<br>良好：结论较为客观准确<br>合格：结论一般客观准确 |
| 自我评价 | □优秀 | □优秀 | □优秀 |
| | □良好 | □良好 | □良好 |
| | □合格 | □合格 | □合格 |
| 小组评价 | □优秀 | □优秀 | □优秀 |
| | □良好 | □良好 | □良好 |
| | □合格 | □合格 | □合格 |

# 任务二　企业直播的常见业务

【情境导入】

小慧在通过搜集行业调研报告、行业资料后，系统地了解了直播行业的发展现状，感受到直播已经从娱乐秀场、电商带货赋能到生活的各个方面。接下来，为了更加明确了解直播行业的发展前景和落地到生活的应用，做好职业生涯规划的背景调研，小慧想要更加具体地了解直播究竟让传统行业产生哪些变化，产生了什么价值，当下企业的直播业务究竟有哪些？

【知识解析】

## 一、企业直播概述

企业直播，是指企业因商务需求而展开的专业级的网络直播，涵盖营销、会展、培训等多场景，是企业实现数字化转型的重要方式。

近年来，网络直播发展得如火如荼，直播类型也发生了巨大变化，“泛生活直播”已经迅速普及铺开，如直播公开课、健身直播、演唱会直播、以“东方甄选”为代表的文化电商直播等，满足了人们对直播的多样化需求。

在商务场景方面，企业直播自2010年产生，因疫情迎来了暴发期，企业直播需求激增，对内组织会议、培训直播，对外实现促销、峰会直播。根据中国互联网信息中心（CNNIC）的统计数据，受到疫情的助推，2020年以来网络直播的用户使用率明显上升，近几年网络直播的用户规模始终保持上升趋势。同时，用户对在线医疗、在线办公等新业态的接受度不断攀升，日常生活和工作线上化的趋势不断加深，网络直播能力也逐渐发展为企业在数字化时代的新基建能力。

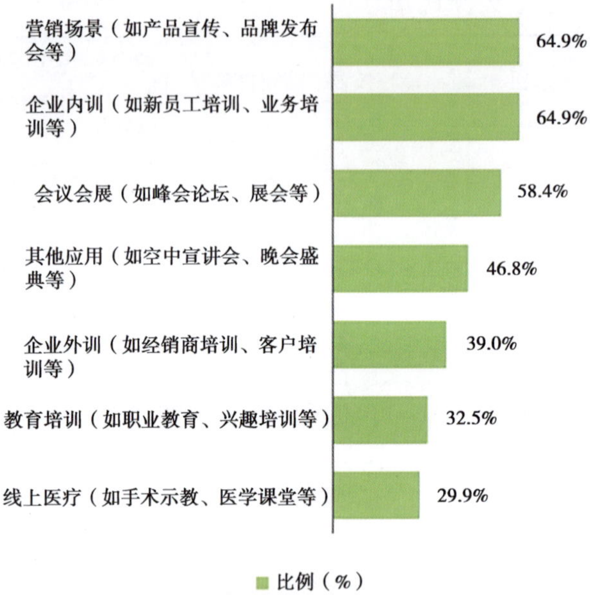


2022年中国企业直播客户主要应用场景分布

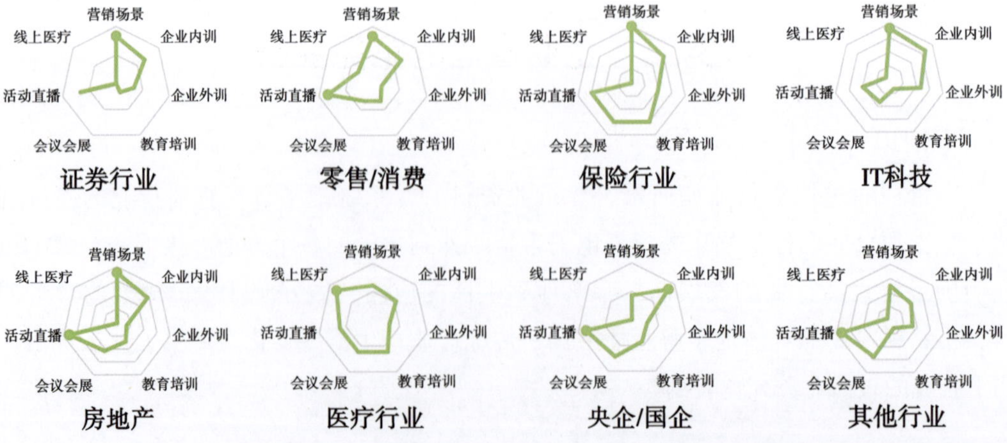


2022年中国企业直播客户不同行业的主要应用场景差异分析

相较于个人直播，企业直播其实用性、商务性更强，两者之间有显著区别，具体见下表。

企业直播与个人直播对比分析

| 比较维度 | 企业直播 | 个人直播 |
| --- | --- | --- |
| 平台流量 | 不依赖 | 高依赖 |
| 数据所有权 | 归属于企业方 | 归属于平台方 |
| 直播宣传 | 凸显企业方，可定制 | 凸显直播平台和个人 IP |
| 客户服务 | 企业专属客服 | 个人自配客服 |

企业直播行业的供需两端都受到政策的鼓励和支持，企业直播行业也随之蓬勃发展。云计算、大数据等技术作为企业直播平台的上游和底层技术，一直被国家大力支持，相关技术水平的提高也进一步助推了企业直播行业的供给水平。与此同时，各级政府对直播这样的新业态的应用也持非常积极的态度，推出了从产业发展规划到相关监管政策再到技能人才培育等多方面的规划，大力支持直播相关产业的健康发展。因而，企业直播受供需两端利好的带动也随之发展。

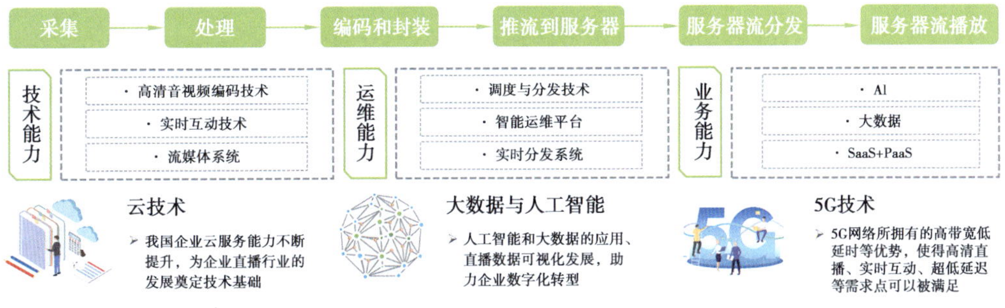


直播全流程关键环节及所需能力

## 二、企业直播业务内容

### （一）营销活动

企业直播在营销场景下的应用，成功地将线下用户引导到线上，通过前端传播营销引流，中端技术支持加速转化和后端客户分析运营，贯穿企业产品线上销售前中后全流程，为企业提供场景化营销。一方面，提供底层数据能力快速搭建营销渠道，实现企业私域流量运营，助力企业建立自己的私域流量池构建流量闭环，便于企业通过数字手段洞察用户；另一方面，通过数据化工具和多种互动模式，预设营销点刺激用户购买转化，同时在数据流量池中形成用户数据标签、沉淀用户数据、完善用户画像，进而实现精准化营销。

## （二）会展活动

企业会展活动包括招商引资、线上招聘、新品发布、客户答谢等，能够实现内部资源共享，多部门协同管理直播后台及内容，共享内部资源，降低管理成本；丰富内容形式，包括图文、音频、视频等，可根据实际场景需要自由组合；能够帮助企业建立品牌视觉系统，打造品牌形象；突破地域限制，不再受限于线下展馆空间，可覆盖异地场景进行管理或推广。

会展活动直播区别于传统线下活动，它是一种全新的以互动直播为核心，以数字化为驱动的线上活动形式，通过全流程的用户旅程设计、创新的虚拟参会体验、多维度数据采集及分析，打造媲美线下甚至超越线下的用户参会体验和活动效果。

【聚焦案例】华为全联接大会，打造一场纯线上的标杆型全球盛会

华为全联接大会（简称华为HC）是华为旨在面向全球打造的ICT产业盛会，其体量之大堪比世博会。它凭借高含金量的大会内容，已逐步形成世界级影响力。借助企业直播，华为HC实现了六大突破：

第一，突破以往广播式模式，从单向式广播到多方全球联动参与，不仅遍布全球的嘉宾可以通过直播连麦参与直播分享和互动，而且全球经销商、代理商可以通过直播来实现基于本地化需求的线上分享，实现全方位营销联动。

第二，实现线上逛展，甚至直接进行项目咨询，为全球用户创造一个足不出户却无限接近甚至优于线下面对面沟通的便捷线上体验。

第三，突破物理空间限制，让7×24小时不落幕的虚拟演播厅成为现实。

第四，突破时间限制，实现了从4天到60天的线上峰会时间周期。会前预热直播近百场、会中主论坛等直播250余场，会后还将进行100余场全球直播，近500场直播以12大语种全球联动的方式呈现在观众面前。

第五，为50多个国家和地区用户定制了多种本地化语言界面及直播内容，优化界面交互，提升用户直播体验。

第六，基于独立站，从用户引流—激活—转化—留存全生命周期的运营管理以及数据留存，并且将用户数据对接到数据中台，进行私域数据的积累及管理。

**华为全联接大会网页截图**

（资料来源：陈雨禾.华为全面智能化战略点燃A股[N].金融投资报，2023-09-21（1）.）

### （三）企业培训

企业培训是指企业或针对企业开展的一种为提高人员素质、能力、工作绩效和对组织的贡献，而实施的有计划、有系统的培养和训练活动。

随着直播行业的发展，企业培训场景下的价值不断提高，从过去仅把直播作为扩展线下培训的渠道，到如今越来越多的行业开始使用直播进行培训，并有效利用直播这种手段达到降本增效的培训效果。

企业培训直播的运营方式丰富，培训互动、培训考核等功能不断完善，培训数据的可留存和易分析，有效帮助企业提升培训直播的效果；同时优秀讲师对直播效果的调动作用越来越显著。培训直播的效果由依赖工具功能转向依赖人如何使用直播工具。

【聚焦案例】中国国际航空股份有限公司使用直播完成员工培训

中国国际航空股份有限公司（AIR CHINA），简称“国航”，早在2013年，国航正式上线运行国航在线学习平台（e-Learning），学习形式上以课件共享、录制视频为主，在即时性、互动性和反馈等方面有所欠缺。

随着国航数字化转型逐渐深入，对培训信息化工作提出更高要求。在此背景下，国航e-Learning平台率先接入直播服务，提升培训效果。

1.前期宣传推广，线上线下引流：国航在线学习平台为每次培训直播设计专门的宣传文案和海报，在微信公众号、企业内部群中推送。

2.精心打造直播间，直播课程品质化：国航培训直播在专门的虚拟演播室中进行，环境封闭、隔音安静，画面干净统一，直播效果更佳。此外，根据培训主题设置自定义背景，精心装修线上直播间，吸引学员预约观看。

3.高效直播互动，随时随地学习：除了电脑端登录在线学习平台观看直播外，国航专为微信端开辟观看路径，员工摆脱固定工位、电脑束缚，充分利用碎片化时间，随时随地进行学习。光看直播还不够，学员可以通过小程序连麦直接沟通；培训部门利用登记观看、签到、答题卡等功能考察参与人数和学习进度；学员评论提问，讲师在线解答。

4.沉淀培训内容，巩固学习效果：直播时国航学员可在直播间按需切换PPT和摄像头画面；直播结束后自动生成回放，保留章节回放和聊天内容同步回放。学员根据知识薄弱点对应到具体章节选择性补课。回放内容在线剪辑，制作成微课和优质课件，沉淀下来多次复用，实现价值最大化。配合直播课前预学和课后考核，巩固学习效果。

5.多重加密保护，直播安全稳定：首先，学员无论在PC还是移动端观看直播，都需要先登录或绑定e-Learning账户，对接公司白名单，即内部员工才有权限。其次直播流加密、防盗链、防录屏等多重手段保障国航直播内容安全，不被外泄。国航尤其注重直播系统的稳定性，高并发、低延迟的流畅直播带给员工更好的学习体验。

直播课程页面

## 三、企业直播行业场景应用

### （一）IT行业

IT行业是企业直播渗透效果最佳的行业之一。对于科技行业相关公司，IT行业具有产品更新快、行业知识更新迅速且实践性强等特征，企业需要及时获取数据进行分析，才可以迭代出满足客户需求的产品。在此背景下，企业直播中的数据分析系统可以便捷地统计企业数据，形成针对不同用户的画像，方便企业后期进行数据分析及管理追踪。企业直播让IT企业以更加直观的方式向消费者展示产品，提高产品性能感受，体验产品玩法，通过专业的内容营销，辅助多样化的运营活动，切入数据分析系统，帮助企业实现营销破局。

### （二）教培行业

随着人们生活的日益数字化，教育授课在直播技术加持下，迎来了全线数字化进阶。无论是教培行业企业，还是传统企业自身内部培训，都迎来了全场景的学习创新。在企业端，直播课堂成为企业、员工、客户、社会之间的连接空间，在生活中，学历教育、素质教育成为学生、老师、学校、家庭的连接空间。相比线下教育，线上直播的课堂管理更加注重互动和效果反馈，在直播教育过程中，机构可以利用虚拟礼物打赏、弹幕、画中画等互联网方式助力讲师和学生的互动，保证线上教学效果，提高用户在线学习积极性，直播结束后，机构可以利用直播数据分析功能，查看直播概况、评论互动、学员画像等数据，复盘总结，快速制定直播引流策略，调整相应的教学方案。因此，直播相比线下授课承载了更高维的信息密度，具有实时性、互动性、真实感等特点，能够给用户带来不一样的体验。

【聚焦案例】同上一节音乐课，云课堂助力音乐教育

音乐，本应该是一种普惠性的教育，但教育资源的不平衡，让普惠性的音乐教育成为难题。而直播成了普惠优质音乐教育资源的最好途径，通过直播，让音乐教育资源稀缺的地区学校与市区学校同步上课，让音乐教育不均衡的地区也能接受到音乐的熏陶，在孩子们的心里种下一颗音乐的种子。

2020年5月27日，中央音乐学院音乐教育学院研二学生作为授课老师，通过线上直播互动的方式为延安市的小学生们上了一堂生动有趣的音乐课。在直播中，老师通过直播带着延安市的小学生们熟悉节奏，并分男女声部进行节奏的练习，而延安小学生们虽然是通过直播参与到这堂云音乐课，却也非常积极配合，眼也不眨地跟着老师进行练习。在经过数次的练习后，孩子们与授课老师一起熟练唱出了《陕北娃，兴中华》这一首铿锵有力、节奏明快的红歌。

这一场中央音乐学院音乐教育学院师生与延安市的小学生同上一堂云音乐课的直播吸引了超过4万人次的观看，不仅是延安市的小学生们进行了直播观看，从数据后台上看，许多来自全国各地的用户也纷纷跟随直播学习。据了解，此次中央音乐学院音乐教育学院安排了由近50名教师、研究生、本科生组成的“云直播”团队，先后为延安市的50所学校进行了线上直播授课，用音乐激励延安孩子们继承和发扬延安精神，激发孩子们对祖辈的敬仰与对家乡的热爱。

通过直播同上一节云音乐课，让音乐教育不均衡地区的小孩们也能接受到音乐的熏陶；在打破时间与空间限制之后，音乐普惠性教育有了一个新的思路。

（资料来源：微赞官网）

（三）政务服务

政务服务直播间的开通是政府或相关公共事业单位提升服务质量、推进政务公开的有力探索，在“互联网+政务服务”的大背景下，政务直播成为展示窗口新形象、了解群众需求、回应群众关切的新渠道。在新媒体平台的开放性、便捷性等特征下，政务直播能够提高服务效率，拓宽服务渠道，通过“线上”+“线下”联动，能够对收集上来的问题进行及时回复，努力实现小问题线上解答、复杂问题线下联动的目标。提升办事效率，让群众有事看视频，不用跑大厅，流程更便捷，服务更暖心。充分发挥新媒体优势让群众享受到无障碍政务服务资源，打造立体化、全方位电子政务服务。

【聚焦案例】“政风热线 · 我来帮你问厅长”全媒体直播

江苏广播电视台旗下的融媒体直播平台“荔直播”也开设了一个“政风热线·我来帮你问厅长”的直播频道，以“接受民众监督畅通群众诉求纠正不正之风构建和谐江苏”为宗旨，围绕民众关心的问题进行跟踪报道，邀请厅局长走进直播节目，直面问题，促进政府部门积极履职。每一场直播问政，都获得了上百万人次的观看，备受民众关注。这样的直播问政节目更是采取电视大屏和手机小屏的结合、全网联播的方式进行。大屏打通小屏，全程全网联播。

“政风热线：我来帮你问厅长”移动端截图

随着科技的发展，问政从单一的电视节目变成了平台矩阵结合多屏联动的形式进行。“政风热线·我来帮你问厅长”节目每周一早上九点，节目不但会在江苏公共新闻频道进行播放，还会在江苏新闻广播南京地区FM93.7、苏南地区FM95.3、荔枝新闻、江苏客户端、江苏新闻微信公众号、微博号、江苏政务服务客户端等8大平台进行同步直播，实现电视、广播、网络的全媒体联动直播。

通过全网联播，打通电视大屏与手机小屏，借助电视媒体渠道，同时也借助微信直播传播快、覆盖广的优势，让直播问政节目能覆盖更广阔的人群。

（资料来源：微赞官网）

### （四）金融行业

在移动互联网和社交营销盛行的大背景下，互联网金融用户增长迅猛，各大券商App的活跃用户规模不断扩大，随着线上业务的普及，对广大金融用户而言，微信公众号、App、小程序成为最受欢迎的信息接收渠道。在此背景下，金融行业直播场景日益多元，内容丰富，不仅有对外日常直播的专题直播、知识付费的课堂直播，还有投资策略会、发布会等。多元化的直播场景形式助力金融直播打造优质直播内容，增强用户黏性，吸引流量形成转化。用户需求与证券营销的同步进化，促使金融行业由“告知型销售”向“顾问式销售”转变，以“专家”“顾问”的形象出现在客户面前，协助、帮助客户解决实际问题，提供投资者教育直播、投资顾问培训直播、智能投资顾问服务等。

（五）医疗行业

医疗行业直播是指通过互联网直播平台，将医疗领域的专家或医生通过实时视频直播的方式，与观众互动，为观众提供咨询、解答问题、分享经验等服务的一种形式。例如，医生可以在直播中分享病例治疗经验，介绍诊疗流程和医疗技术等。

医疗行业直播的好处在于，通过实时的视频交流，可以解决患者就医难、看病贵等问题，提高医患沟通和医疗服务质量，同时也能为广大观众提供更丰富的健康知识和咨询服务。在疫情期间，医疗行业直播也成为一种重要的宣传和教育工具，为公众提供必要的防疫指南和健康知识。随着技术的发展，医疗行业直播场景日益多元化，目前主要应用在远程医学教育、手术示教、多地专家会诊、对外医学讲堂、产品推介、保健咨询等场景。

（六）零售行业

随着移动互联网进入到下半场，从流量红利时代步入存量时代，直播成为企业解决销售推广难题的营销利器。零售行业进行直播的价值在于：帮助企业引流用户，提升复购率。通过前期的直播策划宣传、中期的直播间带货，到后期的智能客情分析等，全面贯穿企业的线上营销全流程。丰富的在线互动与即时答疑等方式，提高用户黏性，盘活私域流量。在赋能传统产业升级方面，直播平台也发挥显著作用。近两年，助农直播成为振兴乡村建设的新路径，电商直播间也从房间搬到了果园、菜地和蔬菜大棚，主播们向全国网友介绍来自全国各地的农副产品，推动农产品销售，促进农民增收。

（七）房地产行业

房企积极地拥抱当下的数字化浪潮，逐渐开始将售楼业务转移到线上，直播模式得到越来越多房企的青睐和肯定，多家房企把握大型直播平台崛起趋势，积极筹划直播卖房活动，在VR全景直播的技术加持下，用户360° 直观了解房屋情况；通过“置业顾问讲解+户型图展示”全面介绍户型信息，提供联系电话，用户可直接电联售楼部，直播中企业充分展示房企产品力，同时收集意向用户信息，打造私域流量营销闭环。

## 【任务实施】

为了更加科学准确地制订自己的职业生涯规划，小慧只有更好地了解直播行业在生活中的应用与具体落地场景，才能真切感知未来的发展趋势。她计划对直播如何赋能传统行业做调研，知晓直播为传统行业业务带来了哪些具体改变。

小慧日常生活中喜欢在短视频平台上看非遗文化、传统美学类内容，关注了一些感兴趣的账号。通过调研得知，直播赋能非遗传统美学，赋能非遗新时代价值。小慧想要了解直播在这其中的具体功能与作用，思考传统文化内容是如何“上线”并展开直播的。

小慧打算通过以下方法搜集信息，以抖音为例：

（1）搜索关注账号。

（2）了解账号短视频内容、观看账号直播。

| 搜索：刺绣 | 按粉丝数关注了解账号 | 点击进入直播间 |
|---|---|---|
|  | 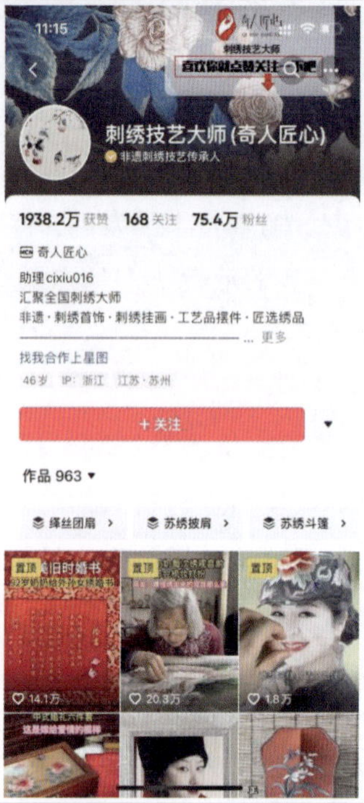 |  |







（3）根据以下分析框架，对直播赋能作用进行总结。

| 序号 | 账号名称 | 账号内容 | 直播画面 | 直播内容 | 互动内容 | 变现转化 |
|---|---|---|---|---|---|---|
| 1 | 例：佰年刺绣 | 非遗刺绣商品展示与制作过程 | 手工刺绣 | 商品展示、销售、刺绣技艺展示 | 商品答疑，生活交流 | 商品销售 |
| … | | | | | | |

【应用实操】

（1）面对直播电商的冲击，线下门店不是关门大吉反而是拥抱变化，进行数字化转型通过直播建立营销体系、建立客户信任感和客户服务体系。请探究直播赋能连锁门店经营，了解直播在这其中的功能与作用，思考门店经营如何“上线”并展开直播。

参考路径：在抖音上搜索本地生活类商家直播间。

分析框架：

| 序号 | 账号名称 | 账号内容 | 直播画面 | 直播内容 | 互动内容 | 变现转化 |
|---|---|---|---|---|---|---|
| 1 | 例：水果类门店直播 | | | | | |
| … | | | | | | |

（2）职业教育是国民教育体系和人力资源开发的重要组成部分。我国高度重视职业教育，把职业教育摆在经济社会发展和教育改革创新更加突出的位置。请探究直播赋能职业教育培训，了解直播在这其中的功能与作用，思考职业技能教育是如何“上线”并展开直播的。

参考路径：在抖音上搜索职业教育类商家直播间。

分析框架：

| 序号 | 账号名称 | 账号内容 | 直播画面 | 直播内容 | 互动内容 | 变现转化 |
|---|---|---|---|---|---|---|
| 1 | 例：职业技能考证类辅导直播 | | | | | |
| … | | | | | | |

## 【实操评价】

| 项目 | 直播内容分析 | 直播画面分析 | 直播互动分析 | 转化变现分析 |
|---|---|---|---|---|
| 评分标准 | 优秀：描述全面，分析准确<br>良好：描述正确，分析准确<br>合格：有描述，无分析 | 优秀：描述全面，分析准确<br>良好：描述正确，分析准确<br>合格：有描述，无分析 | 优秀：描述全面，分析准确<br>良好：描述正确，分析准确<br>合格：有描述，无分析 | 优秀：描述全面，分析准确<br>良好：描述正确，分析准确<br>合格：有描述，无分析 |
| 自我评价 | □优秀 | □优秀 | □优秀 | □优秀 |
| | □良好 | □良好 | □良好 | □良好 |
| | □合格 | □合格 | □合格 | □合格 |
| 小组评价 | □优秀 | □优秀 | □优秀 | □优秀 |
| | □良好 | □良好 | □良好 | □良好 |
| | □合格 | □合格 | □合格 | □合格 |

# 任务三　企业直播的工作岗位

【情境导入】

小慧在完成了前期调研、资料搜集阅读后，对直播行业的发展和落地场景有了具体的认识，认为直播是以后各行各业都会实施的业务，作为直播专业人才以后会有广阔的发展空间，接下来，为了明确自己职业的发展目标和上升路径，小慧需要了解直播职能下具体的工作岗位以及职责，搜集招聘公告，结合自身的优势劣势进行分析，做好职业规划，并得出接下来的专业技能提升策略。

【知识解析】

在直播的品质要求日益提高的背景下，如果要做一场优质的直播，在直播过程中识别出有效客户并做好全面的客户关系管理，离不开以下4种人才的全力合作：运营型人才、主持型人才、技术型人才、视觉型人才。

其中，运营型人才负责把控直播全盘节奏，包含直播主题策划以及直播前中后运营等；主持型人才以主播为主，是贯穿直播演绎的主角，主要任务是把控整场直播的节奏，介绍讲解直播内容等；技术型人才在直播过程中负责平台搭建、视频拍摄、推流、拉流以及后期的视频剪辑等问题；视觉型人才负责直播间画面视觉的呈现支持，确保直播间高品质画面的输出。

结合市面上的招聘公告，直播类岗位的划分如下图所示。

直播领域岗位类型与对应人才

## 一、运营型人才岗位

运营型人才岗位是指完成整个直播项目的综合管理、运营和优化系列的工作，包括对直播项目进行策划、营销、推广、数据分析等方面的工作，旨在提高直播项目的影响力、用户体验和商业价值。具体岗位包括：选品岗、直播策划岗、粉丝运营岗、直播运营岗。

## （一）选品岗

直播选品岗是指负责直播平台上商品选品和审核的相关职位。该职位的核心职责是根据市场需求和公司战略需要，筛选合适的商品，对商品进行品质、价格、售后服务等多个方面的审核，保证直播商品品质高、价格合理，并在直播节目中进行展示和销售。主要职责包括：

（1）根据直播主题和目标受众，策划商品销售内容和推广方案，确保直播内容与商品的特点相符，吸引受众购买。

（2）负责筛选适合直播销售的商品，与供应商进行协商和采购，确保商品的品质和供应。

（3）策划并执行直播促销活动，如限时特惠、满减优惠等，增加购买转化率。

（4）与团队合作，制定商品展示的策略和内容，确保商品在直播过程中得到充分展示和推广。

## （二）直播策划岗

直播策划岗的职责是根据直播目标，找准用户需求和时下痛点热点，完成直播主题策划，主要岗位职责可以分为：

（1）能根据业务需求，确定直播电商的品牌宣传、开拓新客、粉丝变现、冲销量、清库存等目标，制定直播目标。

（2）能根据直播平台定位、产品特色，分析目标用户画像，实现目标人群定位。

（3）能根据直播目标与品牌方需求，确定直播策略、宣传推广策略。

（4）能根据直播主题，结合直播时长、嘉宾特点、直播商品，策划整场直播执行脚本。

## （三）粉丝运营岗

粉丝运营岗是在直播平台等数字化渠道上，负责与粉丝进行深度互动，并通过各种方式建立品牌与用户的紧密联系，以提高品牌声誉、用户忠诚度、用户活跃度、转化率等指标的职责。其主要内容包括但不限于：

（1）负责撰写和发布吸引人的社交媒体内容，包括文字、图片、视频等，以吸引和保持受众的兴趣。

（2）管理社交媒体账号，包括日常维护、更新资料、回复用户评论和私信等。

（3）制定和执行社交媒体广告和推广活动，提升品牌知名度、增加关注者和促进转化。

（4）监测社交媒体活动的数据指标，分析数据趋势并撰写相关报告，为优化社交媒体策略提供决策依据。

（5）与受众进行互动，回答问题、解决问题，并维护良好的用户关系。

### （四）直播运营岗

直播运营岗是直播保持动态调整、持续优化的重要岗位，要根据直播数据分析直播效果，提升用户活跃度和转化率，要根据每场直播的数据情况找到核心用户群体，通过直播工具提供的数据解析用户画像，为直播后粉丝运营和下次直播策略提供决策依据。主要职责包括：

（1）能基于直播观看人数、观看次数、人均观看时长等数据，分析直播的内容吸引力。

（2）能基于涨粉数、点赞数、评论数等数据，分析直播的用户活跃度。

（3）能基于商品浏览量、客件数、订单量、销售额等数据，分析直播的转化效果。

（4）能根据分析结果，对直播过程复盘，发现问题并提出改进建议；具备良好的数据分析思维能力；具备较强的复盘总结能力。

（5）能利用网络调研、大数据采集等手段，收集直播带货反馈，分析口碑；能利用网络资讯平台、第三方指数平台等，监测直播舆情数据，分析趋势。

（6）能根据直播的口碑与舆情分析，及时发现问题，提出危机公关应对建议。

## 二、主持型人才岗位

主持型人才是能够引领直播效果，提升观众的体验，传递品牌价值和形象，进行互动和沟通，应对各种情况和故障的重要岗位。他们是企业与观众之间的桥梁，对直播的成功和效果起到关键性的作用。具体岗位包括：主播岗、助播岗。

### （一）主播岗

主播一般是指直播主播，按不同场景可以分为销售主播、课程主播、节目主播等。在直播间日益普及的当下，用户在直播间的驻留时长短暂，注意力稀缺，主讲主播应该根据不同的时长构筑内容，尽可能为用户带来更好的直播体验，树立专业和权威形象，尽量延长用户在直播间的停留时间，重视直播间互动与沟通。主要职责包括：

（1）能根据行业热点，结合品牌特点和粉丝特征，进行直播形象打造；

（2）能根据话题素材和商品资料，结合直播策划和流程，通过富有感染力的话术营造氛围，推介商品；

（3）能借助道具或模特，现场展示商品使用方法及效果，营造真实感，增强用户对商品的信任；能通过描述使用场景，将用户痛点与商品功能匹配，强调卖点，激发需求；

（4）能利用价格锚点和促销优惠的对比，塑造产品的高性价比，促成转化；

（5）能根据直播现场情况预判可能发生的危机，运用危机应对方法，有效处理直播中断、商品链接失效、商品优惠错误、黑粉恶评等问题。

### （二）助播岗

助播是指协助主播和控制中心人员完成直播任务的岗位。助播的岗位职责要求如下：

（1）能配合主播完成商品推荐、讲解展示、话题讨论；

（2）能根据直播间评论区反馈，配合主播回复处理负面言论，维护评论区秩序；

（3）协助主播进行直播内容的策划和执行，提供合理的建议，积极推动直播效果的提升；

（4）维护直播现场的秩序，保证直播顺利进行，并保证直播现场的安全。

## 三、技术型人才岗位

技术型人才岗位在直播项目中主要负责技术实施和设备管理，保证视频质量和流畅性，要了解网络和流媒体技术，选择适合的直播平台和工具，解决技术问题和应对紧急情况，制作宣传物料实现网络推广与传播，他们的技术能力和知识为企业直播的顺利进行和成功实施提供了关键的支持和保障。具体岗位有：直播中控岗、直播推广岗。

### （一）直播中控岗

直播中控岗是负责监控直播现场的环境、设备和技术，确保直播内容的质量和执行效果，并积极解决任何可能影响直播流程的故障和问题，以达到最佳的直播效果。主要工作内容包括：

（1）能根据直播主题、商品类目、活动类型，结合场地大小，划分直播区、货品准备区、设备放置区等，布置直播背景，调整环境灯光，完成线下直播间的搭建。

（2）能熟悉直播平台的开通流程，能够根据直播要求完成直播间线上平台设置，包括商品上架、优惠券链接、直播间画面效果、背景轮播等。

（3）能根据直播要求，检查网络信号和推流软件，调试声卡、麦克风、摄像头等音视频设备，保障直播过程顺畅。

（4）能根据直播商品清单，与主播及品牌方进行沟通，准备所卖商品的样品和配合道具。

（5）能根据直播脚本流程和主播讲解实时情况，推送商品链接；能根据直播策划方案，协助主播进行抽奖、红包、秒杀等操作；能实时关注直播商品销售数据，结合供应渠道实际情况，调整可售商品的数量。

### （二）直播推广岗

直播推广是要不断拓展公域与私域流量，解决用户流量难找的问题。在确定直播主题，定好直播计划后，直播推广需要在各类媒体平台上，为直播间引流宣传，做到广建渠道，找准流量，在直播前完成宣传内容分发，为开播构建基础流量池。直播推广岗主要职责包括：

（1）能根据平台图文应用要求，结合直播主题，使用图片处理软件和排版工具，制作海报、长图、文案等图文类物料；

（2）能使用视频剪辑工具，制作视频类物料；

（3）能根据直播预热物料形式，选择微信、微博、短视频平台、直播平台等渠道，结合不同平台特点，针对性预热引流；

（4）能基于直播过程，整理现场图片、精彩画面或片段、平台数据等直播素材，制作图文、视频等二次传播物料。

## 四、视觉型人才岗位

一些采用虚拟背景的直播中，直播团队还需要有视觉型人才岗位，具体为直播UI/UX设计师，其主要职责是负责设计并实现直播平台的用户界面，并提升用户的使用体验，主要职责包括：

（1）设计直播平台的UI、交互和视觉设计，包括各类直播房间、功能模块、导航、推广模板等的设计。

（2）熟练使用设计软件，如Photoshop、Sketch、Illustrator等，制作高质量的设计稿。

（3）与开发、产品、运营等部门紧密合作，确保设计方案与产品需求、技术可行性之间的协调，并沟通制作过程中的交付细节，完成高质量的设计交付。

UI/UX设计师人员要有良好的审美和设计能力，对色彩、画面构成和排版有深刻的认识，理解用户行为及使用场景，能够采纳用户反馈快速反应调整；精通Photoshop、Sketch、InDesign等界面设计软件，掌握CSS等前端技术，能够根据设计稿实现前端代码。

## 五、搭建直播团队

直播团队组织没有特定标准，主要是根据业务规模体量组建直播团队。

### （一）营销直播团队

在营销带货直播业务中，直播间核心岗位为主播、助理运营等，但对于初始阶段品牌，各岗位可以合并，一人多职。品牌根据直播阶段灵活选择团队配置，建议前期配置 2 人，主播+运营；中期配置 4 人，主播+助播+运营+内容策划；后期配置 6 人以上，主播+副播+助播+运营+投放+内容策划。另外，品牌在大促时期与日播在团队配置上也有较大差异。日播时通常主播加一个助理/运营就能撑起直播间，而大促时期一个直播间团队可能超十人。

## （二）企业直播团队

按照企业直播业务的规模，以及直播场景多样的工作要求，企业直播团队主要配置如下：

### 1.初期阶段

在初期阶段，直播团队需要搭建从制作到推流的整个流程。此时，主要需要以下几类人员：

（1）主播：担任主持和沟通的角色，具有较强的口才和形象。

（2）摄像师：担任直播画面的拍摄和制作，具有一定的摄影、后期制作技能。

（3）编辑：负责视频的后期剪辑和制作，需要具备一定的剪辑技能和审美能力。

（4）技术人员：负责直播推流，需要具有一定的IT技术能力和网络知识。

### 2.中期阶段

中期阶段的直播团队需要拓展直播内容的种类和范围，并且需要优化内容的质量和用户体验。此时，需要在原有团队基础上引入更多的人员类型，例如：

（1）内容策划：根据不同的主题和品牌需求，制定并规划出主题、互动段子等活动环节。

（2）活动经理：负责活动策划、执行、监控和数据统计等，需要具备活动运营和数据分析能力。

（3）社交媒体运营：负责直播内容的宣传和推广，需要具备一定的社交媒体运营技能和文案能力。

（4）直播UI/UX设计师：负责直播中的可视化设计、画面设计、场景设计及营销素材等制作，需要具备一定的UI设计技能和审美能力。

### 3.成熟期阶段

进入成熟期阶段的直播团队需要全面升级直播品质和用户体验，此时需要在原有团队基础上引进更专业的人员和团队：

（1）技术架构师：负责直播技术架构，包括服务器、数据库搭建及直播录像等后期工作，需要具备一定的技术能力和架构处理能力。

（2）数据分析师：负责对直播平台内的数据分析、业务分析及用户分析，需要具备一定的数据分析能力、业务运营分析技巧和沟通表达能力。

（3）直播运营：负责直播业务需求的进一步优化，包括直播内容优化、用户体验提升等业务方向，需要有丰富的互联网运营经验。

（4）直播策划：负责直播平台的品牌价值体现、平台营销手段的策略规划、品牌口碑的宣传等，需要有市场营销规划的能力。

总之，不同阶段的直播团队搭建要求和方案不同，需要根据公司的实际需求来灵活设计。在人员招募过程中，需要根据不同岗位的职责和要求确定相应的人员招聘方案，以确保直播团队的专业性、协同性和高效性。

## 【任务实施】

小慧在了解直播下的直播选品、直播策划、直播运营、主播、直播中控、直播推广等岗位大概职责后，想要在招聘网站上搜集具体岗位的公司招聘要求，结合自身的发展意向和优势劣势确定自己的努力方向。

1.登录招聘网站，注册身份，填写个人简历。

个人简历填写页面

2.点击上方栏目选择“职位”，在搜索框分别搜索“直播主播”“直播运营”“直播推广”“直播策划”，并注意筛选所在地域和工作年限要求（建议地域选择以后期望工作地，年限按应届生条件设置）。

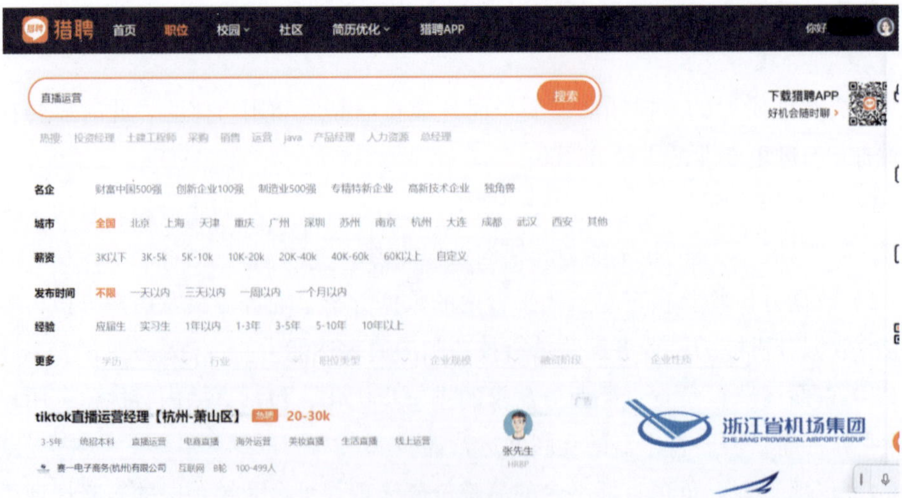


职位搜索页面

3. 根据表格整理招聘信息。

| 直播岗位类别 | 年限要求 | 行业/企业 | 工作内容 | 应聘要求 | 薪资待遇 | 意向程度 |
|---|---|---|---|---|---|---|
| 主播 | | | | | | |
| …… | | | | | | |
| 运营 | | | | | | |
| …… | | | | | | |
| 推广 | | | | | | |
| …… | | | | | | |
| 策划 | | | | | | |
| …… | | | | | | |

【应用实操】

任务1：在多家招聘机构下搜索运营、主播、剪辑、中控、推广的招聘公告，制作几类岗位职责的思维导图。

任务2：请按照教学资源中的“直播类岗位从业规划书”对自我进行优劣势分析，确定自我发展方向，做好职业规划，并得出接下来的专业技能提升策略。

【实操评价】

| 项目 | 直播内容分析 | 直播画面分析 | 直播互动分析 | 转化变现分析 |
|---|---|---|---|---|
| 评分标准 | 优秀：分析全面客观<br>良好：较为全面客观<br>合格：基本全面客观 | 优秀：合理可行<br>良好：一般合理<br>合格：基本合理 | 优秀：合理可行<br>良好：一般合理<br>合格：基本合理 | 优秀：合理可行<br>良好：一般合理<br>合格：基本合理 |
| 自我评价 | □优秀 | □优秀 | □优秀 | □优秀 |
| | □良好 | □良好 | □良好 | □良好 |
| | □合格 | □合格 | □合格 | □合格 |
| 小组评价 | □优秀 | □优秀 | □优秀 | □优秀 |
| | □良好 | □良好 | □良好 | □良好 |
| | □合格 | □合格 | □合格 | □合格 |

## 【项目小结】

直播是未来企业数字化转型的必备路径之一，眼下已经开始广泛应用到各行各业。直播为生活带来便利的同时，也赋能了企业数字化转型并给企业带来新业绩增长。直播行业的迅猛发展，使人才的需求规格不断改变与调整，作为新时代数字商贸人才，应该掌握不断探索调研，不断学习的能力，才能紧跟时代发展，保持与提高自己的职业能力。

## 【课后任务】

一、不定项选择题

1.以下哪种直播类型可以宣传企业品牌理念，提升公司形象？（　　）

A.营销活动直播　　B.会展活动直播

C.企业培训直播　　D.娱乐游戏直播

2.教育直播相比线下授课具有哪些特点？（　　）

A.实时性　　B.互动性

C.真实感　　D.个性化

3.医疗行业的直播包括以下哪些场景？（　　）

A.营销带货　　B.对外医学讲堂

C.手术示教　　D.保健咨询

4.零售行业门店进行直播能带来哪些好处？（　　）

A.帮助企业引流用户　　B.盘活私域流量

C.提高用户黏性　　D.智能客情分析

5.以下哪项职能属于直播业务中运营型人才的工作？（　　）

A.负责直播间画面视觉呈现支持，确保直播间高品质呈现

B.把控直播全盘节奏，包含直播主题策划以及直播前中后运营

C.负责平台搭建、视频拍摄、推拉流以及后期的视频剪辑等问题

D.控整场直播的节奏，熟悉直播主题，介绍讲解直播内容

二、简答题

1.通过什么渠道可以了解到直播行业发展情况？

2.企业直播的业务内容都有哪些？

3.企业直播行业场景应用都有哪些？

4.关于直播都有哪些岗位类型？

5.你认为企业直播对人才提出了哪些要求？

# 项目二
# 企业直播平台与工具

## 【职场场景训练】

党的二十大报告提出，全面推进乡村振兴，让亿万农民有更多实实在在的获得感、幸福感、安全感，实现共同富裕。我国某县在深入研究考察了本地气候土壤条件后，决定发展鲜花经济，培育县内的“鲜花产业”，培育特色花种，为乡村振兴注入强劲动能。目前，该县通过不断的技术研发，培育出优质玫瑰芍药等热门花种，在已有下游合作的基础上，还需要进一步打开市场。

小慧是县里临近毕业的大学生，因实习加入了“花Cheers”团队。

“花Cheers”是一家开在市中心写字楼的鲜花工作室，经营的业务有：零售鲜花、人造花；设计定做节日鲜花礼品；公司庆典鲜花布置设计与制作。凭借花艺师出色的花艺水平，优质的服务，全面的花材种类，“花Cheers”在片区拥有较好的口碑，稳定的顾客。

小慧担任直播运营专员，负责鲜花工作室的直播账号建设与运营、搭建直播间场景。

小慧将自己家乡的花材推荐给“花Cheers”负责人，负责人告诉小慧，工作室接下来打算在直播间实时展示花艺师插花过程，转播店内的销售场景，并在网上小店销售鲜花作品、花材和周边产品，提高工作室的影响力，争取更多的订单。另外，为了提高客户的信赖度，可以有时做选品直播，前往鲜花种植基地做户外直播。

小慧觉得这份实习不仅可以提高自己的专业能力，还能通过自己的努力，让更多的人认识到家乡的鲜花事业，感到自豪和欣喜。

## 【项目学习目标】

通过本项目的学习，应达到的具体目标如下：

1.知识目标

（1）理解公域流量与私域流量。

（2）掌握不同直播平台的特点。

（3）认识直播间设施设备。

（4）认识内容创意服务工具。

2.技能目标

（1）能够根据要求选择合适的平台建设直播账号。

（2）能够协助准备直播间的设施设备。

（3）能够应用内容创意服务工具制作宣传物资。

3.素质目标

（1）拥有不断学习、提高技能的进取意识。

（2）具备谨慎执业、细致严谨的职业品格。

（3）具备创新思维和创新能力。

## 【技能提升图谱】

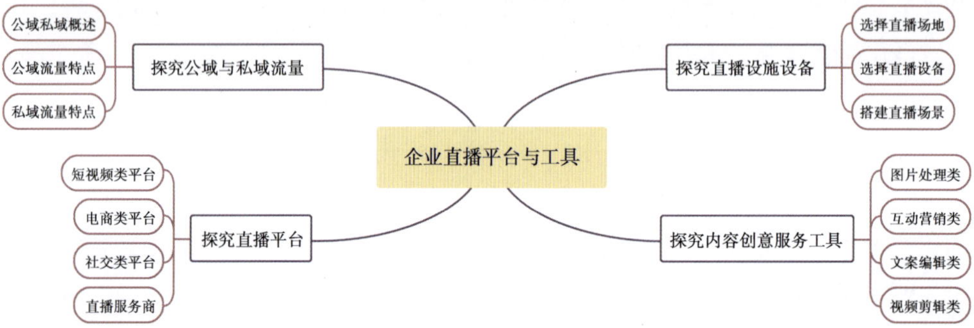


## 【学习成果展示】

企业直播运营前期准备方案

# 任务一　探究公域与私域流量

【情境导入】

小慧接到了搭建组织“花Cheers”直播营销的任务后，首先要从了解工作室想要达到的效果和实现的目标：通过直播（内容是销售鲜花、养花插花周边产品，花艺师讲解插花技术、转播店内的销售场景）提高工作室的影响力，争取更多的订单。

目前工作室已有的稳定顾客有1 000名，大多数客户都是周边工作白领，其中约300名已订购每月4次花艺师设计的时令花束套餐，也有若干企业客户，定期购买庆典花束，工作室与客户有3个微信群，定期在群里分享公告近期鲜花和养护要点。

对此，小慧在思考，工作室的直播营销应该是私域流量运营还是公域流量运营?

【知识解析】

## 一、公域和私域概述

公域和私域原来作为一种社会学术语，是指私人生活领域与国家或社会及两者的关系。私域即私人生活领域，是以个体独立人格为基础的私人或私人间活动界域。公域是将社会作为公域，是拥有平等自由权利的私人们通过交往活动所构成的公共生活领域，在这里，每一个参与者都能自由地发表意见，捍卫自己的正当权益。

在直播领域里，私域是企业自身已经积累的客户群，或者在线下经营中进店消费的新客户，通过社交平台例如微信加入线上的粉丝群。公域是靠品牌声誉、口碑吸引客户主动搜索或者通过营销推广、算法推荐而获客的流量池。

假如有一条繁华的商业街，每天过往的客流量就相当于公域流量；在这条商业街上开的一家家门店，进出这些门店的客流量就相当于私域流量。假如公域流量是一个公共鱼塘，大家都可以在里面钓鱼；私域流量就如同一个私人鱼塘，自己钓自己养的鱼。

在我国互联网，公域包括淘宝、京东、抖音、拼多多、快手、小红书、美团等任何人都可以加入浏览发表意见、输出内容的网络平台。 私域包括线下门店、交易场所、企业微信客户群以及与企业微信号捆绑的微商城。在经营运营中，企业要从公域引流私域，巩固扩大自己的客户群。企业的微信公众平台既可以有公域的广阔流量，又需要私域的关注，是企业将流量从公域引流到私域的重要环节。

我国互联网的公域与私域

## 二、公域流量特点

公域流量的获客一般是通过在各平台上发布自己的服务内容，通过平台智能推荐引来一部分有关联的用户查看，这其中也会有一部分进行业务咨询，从而促成关注、收藏、下单、成交等转化行为，公域流量有以下特点：

### （一）来源广泛

公域流量来自多个渠道，包括搜索引擎、社交媒体平台、新闻媒体、论坛等。

### （二）质量不稳定

由于公域流量的来源广泛，用户对内容的需求和兴趣会受到多种因素的影响，因此流量质量不稳定。

### （三）竞争激烈

在公域流量中，企业要面对来自同行业与不同行业多因素多维度的竞争。

### （四）转化难度较高

观众在进入直播间之前可能对企业或产品了解较少，因此转化为客户或粉丝的难度较高。

## 三、私域流量特点

私域流量是企业自主拥有、可自由控制、免费但可多次利用的流量，企业可自主支配内容及流量分发，对提升营销效果、转化和用户黏性均有较好的效果。

对于企业，私域流量已经成为重要资产。企业直播营销应努力从公域流量引流、转化、沉淀为自己的私域流量。

通常我们所说的私域流量载体包括公众号、QQ群、微信群和个人微信，而有更大的体量和资本的企业还可以自行研发App来作为载体。如果说企业公众号是私域流量池，那自行研发的App则是超私域流量池了，把用户导入到App中去，才是真正完成了“洗用户”的闭环。

私域流量矩阵的搭建通常需要结合公域流量完成，借助公域平台优势，以实现产品曝光和用户增长为目标。

总体来说，私域流量具有以下特点。

1.控制权高

相对于公域流量，私域流量属于企业自身，关系更强更紧密，同时流量产生的数据，例如人群画像、购买行为时间等数据属于企业自身，是企业实现数字化转型的第一步。

2.性价比高

头部主播几乎垄断了公域平台的流量，腰部主播获取流量的难度越来越大，获客成本也越来越高。在淘宝的电商体系中，头部20万名商家产生了平台近八成的交易额。

小红书用户投放100元“薯币”，能获得5 000个曝光，如果这5 000个曝光中能产生5个订单或者付款，就相当于平均获客成本为20元。相关行业数据显示，根据行业和客单价的不同，获得一个潜在用户的成本从几元到几百元甚至上千元不等，而在这个成本背后，除了人工的运营和维护费用，其他的基本都是宣传费用，从一定程度上来说即流量成本。

3.黏性强

中国用户平均每天在手机上花费近6小时，其中在私域触点上花费近1.5小时。42%的用户已养成使用私域触点的习惯。

4.影响大

74%的用户表示其消费决策受到私域内容的影响，其中口碑和干货信息对消费决策的影响最大。私域还有利于培养铁粉，铁粉热衷参与企业各类活动，还会为企业拉新，更能主动在企业面临危机时挺身而出，粉丝发言往往比企业自发的公告更有说服力。

## 【任务实施】

请帮助小慧思考：“花Cheers”工作室的直播营销应该是私域流量运营还是公域流量运营？请查找有关门店流量运营选择与流程的案例。

首先，工作室的已有客户就是私域流量，是工作室的重要资产。属于工作室自身经营过程中积累的客户资源，对工作室有高忠诚度，如果将微信群的活动拓展为直播，可以更加紧密联系客户，同时将客户资源数字化，能够清晰地勾画出人群画像、购买行为、风格爱好等数据，还可以打破交易地点线下的限制，不再受限于上下班时间的进店购买，甚至在客户其他碎片时间都可以浏览下单。

其次，工作室直播可以激励已有客户推荐好友，实现社交裂变，也为工作室引流。

最后，为提高工作室的影响力，争取更多的订单，工作室的直播营销应该也要从公域引流，可以考虑注册1～2个平台，保持短视频等内容更新，待粉丝数达到要求后开始直播，并在成交转化后，将用户引流到私域。

【应用实操】

任务1：小张的实习工作是一家坐落于居民住宅区的健身俱乐部新媒体推广官，该俱乐部有会员500人，为了提高业绩，吸纳更多的会员，请从私域和公域流量运营两个角度提出建议。

任务2：小雅加入一家少儿美术培训中心做美术老师，她自己热爱画画，也希望通过这项技能增加副业收入，请从私域和公域流量运营两个角度提出建议。

任务3：小明与朋友合伙创业开了一家火锅餐厅，并且独创店铺的特色菜，兼具新颖与特色，请从私域和公域流量运营两个角度提出如何提高餐厅的知名度。

请小组团队按照情景任务进行讨论，可以根据情景适当发挥，并详细说明建议，阐述如何实施和实现，可以引入门店或品牌实际运营案例作为说明，要求逻辑流畅完整，并在课堂上分享讨论。

【实操评价】

| 项目 | 情景构建与解析 | 公域营销 | 公域引流私域 | 私域营销 |
|---|---|---|---|---|
| 评分标准 | 优秀：构建与解析合理，有调研现实场景<br>良好：构建与解析合理<br>合格：解析基本合理 | 优秀：方式丰富、有创新<br>良好：方式丰富恰当<br>合格：方式恰当简单 | 合格：转化路径正确<br>不合格：转化路径不正确 | 优秀：方式丰富、有创新<br>良好：方式丰富恰当<br>合格：方式恰当简单 |
| 自我评价 | □优秀 | □优秀 | □优秀 | □优秀 |
| | □良好 | □良好 | □良好 | □良好 |
| | □合格 | □合格 | □合格 | □合格 |
| 小组评价 | □优秀 | □优秀 | □优秀 | □优秀 |
| | □良好 | □良好 | □良好 | □良好 |
| | □合格 | □合格 | □合格 | □合格 |

# 任务二　探究直播平台

【情境导入】

小慧入职了“花Cheers”后，在熟悉了门店环境和工作室业务后，要尽快开始直播账号的开设和准备工作，“花Cheers”的负责人希望小慧能够在众多电商直播平台中选择合适花店经营业务情况，符合花店经营目标要求的平台，尽快反馈一份方案报告，能够说明不同平台的特点，并提出账号建议和运营计划。

【知识解析】

直播平台是直播产业链中至关重要的部分，是直播输出的渠道。根据直播平台的内容划分，目前市场上的直播平台可以分为视频类、购物类、社交类。同时，企业为了提高直播效果，提升数字化运营能力，直播服务商应运而生并迅速发展，为企业直播提供专业技术服务。

## 一、短视频类平台

自2022年开始，国内移动互联网应用的主要流量聚集在短视频和社交平台，且短视频占用户总时长的比例接近三成，因此传统电商平台已经逐步加快短视频内容构建，开辟新的流量入口。

### （一）抖音

抖音，是由北京字节跳动科技有限公司孵化的一款音乐创意短视频社交软件，广告语是“记录美好生活”，是一个面向全年龄的短视频社区平台，用户可以通过这款软件选择歌曲，拍摄音乐作品形成自己的作品。

抖音PC端登录界面

受益于电商（如物流、支付、互联网技术等）、用户规模和渗透的提升、兴趣推荐的核心优势，抖音电商异军突起，在销售体量以及用户黏性方面优势明显。

1.电商特点

抖音以兴趣电商为核心，用内容撬动用户的非计划性购物需求。

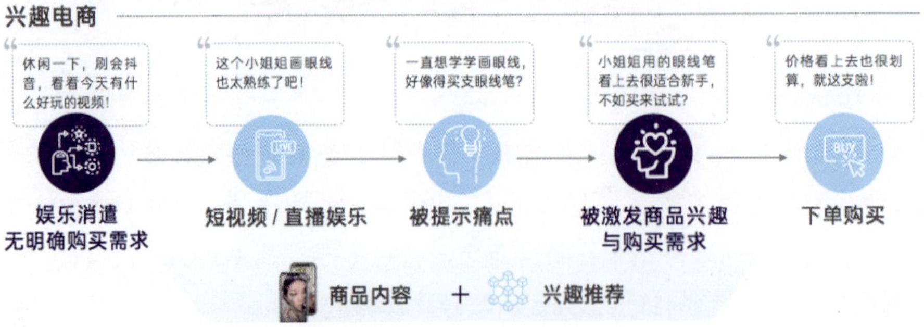


抖音兴趣电商运营流程

通过短视频将商品的使用场景具象化，让消费者看到商品的实际使用效果，放大卖点突出优点，能够最大程度激发消费者兴趣，获得消费者信任。抖音平台通过去中心化的兴趣推荐，将消费者的兴趣和商品内容链接，为生意促成提供基础。

目前，抖音商城中品类丰富，其中美妆、服装、百货类占比高；多数为品牌货，调性强，能够鲜明地传达出品牌理念与形象。

2.人群画像

根据蝉妈妈平台2022年11月的数据分析，抖音电商用户约4亿人，其中80后、90后年轻用户居多，95后增速最高。新一线以及低线城市增速最大，抖音在用户黏性优势和销售体量都具备优势。

3.直播运营模式

抖音平台注重短视频的种草转化，以短视频内容为主。商家通过生产短视频，推动短视频上热门，在抖音公域流量池引流到视频购物链接或者进直播间下单成交。

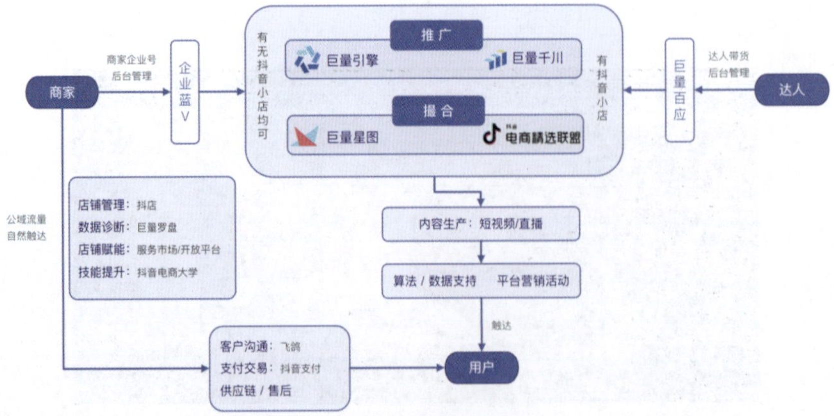


抖音电商服务体系

（资料来源：《2023年中国直播电商机会洞察报告》）

如上图所示，抖音为商家在平台上设计了店铺推广系统巨量引擎、直播达人带货平台巨量千川、商家达人合作系统电商精选联盟、巨量星图、数据诊断系统巨量罗盘等一系列服务使在抖音平台上的直播营销有效开展。

## （二）快手

快手是北京快手科技有限公司旗下的一款创意短视频社交软件，广告语是“拥抱每一种生活”。对比抖音，快手更显“草根性”，在快手上占据主导地位的并非明星和KOL，或者影响力巨大的网红，而是再普通不过的草根。

快手PC端登录界面

1.电商特点

快手注重打造信任电商，关注维系用户与短视频内容创作者之间存在天然信任关系。

以信任为核心，快手逐渐探索出“信任电商”模式与生态，这也是快手电商区别于其他直播电商的主要特征之一。快手的信任电商基于用户与主播间的强连接，比如私域信任：主播可以给自己的粉丝更多特殊权益，增强黏性，提高复购率。主播将公域流量引入自己直播间后，实现从直播观看用户到消费者的高效转化，进而完成公域向私域的沉淀与累积，持续缩短用户的消费决策路径，赋能众多品牌及商家。

2.人群特色

快手App的用户年龄分布以95后、00后为主，占比较大，不仅覆盖了一线城市和发达地区，也较多涉及二、三、四线城市和农村地区，爱好较为多样化，既包括娱乐、游戏、音乐等方面，也包括美食、旅游、时尚等方面。

3.直播运营模式

快手提出STAGE直播运营方法论：盘货品（Shaping Merchandise）、盘直播（Timing）、盘商业化（Accurate Flow）、盘福利（Gifts Strategy）、盘亮点（Early-content）。这套模式也为其他各类平台的直播运营提供借鉴价值。

第一盘货品，制订组货计划，为新粉、老粉提供的不同的商品定款、定量、定价、定优惠策略，不让粉丝购买疲劳，从供应链端提前筹备，设计直播商品的结构，打造爆款；

第二盘直播，商家在直播前要明确直播节奏，打造直播脚本，把控活动节奏，强化人设，为直播做好充足的准备；

第三盘商业化，也就是流量投放，商业化投放需要前置，盘点每一场直播 GMV 目标对应的客组组成，匹配相应的商业化投放策略，初步设定不同时段的投放比例；

第四盘福利，将用户留在直播间需要提前准备福利营销，直播中善用营销工具，明确商品卖点，承接用户流量进而实现转化；

第五盘亮点，通过公域曝光锁定用户，制定预热节奏，策划预热内容，吸引更多消费者预约直播。

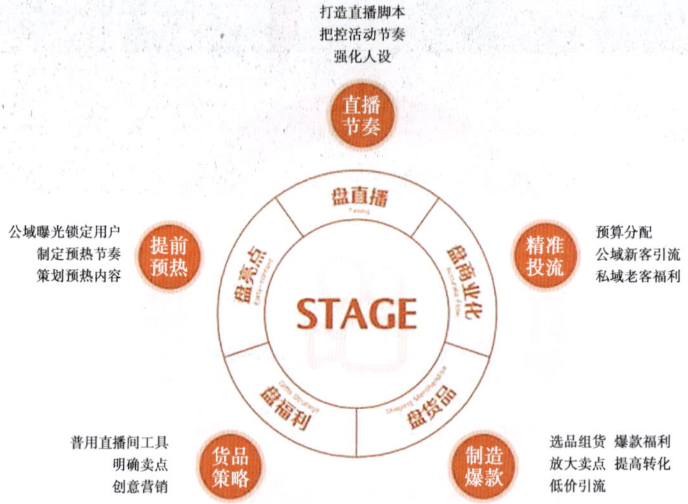


**快手直播运营方法论**

（资料来源：《2023年中国直播电商机会洞察报告》）

## （三）哔哩哔哩

哔哩哔哩，英文名称：bilibili，是中国年轻世代高度聚集的文化社区和视频网站，被网友们亲切地称为“B站”。经过多年的发展，围绕用户、创作者和内容，构建了一个源源不断产生优质内容的生态系统。

哔哩哔哩是独特且稀缺的PUGC视频社区。PUGC有别于短视频，是专业用户创作的内容，视频创作门槛高，内容更充实，哔哩哔哩是PUGC视频行业的领跑者。

B站的特色是悬浮于视频上方的实时评论，即“弹幕”。弹幕可以给观众一种“实时互动”的错觉，用户可以在观看视频时发送弹幕，其他用户发送的弹幕也会同步出视频上方。

哔哩哔哩PC端登录界面

弹幕能够构建出一种奇妙的共时性的关系，形成一种虚拟的部落式观影氛围，让B站成为极具互动分享和二次创造的文化社区。弹幕真正让B站从一个单向的视频播放平台，变成了双向的情感连接平台。技术优势和文化优势也创造了弹幕生态环境与用户生态环境，使哔哩哔哩拥有社区产品特有的高创作渗透率和高互动率。

1.电商特点

B站拥有自己的电商平台“会员购”，于2017年上线，以漫展演唱会票务、手办、模型、潮玩、周边的销售为主， 在不到两年的时间已经占领了二次元票务域最大的市场份额。

2.人群特征

B站的用户群以Z世代（1990至2009年出生）为主。据QuestMobile的统计数据，截至2022年底，哔哩哔哩近82%的用户是Z世代用户，大多数是中学生和大学生，聚集在一、二线城市，并且有较强的付费意愿，其中，北上广的大学生和中学生，占哔哩哔哩用户的半壁江山。

3.直播运营概述

哔哩哔哩直播是B站推出的国内首家关注ACG（取自Animation动画、Comics漫画与Games游戏首字母）直播的互动平台，内容有趣、活动丰富、玩法多样，并向电竞、生活、娱乐领域不断延伸。电竞+游戏都是B站直播的重要品类。在泛娱乐直播方面，B站则以音乐、舞蹈、绘画、美食、萌宠、明星访谈为主。此外，B站也在开辟学习直播、虚拟主播等新兴直播品类。

## 二、电商类平台

### （一）淘宝直播

淘宝直播是阿里巴巴推出的直播平台，定位于“消费类直播”。淘宝作为国民级消费类直播第一平台，累计观看人次已超500亿，2022年度，淘宝直播人均观看时长增长25.8%，见证直播电商越发“常态化”地融入消费者的生活。

淘宝直播PC端登录界面

1.电商特点

淘宝直播致力于构建发现式电商体系，基于淘宝体系内全品类展开推广，其中以女装、美妆、珠宝、消费电子、食品、母婴为主要交易品类。

2.人群特征

淘宝直播用户人群以80后、90后女性为主；在直播间消费偏好方面，男性用户偏好汽车、家装、女性用户偏好女装、箱包；用户分布较为广泛，不仅覆盖了一线城市和发达地区，也较多涉及二、三、四线城市和农村地区；用户爱好较为多样化，既包括服装、美妆、鞋、包等方面，也包括家居、数码、运动等方面。

3.直播运营模式

在淘宝直播上，商家以店播为主，兼具明星、达人直播；商家主要依靠平台本身流量；目前淘宝直播开启“短直结合”玩法，越来越多的主播和商家看到点淘平台“短视频种草” 到“直播间转化”的链路带来品效合一的效果。

淘宝为商家推出五力直播模型：由商家构建能够种草拉新、留存促活、服务客户的粉丝力；获取流量、解析应用、数据复盘的流量力；直播场景搭建、点淘短直联动结合、主播塑造提升等内容营销力；选品组货与定价策略；核心卖点提炼展示的货品力；商家开店开播；账号等级跃迁；宝藏好店入选；平台规则解读的成长力。由五力模型构建商家直播运营能力，助力打通淘宝人、货、场的效率水平。

## （二）京东直播

京东于2004年正式涉足电商领域，是国内购物电商的领军企业，对比阿里巴巴的淘宝，京东零售除了拥有超1 000万SKU的自营商品外，还专注于供应链的打通，提供更快的物流服务，为用户打造极致购物体验。

京东直播是京东推出的“消费类直播”直播平台，定位于“专业+电商”，以轻松、专业、可靠的风格用专业内容辅助用户做消费决策，让观众在专业主播的推荐下可以“边看边买”到自己真正需要的正品好货。

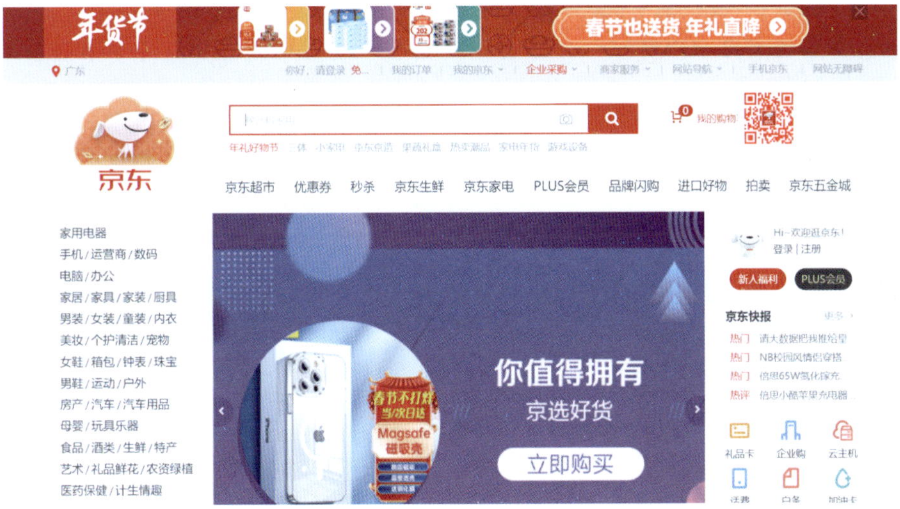


京东PC端登录界面

### 1.平台特色

京东的品牌广告语是“多快好省，只为品质生活”：“多”，为用户提供一站式综合购物平台；“快”，自建物流实现极速配送服务；“好”，坚持正品行货保证商品品质；“省”，依靠低成本和高效率实现天天低价。

### 2.人群特征

京东的主要客户是计算机、通信产品、新型数码产品、娱乐类电子产品和家用电器等的主流消费人群或企业消费用户；主要顾客为18到35岁之间的人群，大部分个人用户为25到35岁的白领。

### 3.直播运营情况

京东直播以“内容+直播=营销场景”为思路，通过3种模式组建直播。

商家直播：京东直播开放给所有商家，在注册达人平台后默认开通直播权限。

PUGC直播：京东直播与机构主播进行合作，个人主播可登录达人平台或京东任务后台发布直播。

PGC直播：京东直播与直播机构进行栏目制合作，目前京东平台中，《什么值得买》《超级大放价》等栏目均属于PGC直播，目的是一步步实现用户想象中的那种“看直播、被种草、下单购物、小时送上门”的购物体验。

## （三）拼多多直播

拼多多于2015年9月成立，拼多多与传统电商平台不同，旨在凝聚更多人的力量，拼多多用户可以通过拉好友砍价、拼团、领红包等方式拼团，以更低的价格，拼团购买商品，增加用户的黏度。凭借独特的“社交裂变+低价爆品”商业模式，拼多多在6年时间成功跻身国内电商三巨头。

### 1.平台特色

拼多多广告语是“拼着买，才便宜”，体现了拼多多独特的新社交电商思维，旨在凝聚更多人的力量，用更低的价格买到更好的东西，体会更多的实惠和乐趣。通过沟通分享形成的社交理念，致力于成为当代新电商开拓者。

### 2.人群特征

根据拼多多披露数据，2022年9月，拼多多日活跃用户/月活跃用户为60%，用户黏性较高，平台前期聚焦下沉市场用户，用户消费核心偏好是“低价”，对价格敏感；后期发力一、二线城市用户。在2022年双十一消费势头超2022年618，3C、家电、美妆、服饰等多品类销售额均大大超过21年同期，三、四线城市用户消费潜力高。

### 3.直播运营情况

目前，拼多多推出多多视频平台，通过多重补贴试水直播电商，助力平台提升使用时长。多多视频类型包括引导购买行为的种草类视频，以及剧情类、影视解说视频两种：一种是通过在视频中内置商品链接来促进购买；另一种吸引用户增加拼多多使用时长。

拼多多进入直播路径

## 三、社交类平台

### （一）微信视频号

微信视频号是社交软件微信的重要功能板块，视频号的战略地位是微信生态的超级连接器。微信视频号不同于订阅号，它在微信的发现页内，朋友圈入口的下方。它嵌在微信生态中，在私域的个人小世界与公域的大舞台之间，视频号连接人、内容、交易。

微信视频号功能图示

视频号内容以图片和视频为主，能带上文字和公众号文章链接，不需要PC端后台，可以直接在手机上发布。视频号支持点赞、评论进行互动，也可以转发到朋友圈、聊天场景，与好友分享。2022年7月21日推出“视频号小店”服务，并逐步优化视频号橱窗的使用规则。2023年1月10日，微信视频号公布2022年总用户使用时长已经超过了朋友圈总用户使用时长的80%。视频号直播的看播时长增长156%，直播带货销售额增长800%。

1.平台特色

微信在推出视频号后，在不到一年的时间，日活就超过了2亿人次。视频号比起抖音或快手，更像是一个熟人社交放大器。它主要能将自己身边的朋友亲人同学聚集起来。相比抖音和快手短视频平台的推荐算法微信视频号更注重优质内容的分发，微信视频号更注重私人朋友圈里的宣传推广，基于微信社交关系链，让我们更加频繁地被身边的人注意到。没有抖音或快手的人群一般都有微信，基于日常刷朋友圈的习惯，也会同步关注朋友发布、点赞的视频。它给了一般人日常通过分享生活、生产内容、激活人脉资源、拓展变现，让人看到自己一个更加易入手的机会。

2.人群特征

微信的用户数已将近覆盖我国所有人群，这是其他社交软件无法与之比拟抗衡的根本原因，微信已与人们的生活作息、出行深度捆绑联结，对当下数字化生活服务有深远影响。

3.直播运营情况

据2023微信公开课PRO上公布的数据，2022年微信视频号直播带货规模保持高速增长，销售额同比增长超8倍，平台公域购买转化率提升超过100%，客单价超200元。从消费类目构成上看，前三大类目分别是：服饰、食品和美妆。这主要受益于视频号生态越来越完善，带来公域规模的快速增长。在规模保持增长的同时，平台私域成交仍然保持了较高的占比，有越来越多的商家和达人将自己运营的社群用户、公众号粉丝与视频号场景进行联动，沉淀并扩大自己的数字资产，实现了长期、可持续的稳定经营。

与抖音、快手、电商类直播的逻辑相比，背靠微信全生态的视频号独具特点，承接公域，触点私域，从内容生产、分发到变现形成完整闭环，进而发掘出转化率高、退货率低、爆品频现的专属优势，为直播电商开辟出新蓝海。

由此，从流量到留量，视频号打造出全新的“关系式”直播。与传统“叫卖式”直播相比，微信视频号直播具备流量潜力大、闭环交易、私域加码、易于分享裂变、复购率高的五大优势。

伴随着微商模式落幕，视频号充当了微信生态内容的第一触点。视频号集社交、内容、铁粉流量池，集聚社交电商、兴趣电商、信任电商于一体。它是少有的可以把公域流量和私域流量无损化循环反哺迭代式增长的线上渠道。

通过相互激活、触达，与视频号直播进行协同配合；微信已从最初“朋友圈+视频号”的组合，开拓出“公众号+视频号”进行粉丝私域直播引流新路径。同时在“企业微信+视频号”帮助企业向用户展示商品和导购加持下，“搜一搜+视频号”促进创作者有效设置直播间主题，借助搜索功能获得流量，使得商家能够在微信平台上有效打造出视频号、公众号、企业微信的铁三角。

## （二）小红书

小红书致力于打造年轻人的生活方式平台，广告语是“标记我的生活”，以“Inspire Lives 分享和发现世界的精彩”为使命。在小红书里，用户可以通过短视频、图文等形式记录生活点滴，分享生活方式，并基于兴趣形成互动。

在平台内分为小红书社区、小红书企业号、小红书福利社三大板块。

小红书社区内容覆盖时尚、个护、彩妆、美食、旅行、娱乐、读书、健身、母婴等各个生活方式领域，每天产生超过70亿次的笔记曝光，其中超过95%为UGC（用户个人创作）内容。

小红书企业号整合公司从社区营销一直到交易闭环的资源，更好地连接消费者和品牌，帮助品牌在小红书完成一站式闭环营销，提供全链条服务。

小红书PC端登录界面

小红书福利社是小红书的自营电商平台，在小红书福利社，用户可以一键购买来自全世界的优质美妆、时尚、家电、零食商品。

1.电商特点

小红书从社区起家，在创设初期注重在社区里分享海外购物经验。到后来，除了美妆、个护，小红书上出现了关于运动、旅游、家居、旅行、酒店、餐馆的信息分享，触及了消费经验和生活方式的方方面面。小红书作为一个生活方式社区，用户发布的内容都来自真实生活，一个分享用户必须具备丰富的生活和消费经验，才能有内容在小红书分享，继而吸引粉丝关注。

在小红书，一个用户通过“线上分享”消费体验，引发“社区互动”，能够推动其他用户到“线下消费”，这些用户反过来又会进行更多的“线上分享”，最终形成一个正循环。而随着人民生活越来越走向数字化，小红书社区在“消费升级”的大潮中发挥更大的社会价值 。过去几年，许多品牌在小红书上成长起来，成为新消费品牌的代表，小红书也成为助力新消费、赋能新品牌的重要阵地。

2.人群特色

小红书用户超七成是“90后”；其中女性用户超六成；以一、二线城市为主。

用户爱好主要集中在美妆、时尚、出行、测评笔记、美食、创业、手工等。平台上产生越来越多学习型博主、新中式、探店、健身类笔记点击率升高，用户多为喜欢尝试新鲜事物，追求多元化的生活方式。。

3.直播运营概述

第一种模式：自营电商，通过内部的“福利社”去链接C端用户，这个模式是B2C模式。

第二种模式：平台电商，小红书允许第三方商家入驻，推出“号店一体”策略，其实是C2C模式

第三种模式：直播电商，主要依托社区内的优质内容和高黏性粉丝带来的转化来开展直播业务。

## 四、直播服务商

### （一）产生背景

从2021年开始，越来越多的企业开始“自播”，抖音平台发布的2021年度品牌自播机会洞察报告显示，75%的直播场次来自50万粉丝数的品牌自播号。出现这个现象的原因是品牌发现虽然只需“花钱”就能进入头部主播直播间，但是坑位费和佣金过高，效果并不能保证，主播无法保障最终销量成为最大痛点，数据“注水”的行业潜规则，超高的退货率，让品牌不堪重负。同时，粉丝对品牌缺少忠诚度，主播的流量很难沉淀到企业的品牌中去。因此品牌方们逐渐开始自播来为企业沉淀流量，为品牌赋能。

企业自己做直播的本质就是做企业的流量池，核心就是流量池的搭建和转化。并非所有的企业自播都能成功，直播并不是谁都能做好的生意。

首先，没有经验的企业直播互动体验差、玩法少，很多企业为了直播而直播，根本不熟悉直播的流程，直播间里观看人数少，互动也很少。

其次，直播是一场基于网络的数字化活动，会产生大量数据，企业需要在积累大量数据后产出分析结果，制定有针对性的营销或管理策略，而这些往往因为企业缺乏经验而缺失。

最后，头部主播很早建立起的护城河比较坚固，过早占有了用户心智，企业也担心因为不熟悉直播的行业规则多交学费，担心获客成本高。

如何提升企业直播效率，将一场直播活动，延伸为可持续的营销方案，成为拉开企业差距的关键，这也是企业数字化转型的一个重点。要想做好企业直播，就一定要找到路径，首先搞清楚目标客户，然后就是针对目标用户最常触及和使用的渠道进行“圈层渗透”。在此背景下，市场上已有专业的公司在积极筹备一站式的直播解决方案，市场上各类直播服务商们应运而生，致力为企业赋能。

### （二）概念解析

直播服务商就是企业直播营销的平台，提供全行业全场景直播解决方案，除了营销直播外还包括提供发布会直播、培训直播、数字会展、招聘直播等。

企业直播服务商平台拥有全面功能，覆盖了插件、样式、自定义、功能、数据统计五个方面：能够提供营销、培训、互动等多类型的插件；能提供多种直播方式和多种类型分辨率；针对Logo、背景页、水印和台标等提供给企业自定义选项；拥有多视角观看、内网直播、内容生产工具等多项企业级特色功能；为企业提供多种数据分析，包括直播数据统计、观众行为统计和互动数据统计等。

企业直播服务商能够帮助企业搭建专属的直播平台，在专属平台下，企业能够进行观看授权，选择合适场景，拥有自己的流量数据以及进行服务运营；企业直播配有子账号体系，针对账号管理设置了子账号权限管理模式，对子平台进行角色配置，用于满足团队协作要求。

总体来说，企业直播服务商提供直播策划、拍摄、现场保障、内容分发、系统搭建等一键式现场服务；能够快速发起直播服务，嵌入企业官网、电商、培训等平台的一体化服务。

### （三）平台特征

1.个性化

企业直播要求直播的数据归属于企业方，在直播时关注私有化、安全性，可以进行定制化服务，直播间所有的展现信息以及域名等都可以自定义为企业自己的，看不到平台提供技术支持的任何信息；企业直播有专业客服或者售后进行服务，处理需求更及时。直播服务商通过可集成、可定制的视频直播技术，为企业搭建自主私域直播系统，并提供直播全流程运营与现场执行服务，帮助企业快速部署专属直播系统。

2.实用性

企业客户对直播需求是多元的，直播服务商提供的就是通用于全行业、多场景的企业直播解决方案。企业选择通过直播进行数字化转型，所有的数字化营销手段最终还是服务于两个方面：客户资源管理和流量变现。

3.商务性

目前直播服务商可以为企业实现直播技术与服务体系的搭建，主要分为：直播模式和方式，引流、互动、转化组成的直播前台，安全、数据、内容二次传播组成的直播中台，以及直播处理、权限、调度组成的直播后台。直播服务商的服务可应用于教育、企业培训、营销、会展、招聘、年会等业务场景，助力企业实现基于在线视频技术的数字化学习、数字化营销转型，沉淀品牌数字资产、构建品牌全场景全链路直播矩阵。

【案例拓展】保利威为欧派家居提供直播营销与企业培训一体化直播服务

欧派家居创立于1994年，以整体橱柜为主，包括一站式整装、橱柜、衣柜、卫浴、木门、墙饰壁纸、厨房电器、寝具等，是国内综合性的现代整体家居一体化服务供应商。由于疫情打乱生活节奏，各行各业都受到不同程度的波及，对注重线下体验的家居行业更是一次严峻考验。传统线下门店较难开展常规营销活动，头部品牌欧派家居反应迅速，积极开展线上协同办公，并通过线上直播引流取得不俗业绩，成为新零售一匹黑马。欧派家居联合企业直播平台保利威，发起“欧派安家节”超级直播夜线上销售活动。

欧派需求与痛点：

（1）疫情导致线下门店较难开展，线上营销直播需要强曝光，引流客源。

（2）直播中需支持红包雨、鲜花打赏、抽奖等，活跃气氛。

（3）直播后视频需支持回放、下载、编辑等，方便进行二次营销传播。

保利威解决方案：

（1）渠道引流蓄客：在直播促销活动中，保利威可通过转推分发功能，将直播活动同步推流至快手、小红书等20多家主流直播平台，实现传播人群的最大化。

（2）直播引爆转化：欧派将H5直播观看页嵌入保利威播放器和聊天室，实现一边看直播、一边下订单的闭环体验。

（3）1080P高清直播：家居消费作为大宗消费，非常强调体验感，仅凭商品图文详情难以给消费者足够的信任感，因为无法预测实物效果。保利威提供全程高清直播，对欧派家居产品的纹路、颜色和光泽等细节都有很高的还原度，观众直播观看体验得到极大提升，加速心理“种草”。导购通过直播讲解推销新品，客户足不出户就能“亲临现场”感受设计风格。

（4）直播间互动：导购通过直播秒杀、红包雨、抽奖、拼团等线上专属优惠活动刺激消费者买单，加速直播流量转化。

（5）二次营销：录制好的直播视频还可以再次进行观看，由此形成二次营销，同时，基于网络传播的精准营销，可以为用户打上标签，将直播内容推送给目标受众，大大提升营销效率。

（6）销售技能培训：2020年春季，欧派橱柜开启春季特训营，为全国各地的经销商、片区经理、一线销售直播培训产品知识，在门店现场实景讲解销售策略。在这个特殊时期，助力商场及导购快速解锁直播营销技能，掌握直播营销新模式。

欧派衣柜新品首发直播

## 【任务实施】

小慧打算先对每一个平台进行特点、人群、优势、应用场景的思维导图分析，根据花店运营情况写出自己的建议，最后形成方案报告提交主管

报告内容需要涵盖：情景分析、直播目标、已有资源、平台特点、账号建议。

1.情景分析

要对背景材料进行分析："花Cheers"是一家开在县城附近市中心写字楼的鲜花工作室，经营业务：零售鲜花、人造花；设计定做节日鲜花礼品；公司庆典鲜花布置设计与制作。凭借花艺师出色的花艺水平，优质的服务，全面的花材种类，"花Cheers"在片区拥有较好的口碑，稳定的顾客。

2.直播目标

提高工作室的影响力：实时展示花艺师插花过程，转播店内的销售场景

增加营业额：网上小店销售鲜花作品、花材和周边产品。

获取新客户：能够尽量被周围的人看到，争取更多的订单。

3.已有资源

"花Cheers"在片区拥有较好的口碑，稳定的顾客。证明它的品质受到认可。

4.账号建议

为争取新客户，公域引流必不可少，需要在热门的短视频类、社交类平台注册账号。

将稳定客户转到线上运营，可以在门店或者日常销售中促进老顾客进入微信群，并且组织推荐有礼活动，促进老客户带来新流量。

为了塑造品牌影响力，可以考虑拍摄花艺师制作插花、花材养护的视频内容，投放到社交平台引流。

## 【应用实操】

任务1：小张的实习工作在一家坐落于居民住宅区的健身俱乐部，作为其新媒体推广官。出于某种原因，近期会员都无法前来上课，俱乐部计划组织几次直播健身课，指导会员在家里健身，请你为小张选择直播平台，并说明原因。

任务2：小雅近期要做一场助农直播，前往荔枝园帮忙准备果园现场直播，请你帮她选择直播平台，并说明原因。

【实操评价】

| 项目 | 平台特点优势正确 | 平台人群画像清晰 | 开设建议合理有据 | 报告格式规范 |
|---|---|---|---|---|
| 评分标准 | 优秀：描述详细，解释合理<br>良好：描述正确，解释正确<br>合格：描述得当 | 优秀：描述详细，解释合理<br>良好：描述正确，解释正确<br>合格：描述得当 | 优秀：描述详细，解释合理<br>良好：描述正确，解释正确<br>合格：描述得当 | 优秀：描述详细，解释合理<br>良好：描述正确，解释正确<br>合格：描述得当 |
| 自我评价 | □优秀 | □优秀 | □优秀 | □优秀 |
| | □良好 | □良好 | □良好 | □良好 |
| | □合格 | □合格 | □合格 | □合格 |
| 小组评价 | □优秀 | □优秀 | □优秀 | □优秀 |
| | □良好 | □良好 | □良好 | □良好 |
| | □合格 | □合格 | □合格 | □合格 |

## 任务三　探究直播设施设备

【情境导入】

小慧根据“花Cheers”的直播业务要求，确定了直播平台后，开始筹备搭建直播间，直播间应展示店铺场景，有时要做插花花艺课堂与卖货，以及前往家乡做花材选品采购的户外直播。需要购买直播设施设备与直播物料，主管要求小慧提交一份采购清单并说明购买原因。

【知识解析】

要达到更好的直播效果，给用户带来更好的直播体验，延长用户的停留时间，更有效地提高用户转化率，离不开良好的场景布置以及专业软硬件设备的支持。根据直播环境和场景，直播分为室内直播和户外直播两种。直播场地不同，所需的直播设备也有所不同。

### 一、选择直播场地

直播场地的选择，一般根据直播类型和产品类别而定，常见的有两种，搭建专门的室内直播间，或是在生产、种植、销售等户外直播基地进行。

## （一）室内直播

一般情况下，室内直播间大小在8～40平方米。根据直播产品类目，调整直播间的大小。如果是美妆直播，对场地要求较小，8平方米左右已足够；如果是服饰类直播，对场地要求较高，则需选择20平方米左右，包含试衣间和衣服展示的空间；如果直播团队较大，产品类目较多，可以选择空间较大的直播间。

服饰类直播

## （二）户外直播

在户外直播能增加更多互动场景，一般适用于农产品、水产品等生鲜类产品直播，直播场地会设在农田、果园或海边等真实的场地，激发用户下单。

农产品类直播

## 二、选择直播设备

无论是室内直播还是户外直播，直播间场地布置都应遵循“光线明亮、环境整洁、网络稳定、画面清晰”等原则。只有给观众带来良好的观看体验，才能更有效地实现转化。

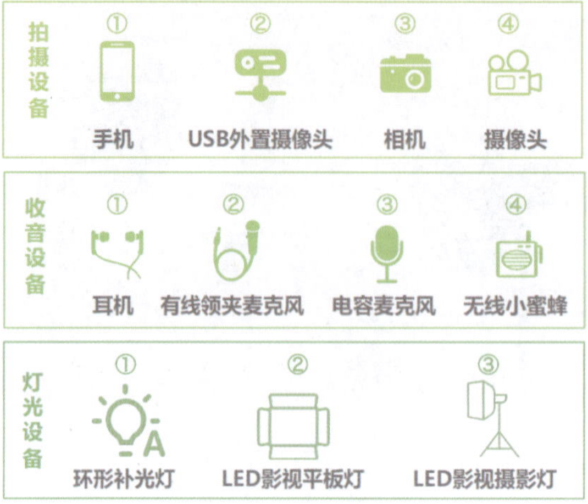


直播设备解析

### （一）室内直播设备

在室内直播，优选电脑连接线网络进行直播，网络会更稳定，能有效避免直播画面卡顿等情况。常用的室内直播设备见下表。

室内直播设备

| 序号 | 设备名称 | 描述 | 配置数量 |
|---|---|---|---|
| 1 | 直播间电脑 | 处理器 intel i5 及以上，独立显卡，固态硬盘 | 1 |
| 2 | 键鼠套装 | 无线套装 | 1 |
| 3 | 拍摄设备 + 支架 | 手机、USB 外置摄像头、相机、摄像头 | 1 |
| 4 | 音频设备 | 支持各种音频设备，部分摄像头自带的麦克风 | 1 |
| 5 | 网络 | 有线网络来直播，网络会更加稳定 | 1 |
| 6 | 灯光设备 | 环形补光灯、射灯<br>摄影灯 + 柔光箱 + 灯架<br>LED 影视平板灯 | 根据场地大小选择 |
| 7 | 收音设备 | 耳机、有线领夹麦克风、电容麦克风、无线小蜜蜂 | |
| 8 | 直播间办公桌 | 1.5m×0.6m 或 2m×0.8m | 1 |
| 9 | 绿幕 | 方便直播抠像更换背景 | 1 |

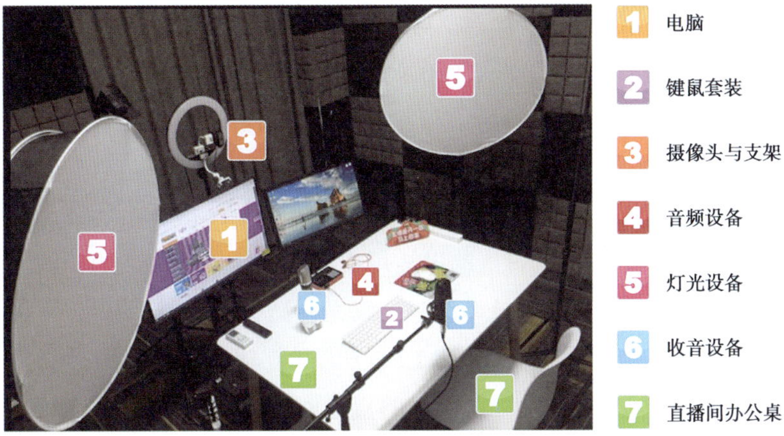


室内直播间设备图

## （二）户外直播设备

长时间的直播，需要保持画面稳定、手机电源充足等，避免出现直播画面卡顿、暂停等情况。常用的户外直播设备见下表。

室外直播设备

| 序号 | 设备名称 | 描述 | 配置数量 |
| --- | --- | --- | --- |
| 1 | 手机 | 选择性能较高的手机 | 1 |
| 2 | 收音设备 | 麦克风 | 1 |
| 3 | 上网流量卡 | 维持网络稳定 | 1 |
| 4 | 设备稳定器 | 手持稳定器、三脚架、自拍杆等能维持手机稳定的皆可 | 1 |
| 5 | 移动电源 | 大容量电源，确保手机电量 | 1 |

户外直播设备

## 三、搭建直播场景

当用户进入直播间，看到直播间的场景布置，决定第一视觉感受，同时影响着消费者对直播活动的体验。直播间的场景布置与产品类目、品牌调性、主播人设、用户群体等都是紧密相关的。在场景设置可以从以下方面考虑。

### （一）直播间背景

直播间背景首选干净简洁，背景墙以浅色或纯色为主，明亮大方。大多情况下灰色背景，是最适合摄像头的颜色，既不会过度曝光，又有利于突出服装。

此外常见直播背景包括品牌背景板、LED屏背景、促销海报和商品货架等，还可使用绿幕抠图，快速地更换直播背景。好的直播间背景不仅能够明确直播主题，展示品牌，还能很好地烘托直播气氛。

品牌背景板

LED屏背景

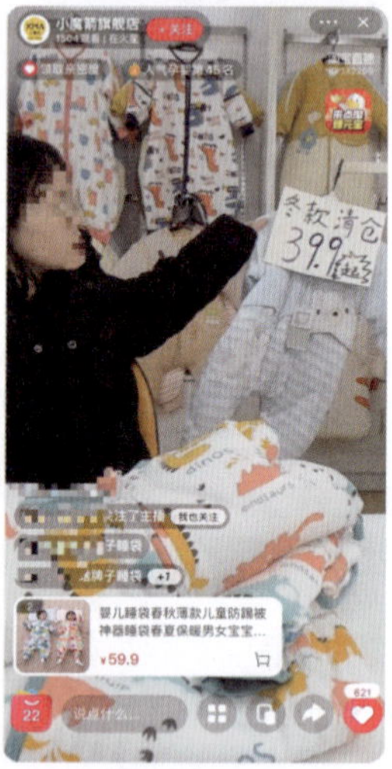


展示货架

直播间绿幕背景图

绿幕更换的背景

（二）直播间辅助道具

样品：直播间展示的实物样品，是必不可少的道具。

展示板：如促销活动板、黑板、白板、活动转盘等展示品牌、产品或活动相关的图文信息。

秒表或计时器：用声音或数字营销紧迫感，提醒用户下单。

其他：绿植、展示画等，还可根据产品类目，适当地增减辅助道具。如服饰类的直播间，可以增加衣服展示架；如个护类直播间，可增加镜子等。

【聚焦案例】主播直播带货“失误”，董明珠黑脸离场

2022年7月，格力董事长董明珠现身直播间，介绍其公司的一款新产品。期间，协助董明珠直播的一名女主播未能成功启动这款电器，导致直播进程陷入僵局。由于机器始终未能成功开启，面色严肃的董明珠在直播尚未结束的情况下摘下话筒，转身离场，留下两个尴尬的年轻主播继续直播。这段视频曝光后，引起关注。直播视频片段在社交媒体上公开后，有网友评论认为，直播前未调试好设备，是工作失误，董明珠在直播中询问电源是否开启，已经是给主播台阶下了，如果确实已经通了电产品还未正常工作，说明机器有问题，影响品牌口碑，是直播事故。

（资料来源：百家号）

（三）直播间布光

好的直播间除了场景布置外，灯光布置也同样重要。灯光布置要根据直播间的面积大小、产品类目、主播特点等情况综合考虑，合理的灯光布置不仅能够有效提升主播的整体形象，展现商品或品牌，还能烘托直播间的氛围。

1.直播间的补光灯

直播间常见的补光灯分为三种：柔光箱、射灯及环形补光灯。

柔光箱常见的有球形、四角形、八角形等多种结构，尺寸规格多样，组合方便。柔光箱的作用就是柔化生硬的光线，使光质变得更加柔和。柔光灯可根据场地大小、产品特点等进行灵活组合，提升直播间效果。

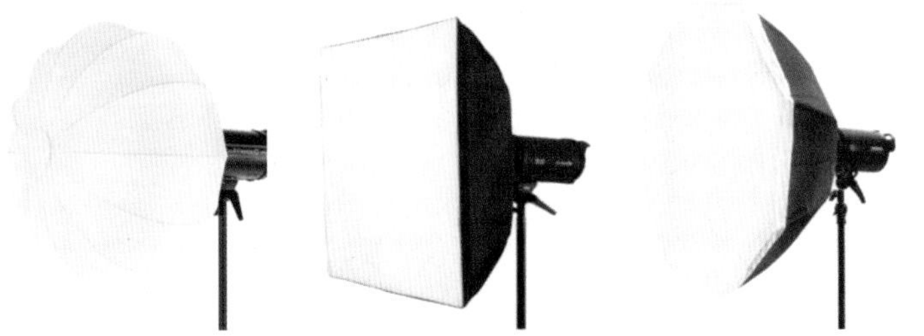

柔光箱类型

灯光组合使用

射灯可方便调整角度，灯光组合方式多样，照明的效果好，节能省电，性价比高。射灯光线柔和，可局部补光，烘托气氛。

射灯

环形补光灯是目前大多主播的首选，环形灯因环形结构，光效均匀柔和；投射在主播的眼中，反映出环形光斑，俗称“眼神光”，能让眼睛看起来更加有神；自带手机支架，能快速开启手机直播；三档灯光，暖白光、暖光、正白光可随心切换，自由调节亮度；价格低廉，性价比高。

环形补光灯

2.直播间的布光设计

直播时的灯光，对画面的亮度和质感，起主导作用。一般会根据直播的主题或产品特色确定直播间的布光。

直播间案例

直播间常见三种布光方式：正前方布光、正面两侧布光、顶部布光。

正前方布光，一般灯与摄像头的方向一致。在面积较小的直播间里，只需一个环形灯。

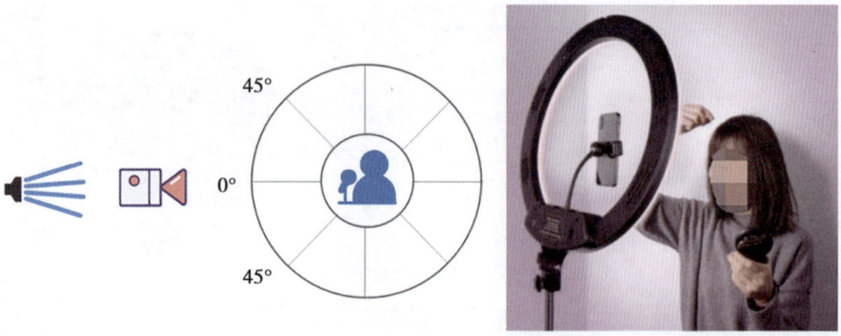


正前方布光

正面两侧布光是最常见的布光方式。光线在摄像机的两侧，正面两侧布光会让正面投射的光线全面且均衡，呈现出一定的质感与层次，同时减小被拍摄商品与阴影之间的反差。

正面两侧布光图

顶部布光，是在正面两侧布光基础上，在顶部再加一个光源，能较大程度确保画面光线充足。

顶部布光

布光的方式没有统一标准，要根据场地的大小和产品类目，做出适当的调整。如场景更大，漫反射更多，则需要更多的灯光来补充场景，使得人物和产品受光均匀，提供更好的直播服务。

案例：小型直播场景的布场示意图

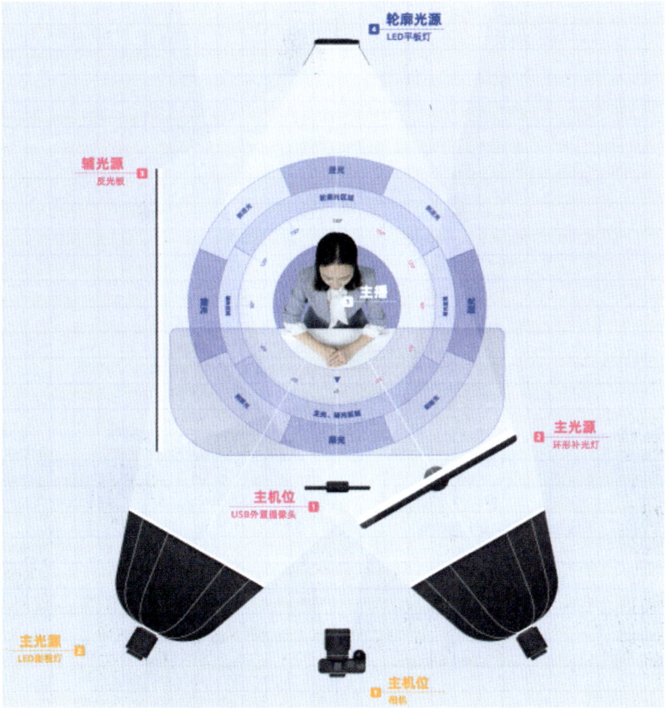


小型直播场景的布置示意图

## 【任务实施】

根据情境，直播间应展示店铺场景，兼顾插花花艺课堂与卖货。

因此，直播间环境属于室内直播，在遵循“光线明亮、环境整洁、网络稳定、画面清晰”的原则下，有以下建议。

1. 建议购置以下设备

| 序号 | 设备名称 | 描述 | 购买原因说明 |
|---|---|---|---|
| 1 | 手机 | 选择性能较高的手机 | |
| 2 | 收音设备 | 麦克风 | |
| 3 | 上网流量卡 | 维持网络稳定 | |
| 4 | 手机稳定设备 | 手持稳定器、三脚架、自拍杆等能维持手机稳定的皆可 | |
| 5 | 移动电源 | 大容量电源，确保手机电量 | |
| 6 | 麦克风 | | |
| 7 | | | |

2.灯光布置图

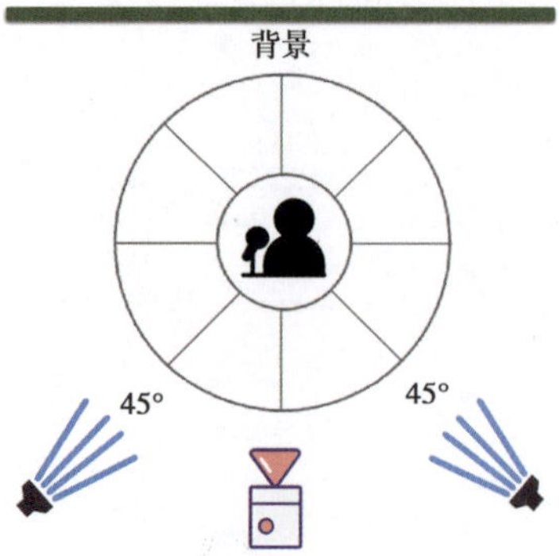


灯光布置图

门店直播效果设计

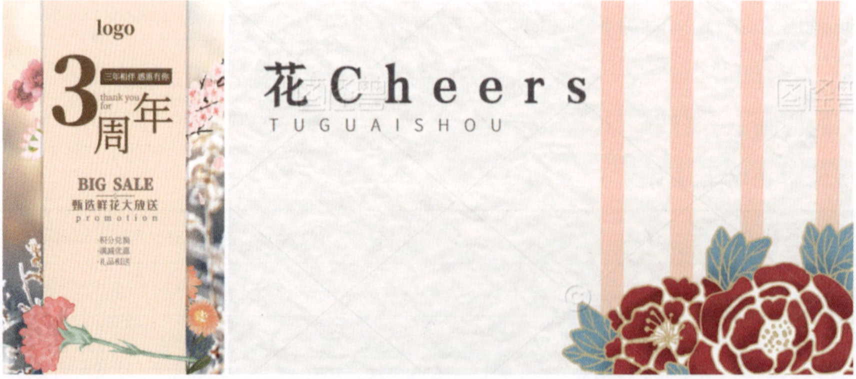


直播间KT板背景设计

【应用实操】

任务1：小张在一家位于居民住宅区的健身俱乐部实习，担任新媒体推广官。出于各种原因，近期会员都无法前来上课。俱乐部计划组织几次直播健身课，指导会员在家里健身。请你列出在健身房做直播的设施设备清单、灯光设计、背景设计。

任务2：小雅近期要做一场助农直播，前往荔枝园帮忙现场宣传直播。请你帮她列出在户外做直播的设施设备清单、灯光设计、背景设计。

任务3：请在学校以“宝藏零食”“生活好物”为主题，在室内或室外搭建直播间，准备灯光设备、直播物料与道具，提交直播画面截图与录屏。

【实操评价】

提供可操作性强的评价指标开展任务完成的自我评价和小组评价。建议使用表格。

| 项目 | 直播设备 | 道具准备 | 任务场景 |
| --- | --- | --- | --- |
| 评分标准 | 优秀：完整无遗漏<br>良好：有遗漏 1 项<br>合格：有遗漏 2 项 | 优秀：5 个以上<br>良好：3~4 个道具<br>合格：1~2 个道具 | 优秀：充分考虑场景<br>良好：有遗漏 1 项<br>合格：有遗漏 2 项 |
| 自我评价 | □优秀 | □优秀 | □优秀 |
| | □良好 | □良好 | □良好 |
| | □合格 | □合格 | □合格 |
| 小组评价 | □优秀 | □优秀 | □优秀 |
| | □良好 | □良好 | □良好 |
| | □合格 | □合格 | □合格 |

# 任务四　探究内容创意服务工具

【情境导入】

小慧搭建好“花Cheers”的直播间后，准备与工作室其他同事按直播团队分工准备直播，具体要制作直播推广引流海报、制作工作室H5宣传页、制作微信群的活动小游戏、制作公众号推文、制作工作室的鲜花作品短视频。

为了提高工作效率，小慧打算灵活使用一些工具，并介绍分享给自己的同事。

【知识解析】

直播活动的引流宣传离不开宣传物料的制作，宣传物料可以分为海报、软文、互动游戏、H5宣传页、短视频5种类型。有效使用制作工具，能够事半功倍。

## 一、图片处理类

创客贴深耕视觉营销设计领域，是国内起步最早的创意营销设计服务商，致力于帮助企业全面进入“内容+渠道+创意”混合裂变的数字营销快车道，提供包含一站式创意营销内容生产、创意内容管理、创意内容分发、定制化视觉营销设计在内的产品和服务，为个人和企业提供全链路视觉营销设计解决方案，以营销内容中台助力企业，提高营销效能。

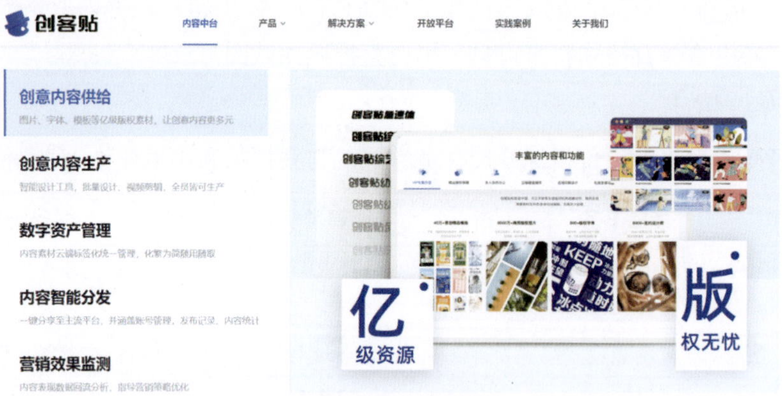


创客贴PC端登录界面

能够做到创意内容供给与生产，有图片、字体、模板等亿级版权素材，让创意内容更多元。注册后，全员皆可生产，平台内的智能设计工具，批量设计、视频剪辑，使用方便，解决了传统内容生产方式效率低、成本高，企业无法高效应对新媒体时代对内容的繁多的诉求。

## 二、互动营销类

凡科网是凡科旗下网站，致力于助力中小企业数字化经营升级，提供简单易用的互联网营销产品与优质的服务，让中小企业经营更简单。凡科网旗下拥有凡科建站、凡科商城、凡科互动、凡科微传单、凡科轻站小程序、凡科公众号助手、凡科快图、凡科门店通、凡科客户通、凡科教育等产品，能让中小企业更轻松快速地开展互联网营销和企业经营。

凡科网PC端登录界面

一般中小企业可通过凡科网实现电脑端与手机端的网站建站、H5宣传页营销、互动活动设计、公众号运营，提高企业的新媒体营销效果。

## 三、文案编辑类

秀米是一款专用于微信平台公众号的文章编辑工具。秀米编辑器拥有很多原创模板素材，排版风格也很多样化、个性化。秀米编辑器可以设计出专属风格用于文章排版。新媒体工作人员可以使用秀米快速完成文案排版设计，输出宣传内容。

秀米网PC端登录界面

GIISO是一款基于智能语义、深度学习、知识图谱等人工智能技术，提供营销文案写作与校对的人工智能工具。眼下，人工智能在文案创作中具有显著优势，能提升效率、帮助语言优化、创意启发，但同时也存在缺乏情感理解、创意局限等不足。目前市场上有丰富的文案写作人工智能平台，其未来发展将对文案创作领域带来更大的变革，我们应保持关注，不断学习、跟进。

GIISO网PC端登录界面

## 四、视频剪辑类

视频剪辑软件在视频产业不是一个“剪完即走”的工具，里面丰富的素材也是视频创作的灵感来源。比如哔哩哔哩向专业视频软件开发商定制二次元、鬼畜、表情包相关素材，而小红书平台也开发了适合用户调性的视频模板，为用户创作优质内容提供强大助力。剪映作为字节跳动出品的一款视频编辑工具，带有全面的剪辑功能和丰富的曲库资源，能够快速实现视频的拍摄、剪辑与制作。

剪映PC端登录界面

【任务实施】

根据情境，直播前的引流宣传需要制作直播推广引流海报、制作工作室H5宣传页、制作微信群的活动小游戏、制作公众号推文、制作工作室的鲜花作品短视频。

请注册图片处理类、互动营销类、文案编辑类、视频剪辑类工具，浏览相应板块功能后，根据提供素材，完成海报、H5宣传页、公众号推文、短视频的制作。

1.图片处理类

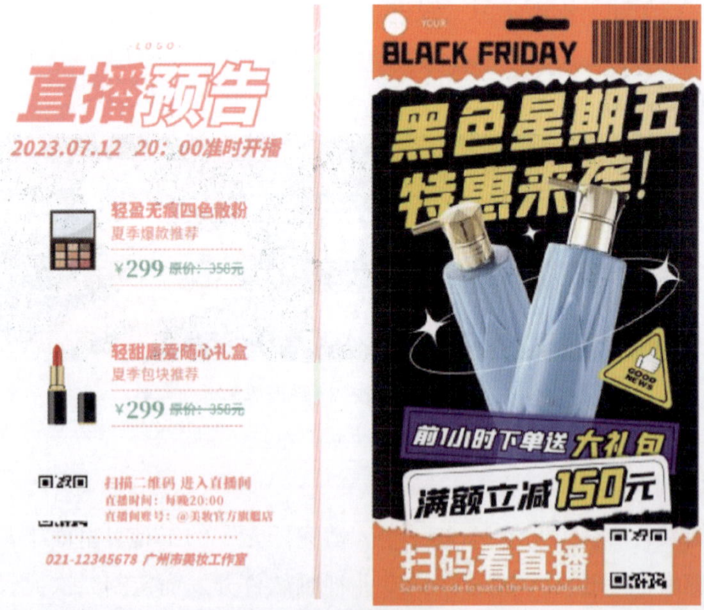


直播引流海报样例

第一步，注册使用创客贴，根据海报模板选择合适的类目风格。

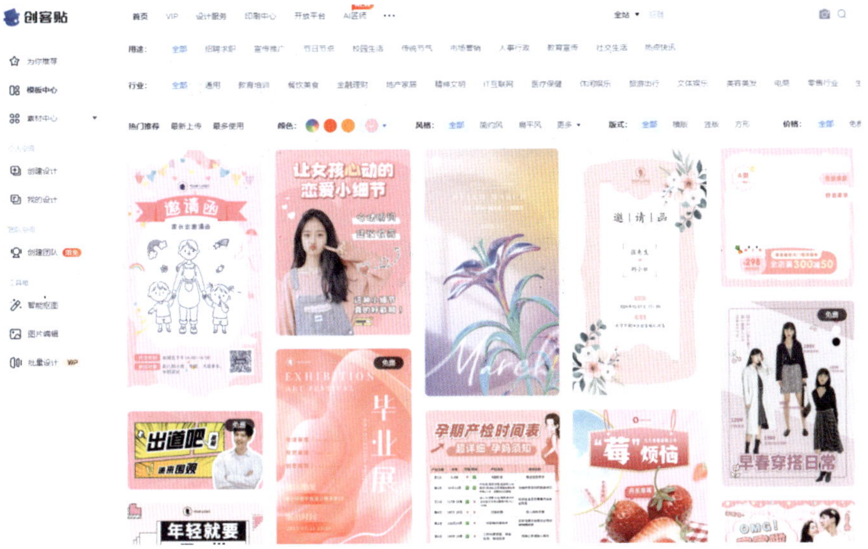

创客贴选择海报模板页面

第二步，通过模板编辑文字与直播活动信息。还可以根据效果要求，修改版面内容。

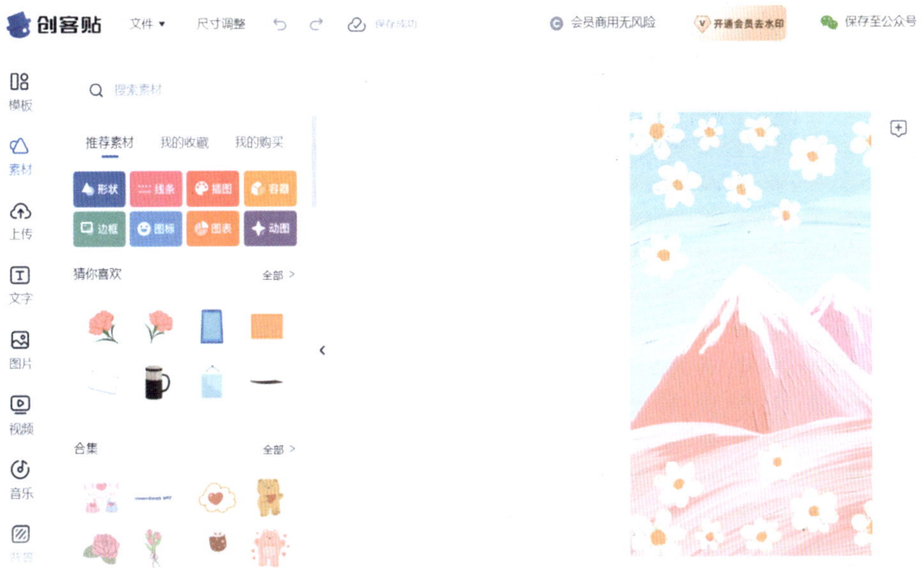


创客贴设计海报页面

第三步，生成图片，发布成功。

2.互动营销类

第一步，注册使用凡科网，选择互动产品。

第二步，根据营销模板选择合适模板。

凡科互动网页截图

第三步，通过模板编辑文字与直播活动信息。还可以根据效果要求，修改版面内容。

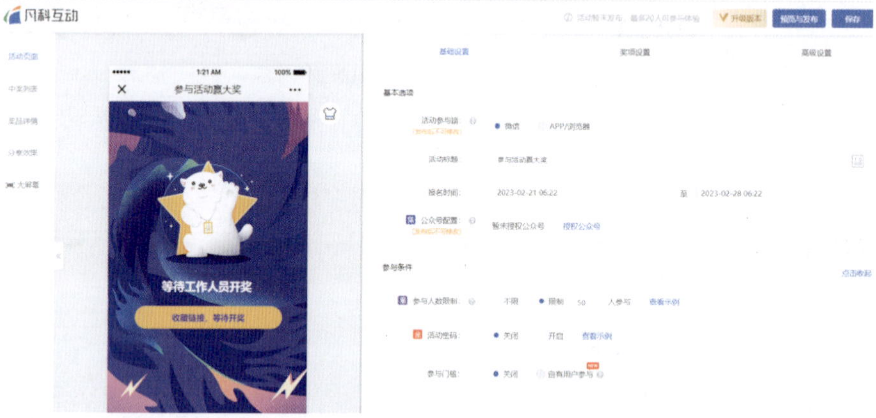


凡科互动网页发布设置截图

第四步，生成互动活动，设置参与人数与奖品，发布成功。

【应用实操】

任务1：小张在一家位于居民住宅区的健身俱乐部实习，担任新媒体推广官。出于流行病原因，近期会员都无法前来上课。俱乐部计划组织几次直播健身课，指导会员在家里健身。请你为他用创客贴模板出图工具制作一份直播引流海报。

任务2：小雅近期要做一场助农直播，前往荔枝园帮忙现场宣传直播，请你帮她用秀米编辑器、GIISO写作编辑出一份直播引流推文。

任务3：小明与朋友合伙创业开了一家火锅餐厅，并且独创店铺的特色菜，兼具新颖与特色，请你帮他从凡科网的互动营销模板中制作一个引流互动游戏，从剪映里制作一个引流宣传视频。

说明：素材请在网络学习空间领取，并将作答内容回复在网络学习空间。

【实操评价】

| 项目 | 直播引流海报 | 直播引流推文 | 直播引流游戏 | 直播引流视频 |
| --- | --- | --- | --- | --- |
| 评分标准 | 优秀：海报视觉有吸引力，直播信息准确、排版优秀<br>良好：海报视觉有吸引力，直播信息准确、排版良好<br>合格：海报视觉有吸引力，直播信息准确 | 优秀：标题吸睛，包含直播海报，推文内容能够引起对直播的关注和兴趣，正文对直播主题解释清楚，有进入直播的链接<br>良好：标题吸睛，正文对直播主题解释清楚，有进入直播的链接<br>合格：标题吸睛，正文有进入直播的链接 | 优秀：标题吸睛，直播主题突出，能够引发裂变传播，有直播链接<br>良好：能够引发裂变传播，有直播链接<br>合格：游戏有较好的可玩性，直播信息明确 | 优秀：直播主题突出，有较强的吸引力，能够引导观众进入直播间<br>良好：直播信息明确，内容有吸引力，能够引导观众进入直播间<br>合格：直播信息明确，能够引导观众进入直播间 |
| 自我评价 | □优秀 | □优秀 | □优秀 | □优秀 |
| | □良好 | □良好 | □良好 | □良好 |
| | □合格 | □合格 | □合格 | □合格 |
| 小组评价 | □优秀 | □优秀 | □优秀 | □优秀 |
| | □良好 | □良好 | □良好 | □良好 |
| | □合格 | □合格 | □合格 | □合格 |

## 【项目小结】

直播平台的选择是开始直播的重要工作，决定了接下来直播的效果。直播平台的选择要在深入分析企业目标后进行决策，才能争取新的客户，同时争取新的客户。

在明确了直播平台后，就要准备直播间、布置直播场景。场景布置的工作内容一般分为室内室外、安装设施设备、灯光软装等。

为了提高企业直播效率，必须熟练使用各种内容创意服务工具，这将起到事半功倍的作用。

## 【课后任务】

一、不定项选择题

1.在进行直播间灯光设置时，以下哪些因素是需要考虑的？（　　）

A.亮度和色温　　B.照明器材的摆放位置

C.灯光的颜色和效果　　D.防止直播间过亮或过暗

E.观众提供灯光反馈

2.以下哪个平台属于私域流量运营平台？（　　）

A.抖音　　B.淘宝　　C.微信　　D.百度

3.以下哪些选项是公域的特点？（　　）

A.较广泛的受众范围　　B.包括未经许可的观众

C.需要更多的市场推广　　D.相对较低的观众参与度

4.以下哪些装备不是户外直播一定要准备的？（　　）

A.绿幕布　　B.上网流量卡　　C.直播架　　D.收音设备

5.在选择直播平台时应该考虑哪些内容？（　　）

A.各个平台的风格与调性　　B.各个平台的主要用户画像

C.直播平台的运营模式　　D.直播平台的成立时间

二、简答题

1.目前短视频类平台的头部应用都有哪些？各自有什么特点？人群有什么不同？

2.目前社交类平台的头部应用都有哪些？各自有什么特点？人群有什么不同？

3.目前电商类平台的头部应用都有哪些？各自有什么特点？人群有什么不同？

4.什么是直播服务商？

5.内容创意服务工具的用途是什么？

# 项目三
# 直播效果评估

【职场场景训练】

党的二十大对全面推进乡村振兴提出了新要求，要加快建设农业强国，扎实推动乡村产业、人才、文化、生态、组织振兴。小慧所在院校与宁夏某县合作，为其特色药材、食材做直播销售，需求旺季时一天直播多达几十多场。项目负责人要求每次直播结束后复盘，对直播数据进行整理分析，评估直播效果，研究不完善之处，给出改进建议，并在下一次直播时落实改进措施。小慧需要进一步理解直播数据指标含义，根据多项数据综合评价，帮助团队改善直播效果，为该县特色药材、食材产业发展出一份力。

【项目学习目标】

1.知识目标

（1）理解直播基础数据指标、效果评估指标。

（2）掌握直播效果评估的相关理论基础。

2.技能目标

（1）能够根据指标描述直播情况和评估效果。

（2）能够借助分析服务工具对直播进行效果评估。

3.素养目标

（1）培养对数据的敏感性。

（2）提高综合运用知识的能力。

（3）培养用数据评估与支持决策的职业素养。

## 【技能提升图谱】

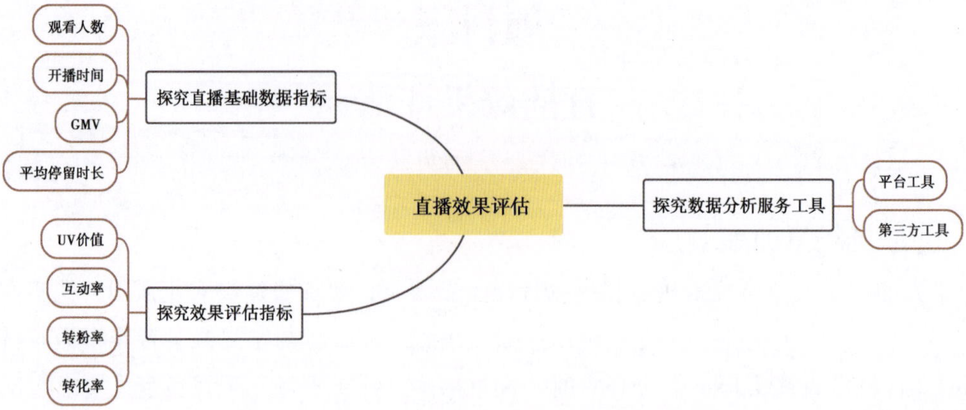


## 【学习成果展示】

直播数据分析与效果复盘报告

# 任务一　探究直播基础数据指标

【情境导入】

小慧负责的具体工作是参与每次直播，对直播数据（根据观看人数、开播时间、GMV、平均停留时长等）进行整理分析、复盘，研究不完善之处，提出改进思路，并在下一次直播落实改进措施。

目前康源公司直播团队拥有主播4人，每周定期安排直播20场左右，主要的直播带货内容有党参、枸杞等食疗菜式的烹饪技巧和做法，选购党参、枸杞技巧等。历次直播的数据各有不同，且同一直播不同时间段的数据也有很大的差异，这代表了什么？有哪些影响因素？又有哪些优化办法？

【知识解析】

## 一、观看人数

### （一）概念解析

观看人数是直播指标的重要部分，它反映了直播的受欢迎程度和影响力。观看人数通常是指实时在线的观众数量，康源公司618大促的一场直播数据如下图所示。一般情况下，观众互动、直播时长、内容质量、观众数量等因素都是评估热门直播间的重要指标，其中，观看人数是保证直播效果的基础。

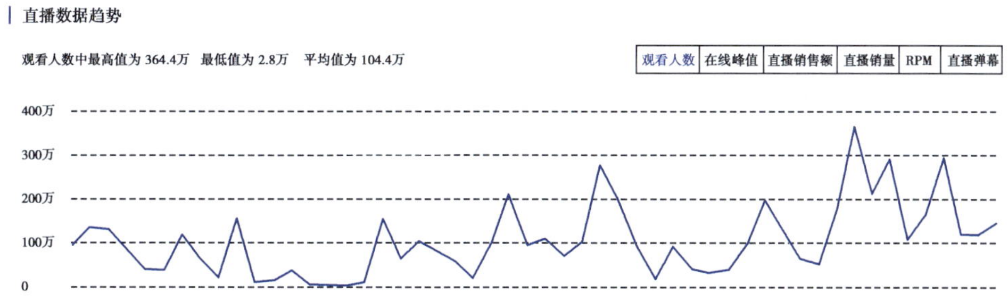


某达人主播直播观看人数的变化

### （二）指标作用

观看人数可以作为直播收入的重要指标。品牌方和广告商通常会以观看人数作为评估直播价值的重要参考因素，可以帮助他们了解直播的影响力和收益情况。

观看人数画像还可以帮助品牌方和广告商评估直播内容的市场价值和潜在客户群。如果直播的观看人数主要来自年轻人群，这意味着直播间风格和调性更适合年轻人，是否能够覆盖自己的潜在客户。观看人数指标可以帮助直播主和广告商了解直播内容的受欢迎时间段。如果直播的观看人数在晚上高峰期较多，这可能意味着直播内容更适合晚上观看，并且潜在客户群更有可能是夜间活跃的人群。

观看人数还可以帮助直播主改进直播内容。如果直播的观看人数不如预期，直播主可以通过分析观看人数的数据，了解直播内容不足的地方，并据此改进直播内容，以吸引更多的观众。

### （三）改进办法

1.选择合适的主题

直播间的内容是吸引观众的关键，要选择当前流行或与自己相关的热门话题作为直播内容，吸引更多的人来参与。

2.优化直播间设置

虽然有一个摄像头就能开直播间，但是通过丰富的个性化设置，如“直播封面”“直播标签”“直播简介”等，可以提高访问者的点击率，从而增加观看人数。

3.积极推广宣传

利用社交媒体平台、进行宣传，通过发布短视频、图文介绍等方式为直播间引流。

4.邀请行业大咖参与互动

邀请行业内一些有影响力和实力的大咖来分享经验心得，与观众进行互动，这样可以吸引更多的粉丝和忠实观众，从而扩大影响力。

5.提高播放质量

保持优秀直播画质和声音，优化直播间的布置可以让观众更加沉浸和满足，从而延长用户观看时间。

## 二、开播时间

### （一）概念解析

开播时间是指直播平台上主播开始直播的时间点，这个时间点的选择对于直播的效果和热度有着重要的影响。开播时间的选择要考虑多个因素，包括观众活跃时间、竞争情况、主播自身状态等。首先，观众活跃时间是一个关键因素。在观众活跃度较高的时间段开播，可以吸引更多的观众进入直播间，增加直播的热度。其次，热门时间段的竞争往往比较激烈，要根据直播间的知名度与粉丝情况做决定。最后，主播自身的状态也是一个重要的考虑因素。选择在自己精力旺盛、状态良好的时间段开播，可以保证直播的质量和效果。

| 直播 | 开播时间 | 观看人次 | 穿透率 | 直播销量 | 商品数 | RPM | 直播销售额 |
| --- | --- | --- | --- | --- | --- | --- | --- |
| | 02/13 08:38 | 68.2万 | 0% | 3万+ | 22 | 3.3万 | 100万-250万 |
| | 02/12 14:29 | 233.1万 | 0% | 10万+ | 61 | 6.1万 | 1000万+ |
| | 02/12 08:01 | 356.2万 | 0% | 30万+ | 102 | 9.3万 | 1000万+ |

**某直播平台各主播直播开播时间**

## （二）指标作用

要改善直播效果，首先需要了解观众的特点和需求，以及什么时间段他们更有空闲和兴趣进行直播。比如说，如果观众群体中有大量的学生，那么下午和晚上在学校课后和家里休息的时间段很可能是他们更愿意观看直播的时间。2022年数据显示，与观众的特点和需求等因素相关联，抖音、快手、哔哩哔哩等社交媒体平台，主播开播时间集中在晚上7点至晚上11点，而淘宝、拼多多等电商平台，主播开播时间集中在上午9点至下午6点。除了对观众的需求进行了解，还需要考虑其他因素，比如活动或者节假日。

## （三）改进办法

对于主播来说，根据数据指标选择合适的开播时间可以提高直播效果，提升直播质量。以下是一些开播时间选择的具体建议。

1.调整开播时间

根据观众需求和其他因素进行开播时间的调整，以便获得更多的观众。

2.关注直播平台的热门时间

不同的直播平台会有不同的热门时间，比如参考抖音官方实时数据，抖音在晚上7点到10点间直播效果最佳。

3.考虑主播的地理位置

一些直播平台允许主播查看粉丝的分布情况，这可以帮助主播选择合适的开播时间。

4.考虑观众的兴趣

主播可以根据观众的兴趣爱好来决定开播时间。比如，如果主播的内容与健身和健康有关，那么开播时间可以在晚上。

5.创建定期开播计划，保证开播频率

创建定期开播计划可以帮助主播保持直播频率并让观众更好地记住主播的直播时间，并让他们有机会参与其中。观众知道主播定期直播，更容易预留时间，以便在直播中参与。定期开播还可以增加主播的稳定性，并给主播带来更多的观众。

另外，开播计划不但需要考虑开播时间，还需要考虑开播频率。值得注意的是，不同的直播平台对开播频率有不同的要求。以2021年为例，抖音直播频率要求主播每周至少开播两次，快手则要求每周开播四次以上。如果主播不能满足这些要求，可能会被平台算法降权，影响主播的直播效果。（解释：平台算法降权是指平台通过其算法系统对某个内容、用户或行为进行评估，并基于该评估结果降低其在平台中的权重或排名。在电子商务平台，降权可以表现为商品在搜索结果中的排名大幅下降，使得商品无法得到原有合理的展现量。）

总而言之，开播时间是直播数据指标之一，是直播主播与观众沟通的重要渠道，主播需要综合考虑多方面因素，灵活选择合适的开播时间。

## 三、GMV

### （一）概念解析

GMV（Gross Merchandise Volume）是一个常见的商业术语，它代表着一定时间内销售额总额，是一个重要的商业指标，“直播间GMV = 直播间订单数量 × 平均订单金额”。具体而言，GMV主要由商品数、浏览量、转化率、客单价等因素所决定。在直播行业中，GMV是指在直播平台上销售的商品总价值，这个数据指标反映了直播间的商品销售能力，用来衡量直播产生的营收和整体商业价值。（解释：商品数：指店铺中在线销售的商品总数。浏览量：指在一定时间内，顾客浏览店铺或商品页面的总次数。客单价：指每位顾客平均购买的商品金额。）

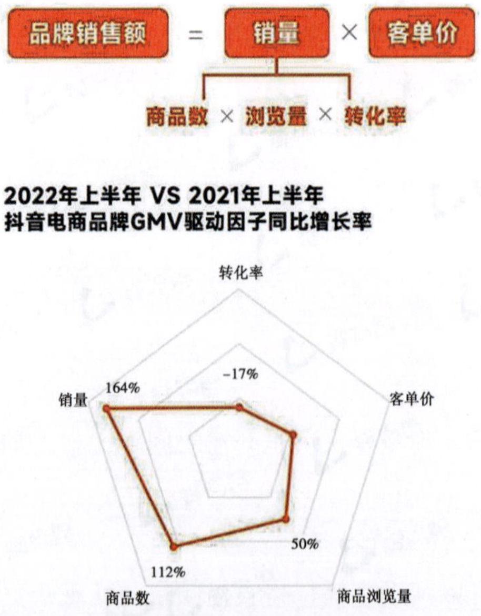


抖音年度GMV驱动因子对比

（数据来源：《2022抖音电商上半年行业报告》）

## （二）指标作用

直播GMV对于直播平台和直播主来说都很重要。对于直播平台来说，它可以用来衡量直播平台的商业价值，以及直播对整体商业活动的影响程度。对于直播主来说，它可以用来衡量直播的经济效益，以及直播对于生活的影响。与其他直播数据指标（如观看人数）相比，GMV更加客观，它代表着直播真实产生的经济效益，因此它是衡量直播商业价值的重要指标。

数据显示，随着直播行业的发展，直播GMV呈现快速增长的趋势。根据QuestMobile的数据，2020年中国直播行业的GMV已经达到了300亿元人民币，而且还在继续增长。以京东的直播为例，在2020年，京东直播平台的GMV达到了60亿元人民币，占到整个直播行业的20%以上。抖音在2020年底的GMV已经超过100亿元人民币，2022年的快手GMV达到60亿元人民币，2021年的哔哩哔哩GMV已经超过50亿元人民币。各大平台的GMV高速发展，预示着乐观的行业发展前景。

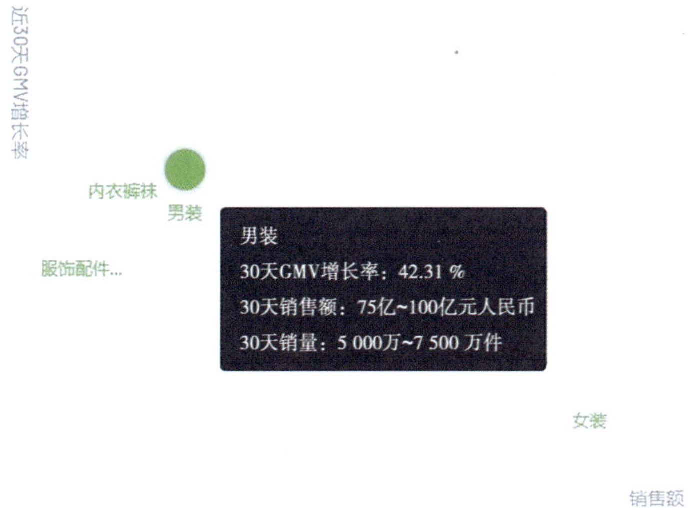


抖音男装品类GMV增长情况

（数据来源：飞瓜官网数据报告栏目）

对直播主而言，复盘直播的GMV数据是评估直播效果、提高直播效率、引导未来决策、促进业务改进的重要手段。复盘有以下作用：

1.评估直播效果

通过对比同类直播的GMV数据，可以评估直播的效果，从而决定是否对直播流程进行改进。

2.提高直播效率

通过对GMV数据进行分析，可以提高直播效率，从而提高直播GMV数据。

3.引导未来决策

复盘GMV数据可以为下一场直播提供决策参考，帮助决策者更好地评估直播效果。

4.促进业务改进

通过对GMV数据进行分析，可以识别直播中存在的问题，从而促进业务改进。

【聚焦案例】拼多多运用多种方式提高直播GMV

拼多多通过在直播中提供团购优惠和游戏环节，以吸引消费者参与并完成购买来提高直播GMV。在直播中提供团购优惠和游戏环节是一种常见的方法，以吸引消费者参与并完成购买。通过在直播中提供优惠和娱乐元素，消费者更愿意参与购买，并且团购模式有助于促进消费者的集体行动，提高购买意愿。

另外，拼多多还通过其他方式来提高直播GMV。

（1）提供实时促销活动和优惠券：在直播中推广促销活动和优惠券可以吸引消费者购买。

（2）与品牌商和卖家合作：通过与品牌商和卖家合作，在直播中推广产品，可以提高商品的曝光率和销量。

（3）提供丰富的内容和体验：通过提供现场解说、游戏环节和互动等，丰富直播内容和体验，可以吸引消费者参与并增加购买意愿。

（4）提供实时咨询和解答：在直播中提供实时咨询和解答，可以解决消费者的疑问，增加消费者的信任，提高购买意愿。

（5）数据分析和改进：通过对直播效果的数据分析和评估，了解消费者的行为和偏好，不断改进直播内容和体验，以提高直播GMV。

（6）拓展线上线下渠道：将直播与线下活动、门店、会员卡等渠道结合起来，拓展消费者的购买途径，提高直播GMV。

（7）创新直播方式：不断创新直播的形式和内容，如360度直播、虚拟直播、全景直播等，提高直播的吸引力和创造力，以提高直播GMV。

（资料来源：新浪官网）

## （三）改进办法

提高直播间的运营效率、优化商品展示、提供优惠券和促销活动、加强用户体验，以及进行数据分析和优化是促进直播间GMV增长的关键方法。

1.加强直播间运营

直播间的运营对于GMV的增长非常重要。可以通过提高直播间的曝光度，丰富内容创意和营销策略等方法来吸引更多的观众进入直播间，从而提高GMV。

2.优化直播间商品展示

直播间商品展示的方式和效果对GMV的增长也有很大的影响。可以通过优化商品展示位置、推荐相关商品、提高商品的可视度等方式来增加观众购买商品的机会。

3.提供优惠券和促销活动

提供优惠券和促销活动是促进GMV增长的重要手段。可以针对特定产品或目标用户推出促销活动，以吸引用户购买，从而提高GMV。

4.加强用户体验

提高用户体验可以增强用户的满意度和忠诚度，从而促进GMV的增长。可以通过提供快速、简单的购买流程、增加直播间的互动性和个性化推荐等方式来提高用户体验。

5.进行数据分析和优化

进行数据分析是提高GMV的重要手段。可以通过对用户购买行为、流量来源、商品销售情况等数据进行分析和优化，以调整策略和提高效率，从而促进GMV的增长。

## 四、平均停留时长

### （一）概念解析

平均停留时长是指观众在直播间内的平均时长，反映了直播的吸引力和主播的魅力。平均停留时长是直播行业中的重要数据指标之一，反映了观众对直播内容的兴趣程度和对主播的满意度。

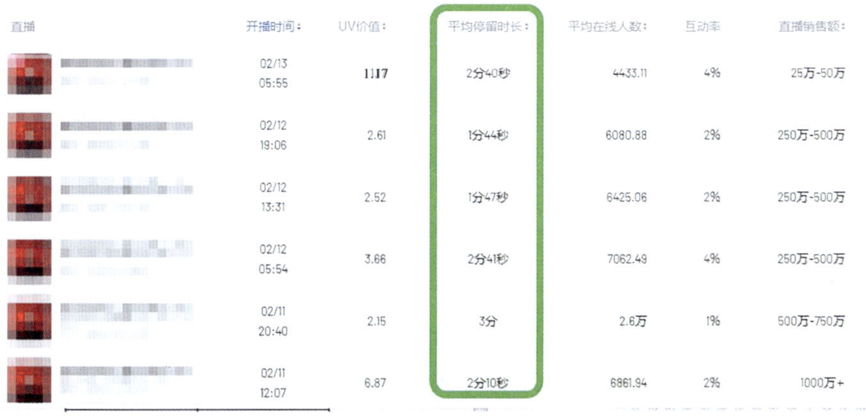

| 直播 | 开播时间 | UV价值 | 平均停留时长 | 平均在线人数 | 互动率 | 直播销售额 |
|---|---|---|---|---|---|---|
| | 02/13 05:55 | 11.17 | 2分40秒 | 4433.11 | 4% | 25万-50万 |
| | 02/12 19:06 | 2.61 | 1分44秒 | 6080.88 | 2% | 250万-500万 |
| | 02/12 13:31 | 2.52 | 1分47秒 | 6425.06 | 2% | 250万-500万 |
| | 02/12 05:54 | 3.66 | 2分41秒 | 7062.49 | 4% | 250万-500万 |
| | 02/11 20:40 | 2.15 | 3分 | 2.6万 | 1% | 500万-750万 |
| | 02/11 12:07 | 6.87 | 2分10秒 | 6861.94 | 2% | 1000万+ |

某主播多场直播的观众平均停留时长数据

### （二）指标作用

观众在直播中越久，说明对直播内容、直播主播、产品等感兴趣，这些都是对直播效果的好评。同时，平均停留时长也可以反映出直播节目的观赏性，即能否吸引观众长时间的关注。平均停留时长越长，说明观众对直播质量的评价也就越高。

根据QuestMobile的数据，2020年中国直播市场的平均停留时长为26.3分钟，同比增长8.2%。在不同的直播领域中，平均停留时长也有所不同。例如，在游戏直播领域，平均停留时长高达40分钟；而在美妆直播领域，平均停留时长则仅为15分钟。

各直播平台 2021 年的观众平均停留时长

| 直播平台 | 平台观众平均停留时长 |
| --- | --- |
| 抖音 | 86 秒 |
| 快手 | 暂无数据 |
| 哔哩哔哩 | 12 ~ 15 分钟 |
| 腾讯 | 20 ~ 30 分钟 |
| 淘宝 | 30 ~ 40 分钟 |
| 拼多多 | 25 ~ 35 分钟 |

（数据来源：各平台官网）

平均停留时长的高低不仅受到直播内容的吸引力的影响，还受到直播平台的用户体验和观看设备的影响。例如，一个用户在使用高清直播设备观看直播时，其平均停留时长往往会比使用低清直播设备时长一些。

在直播行业中，平均停留时长是直播平台评估直播质量和主播粉丝忠诚度的重要指标之一。直播主可以通过吸引品质高、内容丰富、互动性强的方法提高直播质量，提升平均停留时长，提高用户黏性。例如，在游戏类直播平台，数据显示热门主播的平均停留时长可以达到数小时。这表明这些主播具有很大的吸引力和魅力，他们的直播能够吸引大量的观众长时间在直播间内。

目前各平台直播平均停留时长按年度呈现下降趋势，流量竞争加剧反映到每一场直播上的结果是：单场直播的平均流量持续走低；用户在直播间的平均停留时长也在下滑，从2021年1月的126秒，下降到2022年6月的86秒。其中，2021年10—11月平台双十一大促期间，流量竞争最为明显，平均停留时长达到历史最低的58秒。在停留时长下降的大背景下，直播间转化流量的窗口期变短，直播间装潢、主播话术、直播玩法和排品都受到了更严峻的考验。

### （三）改进办法

增加平均停留时长的途径有：

1.提高直播内容质量

提供有趣、有价值的直播内容，让观众更愿意停留。

2.增强直播氛围

通过增加互动、评论等，让观众更有参与感，也能吸引观众长时间的关注。

3.提高直播主播的吸引力

直播主播要有吸引人的外貌、风格、语言等，这些都是观众停留时间的重要因素。

4.提高产品的吸引力

提供高质量、高价值的产品，让观众更愿意购买。

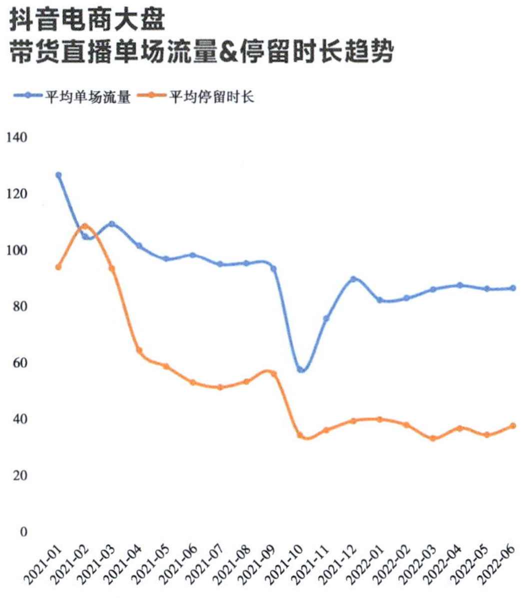


**抖音2021至2022年停留时长的变化趋势**

（数据来源：《2022抖音电商上半年行业报告》）

## 【任务实施】

直播后，请帮助小慧分析观看人数、开播时间、GMV和平均停留时长指标，思考如何提高，并给出分析结论和改进建议。

参考意见

1.观看人数

分析：如果观看人数较少，可能是由于直播内容的吸引力不足、宣传力度不够或目标受众定位不准确。

改进建议：

（1）提高直播内容的质量，增加互动环节，提升观众的参与感。

（2）加强直播前的宣传工作，利用社交媒体、邮件列表等渠道吸引更多潜在观众。

（3）精准定位目标受众，了解他们的需求和兴趣，提供有针对性的内容。

2.开播时间

分析：开播时间可能不适合目标受众的观看习惯，导致错过潜在观众。

改进建议：

（1）调整开播时间，选择目标受众活跃的时间段进行直播。

（2）尝试不同的时间段，观察观众反馈和参与度，找到最适合的开播时间。

3.GMV

分析：GMV较低可能是由于商品选择不当、价格策略不合理或直播过程中的销售技巧不足。

改进建议：

（1）优化商品选择，确保直播中展示的商品符合目标受众的需求。

（2）制定合理的价格策略，考虑竞争对手的价格和市场接受度。

（3）提升主播的销售技巧，增加互动和说服力，提高转化率。

4.平均停留时长

分析：平均停留时长较短可能意味着直播内容不够吸引人，或者观众对直播的参与度不高。

改进建议：

（1）丰富直播内容，增加有趣和有价值的环节，提高观众的参与度和留存率。

（2）优化直播节奏，保持适当的语速和节奏，避免观众感到无聊或疲劳。

（3）及时回应观众的评论和问题，增强互动和观众黏性。

## 【应用实操】

任务1：小龙是一个探店直播团队的主播，在完成了50场的探店直播后，该团队经统计，发现开播时间与观看人数有一定的内在关联，为了提高直播效果，请探究不同时间段的直播开播效果，观察观众数量和直播时长的变化，给出建议。

探店直播数据表

| 开播时间区间 | 场数 | 平均观看人数 |
|---|---|---|
| 9:00–11:00 | 12 | 210 |
| 11:00–14:00 | 11 | 341 |
| 14:00–17:00 | 13 | 332 |
| 17:00–20:00 | 14 | 574 |

任务2：小青是一名美妆类直播带货的主播，她关注到某头部同行的直播数据，她发现该主播该次直播的GMV与平均停留时长等数据关联比较密切。请解释说明数据，研究直播开播时间用户体验以及GMV、平均停留时长的影响因素，提出小青可以做哪些措施，能够优化平均停留时长，改善GMV。

**直播数据：带货首播6小时，GMV破亿，多款商品从现货卖到预售**

根[redacted]据：这场直播的观看人次407.8w，观众的平均停留时长超过6分钟，开播后的3小时内在线人数都超过了8w，直播人气一直维持在高位。

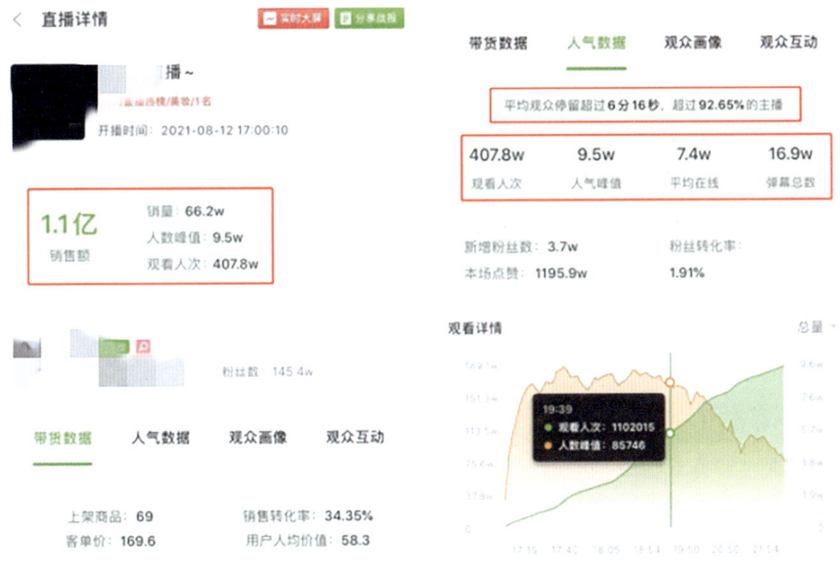


某美妆类主播单次直播数据

（数据来源：搜狐官网）

结合上述图片、案例自行分析探究，然后2～3人组成小组，开展讨论形成结论后派出代表讲演，并开展自我评价、小组评价、教师点评。

【实操评价】

| 项目 | 分析内容 | 表达逻辑 | 建议合理 |
|---|---|---|---|
| 评分标准 | 优秀：分析合理有据<br>良好：分析较为合理<br>合格：分析基本合理 | 优秀：表述逻辑清晰<br>良好：表述逻辑较清晰<br>合格：表述逻辑基本清晰 | 优秀：建议合理可行性强<br>良好：建议合理可行性较强<br>合格：建议合理可行性一般 |
| 自我评价 | □优秀 | □优秀 | □优秀 |
| | □良好 | □良好 | □良好 |
| | □合格 | □合格 | □合格 |
| 小组评价 | □优秀 | □优秀 | □优秀 |
| | □良好 | □良好 | □良好 |
| | □合格 | □合格 | □合格 |
| 教师点评 | □优秀 | □优秀 | □优秀 |
| | □良好 | □良好 | □良好 |
| | □合格 | □合格 | □合格 |

# 任务二　探究效果评估指标

【情境导入】

在完成了基础数据指标的分析后，小慧开始对一些较为关键的效果评估指标进行复盘，并在下一次直播时落实改进措施。

目前主要的直播带货内容有使用党参、枸杞制作美食，党参、枸杞等食疗的功效介绍，选购党参、枸杞技巧等，如就在最近618大促的一场带货直播结束后，小慧需要对UV价值、互动率、转粉率、转化率等指标进行评估。

【知识解析】

## 一、UV价值

### （一）概念解析

UV价值是一个重要的电商直播指标，它表示直播间的整体场观人次和销售额的比值。

UV价值=销售额/场观人次。

这个指标反映了用户对直播间的价值贡献，UV价值越高，代表用户对直播间的价值贡献越高。

在电商直播中，UV价值可以通过另一个公式来计算。

UV价值=转化率×客单价。

其中，U是指独立访客，即访问直播间的独立用户数；转化率是指访客中购买商品的比例；客单价则是指每个购买用户的平均消费金额。

总之，UV价值是衡量电商直播效果的重要指标之一，它反映了用户对直播间的价值贡献和直播间的盈利能力。

例如，抖音直播平台上，一位辣妈穿搭博主通过直播推销她的服装品牌，在直播过程中吸引了1 000个独特的观众。如果这1 000个观众都是对服装品牌感兴趣的消费者，那么这场直播的UV价值就很高，因为它吸引了大量潜在客户。

| 直播 | 开播时间 | 直播销量 | UV价值 | 平均停留时长 | 平均在线人数 | 互动率 | 直播销售额 |
|---|---|---|---|---|---|---|---|
| | 02/11 19:59 | 50万+ | 1.06 | 3分8秒 | 46.2万 | 0% | 3000万+ |
| | 02/07 20:51 | 30万+ | 1.08 | 2分58秒 | 35.8万 | 0% | 2000万+ |
| | 02/07 19:52 | 8万+ | 1.13 | 2分33秒 | 42.2万 | 0% | 1000万+ |
| | 02/04 20:00 | 40万+ | 0.94 | 3分6秒 | 45.1万 | 0% | 3000万+ |

某直播平台某达人主播的直播UV价值数据

（二）指标作用

UV价值对直播平台来说意义重大，因为它能够帮助平台评估其直播内容的价值，从而更好地为广告客户和观众提供更有价值的直播体验。腾讯数据显示，2022年第四季度，抖音直播的UV价值平均增长了15%，说明抖音直播对用户越来越有吸引力。

UV价值对直播方同样重要。对于广告主而言，UV价值是一个关键的投放指标。通过分析UV价值，广告主可以了解广告能够触达的独立用户数量，从而制定更为精准的广告投放策略。因为UV价值越高，代表单个用户对直播间的价值贡献越高。这有助于商家更好地了解用户价值，从而制定更为个性化的营销策略。

通过对UV价值的评估，主播可以了解到该直播的效果如何，用户对该主播的兴趣程度如何，以及该直播对直播平台的整体影响力如何。

（三）改进办法

据 UV 价值的评估结果，直播平台和直播方可以结合其他指标，进一步优化直播内容和策略，提高直播效果，提升UV价值的方法有以下几点。

1.创造高质量内容

高质量内容是提高UV价值的关键因素，通过提供有趣、有价值、有启发性的内容，可以吸引更多的观众，从而提高UV价值。

2.增加互动性

通过增加直播内容的互动性，如回答观众的问题、进行现场抽奖等。可以增加观众与直播内容的互动，提高直播的吸引力。

3.维护社交关系

保持与观众的良好关系，回复评论，让观众感到被关注和重视，可以增加观众的忠诚度，吸引更多的观众关注。

4.合理安排直播时间

选择观众活跃的时间进行直播，可以吸引更多的观众。

5.利用社交媒体进行推广

通过利用社交媒体，如抖音、快手等，对直播进行推广，可以吸引更多的观众关注。

6.积极参与合作

与其他直播方、广告商等进行合作，可以通过获得更多的曝光机会来提高UV价值。

课堂活动：

请各个小组选择3个直播平台，筛选并关注1～3个优质主播，并回答以下问题，最后在课堂上分享。

（1）你认为以上优质主播是如何提高自己的UV价值的？

（2）以上优质主播是如何利用UV价值变现的？

## 二、互动率

### （一）概念解析

互动率作为直播效果评估指标之一，可以反映直播的互动性和吸引力。在抖音、快手、B站、腾讯、淘宝、拼多多等直播平台上，互动率被广泛用于评估直播效果，也是直播者提高直播质量的重要指标，通常是通过统计观众在直播中发送的点赞、评论、弹幕等互动行为来计算的。互动率越高，说明主播的直播内容和互动方式更加吸引人，从而提高直播的效果。以抖音为例，互动率的具体体现是点赞、评论、分享等。直播间互动率的计算方法根据不同的平台和定义有所差异，通常是通过统计直播间内的互动行为数量与总观看人数的比例来得出。

一般计算公式如下：

互动率=（互动行为数量 ÷ 总观看人数）× 100%

其中，互动行为数量指的是在直播过程中观众进行的互动行为的总次数，总观看人数则是指进入直播间观看直播的总人数。

通过计算互动率，可以了解直播间内观众的参与程度和活跃度，从而评估直播的效果和吸引力。互动率越高，通常意味着观众对直播内容的兴趣越高，参与意愿越强烈，这有助于提升直播的曝光和转化效果。

| 直播 | 开播时间 | UV价值 | 平均停留时长 | 互动率 | 直播销售额 |
|---|---|---|---|---|---|
| | 02/13 05:55 | 1.13 | 2分41秒 | 4% | 25万-50万 |
| | 02/12 19:06 | 2.61 | 1分44秒 | 2% | 250万-500万 |
| | 02/12 13:31 | 2.52 | 1分47秒 | 2% | 250万-500万 |
| | 02/12 05:54 | 3.66 | 2分41秒 | 4% | 250万-500万 |
| | 02/11 20:40 | 2.15 | 3分 | 1% | 500万-750万 |

**某直播平台某达人主播的直播互动率数据**

### （二）指标作用

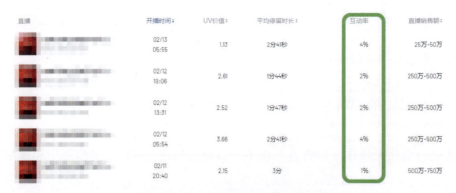

互动率的高低对直播效果有很大的影响，高互动率可以增强观众的参与度，提高直播内容的价值，并有助于建立直播者与观众之间的信任和联系。互动率还可以帮助直播主更好地了解自己的观众，根据观众的反馈来改进直播内容。例如，如果观众给出了许多有关某个话题的评论，那么直播主可以考虑在下一次直播中详细讨论这个话题，以提高观众的兴趣。互动率的高低也可以在一定程度上反映直播的质量。如果直播内容有趣、有价值，能够吸引观众并引发他们的兴趣，那么观众就会更愿意参与互动，从而提高互动率。

在某些平台上，互动率也是影响直播推荐的重要因素之一。如果互动率较高，平台会将直播推荐给更多的用户，从而增加直播的曝光量和观众数量。

高互动率还可以促进观众的转化。当观众积极参与互动时，他们更有可能对直播内容产生兴趣并转化为实际的购买行为。

主播评判一场直播互动率是否优秀，需要根据具体平台、平台类型、直播内容、商品品类、时间等诸多因素来具体分析判断，各大平台也会给出一些参考指标。例如2019年的快手数据显示，该年度若平均每场直播的互动率达2.5%以上，则说明该直播主整体互动率处于较优水平。

（三）改进办法

提升互动率的方法包括以下几种：

1.开展互动活动

开展各种互动活动，如问答、投票、游戏等，以吸引观众参与，增加互动率。

2.引导观众参与

在直播中积极引导观众参与，如询问观众意见、回答观众提问等，以增加互动率。

3.与观众互动

通过评论、点赞等方式与观众进行互动，以增加互动率。

4.增加观众参与度

提供有趣、有价值的直播内容，保持直播的流畅性，以吸引观众并增加他们的参与度，从而提高互动率。具体来说，直播者可以在直播中设置问答环节，回答观众的提问；还可以进行互动游戏，如猜数字游戏、答题游戏等。同时，直播者也可以给予观众更多的参与机会，如让观众在直播中评论投票选出自己喜欢的内容。

5.与观众建立关系

促进与观众之间的关系也是提高互动率的有效途径。例如，直播者可以私信观众，询问他们的意见和建议；又如，可以经常在直播中讲述自己的故事，让观众更多地了解直播者本人。

创造独特的体验。例如，直播者可以使用高科技设备，如虚拟现实，让观众体验不一样的直播体验；也可以与其他直播者或艺人合作，进行跨平台的直播，给观众带来全新的体验。

课堂活动：

请各个小组注册并浏览三个直播平台，分享1~3个高互动率的直播内容，并回答以下问题，最后在课堂上分享。

（1）这些直播平台各自比较主流的互动方式是什么？

（2）你认为高互动率的直播内容，创作者是怎么做到的？提高互动率策略有哪些？

## 三、转粉率

### （一）概念解析

粉丝转化率: 也叫“转粉率”，是指实时社交直播收看者（观众）数量和实时社交直播变为新的粉丝数量的比例，是直播间期间转化新粉的能力，体现的是直播间“人、货、场”对陌生用户的吸引力。对于直播来说，粉丝转化率可以理解为将观看直播的粉丝转化为实际下单购买或进行其他互动行为的用户的比例。

转粉率可以用以下公式来表示：

转粉率=（实际转化行为数量 ÷ 粉丝总数）× 100%

其中，实际转化行为数量指的是粉丝在观看直播后实际采取的行动数量，如购买商品、新增关注等。粉丝总数则是指关注或订阅了主播的用户总数。

这一指标的高低反映了观众对直播内容的认可程度和购买意愿。高粉丝转化率意味着更多的粉丝对直播内容感兴趣，并愿意进一步采取行动，如购买商品、参与互动等。

| 排名 | 达人 | 内容标签 | 粉丝增量 | 粉丝数 | 关联视频 |
|---|---|---|---|---|---|
| 1 | | 明星八卦 | 53万 | 263.6万 | 1 |
| 2 | | 校园教育 | 28.3万 | 260.9万 | 1 |
| 3 | | 美食 | 25万 | 874.1万 | 0 |
| 4 | | 时政社会 | 21.2万 | 791.6万 | 40 |
| 5 | | 二次元 | 18.2万 | 367.5万 | 0 |
| 6 | | 随拍 | 17.6万 | 24万 | 2 |

**某直播平台各达人主播的粉丝增量数据**

### （二）指标作用

在不同的直播平台，转粉率可以帮助评估直播的吸引力和主播的人气程度。其中，主播的表现对于转粉率也有重要影响。主播的专业素养、互动能力、个人魅力等因素都会影响观众是否愿意关注并长期关注直播间。因此，转粉率也可以作为评估主播表现的一个重要指标。不同的直播平台，转粉率的标准不一样，因为每个平台的用户群体都不尽相同，需要根据平台的特性来决定。通常来说，转粉率高于15%可以说是优秀的水平。

由于随着移动互联网的发展，相关平台正在加大对图像、视频和交互内容的投资，以提升直播体验，提高转粉率。转粉率的高低能够直接反映直播内容的吸引力和质量。如果直播内容有趣、有价值，能够吸引观众的注意力并满足他们的需求，那么转粉率就会相应提高。这里内容的吸引力，包括画面效果、活动形式、内容质量等。

转粉率的具体数据可能因平台而异，转粉率不能单独作为直播效果的评估指标。通常应该与其他因素，如观看人数、平均停留时长、GMV、互动率等结合起来进行复盘分析。

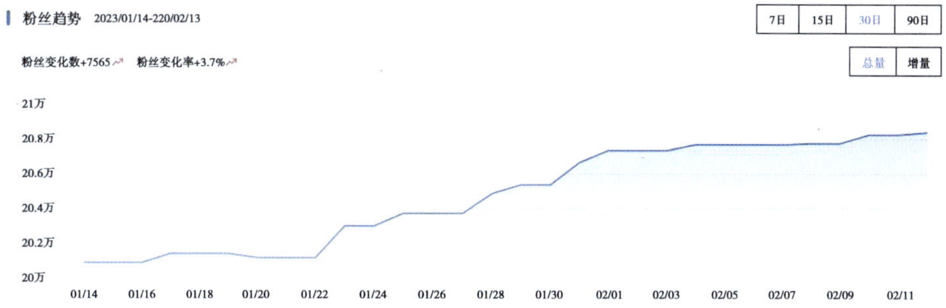


**某直播平台某达人主播的粉丝变化数据**

要提高直播间的转粉率，可以从以下几个方面着手：

1.优化直播内容

直播内容是吸引观众的关键。确保直播内容有趣、有价值、有吸引力，能够引起观众的共鸣和兴趣。可以通过调查观众需求、关注热门话题、分享专业知识等方式来优化直播内容。

2.提升主播表现

主播的表现对于转粉率也有重要影响。主播应该具备良好的专业素养、互动能力和个人魅力，能够与观众建立良好的互动和信任关系。可以通过培训、学习、实践等方式来提升主播的表现。

3.加强粉丝互动

与观众进行积极互动是提高转粉率的有效手段。可以通过弹幕、评论、抽奖等方式与观众进行互动，回答他们的问题，听取他们的意见，让他们感受到被关注和重视。同时，也可以建立粉丝群，提供更深入的交流和互动。

4.定期推出优质活动

定期推出一些优质活动，如限时优惠、粉丝专属福利等，可以吸引更多观众关注并转化为粉丝。同时，也可以举办一些互动活动，如问答、投票等，提高观众的参与度和黏性。

5.精准定位目标粉丝群体

了解目标粉丝群体的需求和兴趣，为他们提供有针对性的直播内容和活动。通过精准定位，可以吸引更多目标粉丝进入直播间，并提高他们的转化率。

6.利用社交媒体推广

利用其他社交媒体平台来推广直播间，吸引更多潜在观众进入直播间。可以通过发布预告、分享直播内容、与其他网红或意见领袖合作等方式来提高曝光度和关注度。

课堂活动：

请各个小组选择3个直播平台，关注1～3个优质主播，并回答以下问题，最后在课堂上分享。

（1）以上优质主播开播多久达到转粉高峰期？

（2）以上优质主播是粉丝数量和占比各是多少？

（3）以上优质主播是如何吸引观众成为粉丝的？他们有哪些转粉策略？

## 四、转化率

### （一）概念解析

直播间的转化率主要是指在直播过程中，观众通过直播间内购买商品的比例，也可以理解为实际观看直播的人数与下单人数之间的比例。这个比例越高，代表商家的直播间吸引了更多观众并促使他们下单购买，从而直播间的转化率也相应地越高。

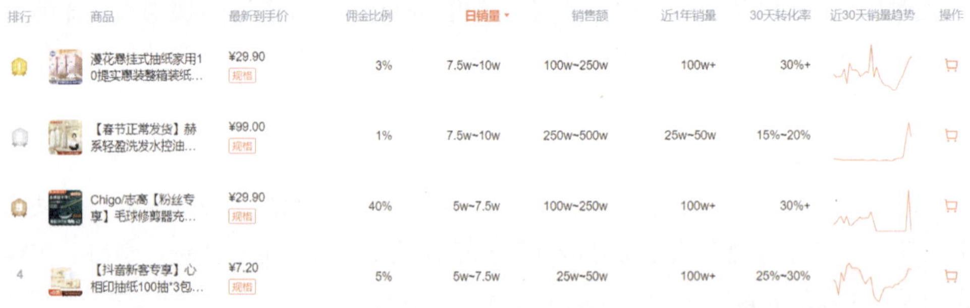

| 排行 | 商品 | 最新到手价 | 佣金比例 | 日销量 | 销售额 | 近1年销量 | 30天转化率 | 近30天销量趋势 | 操作 |
|---|---|---|---|---|---|---|---|---|---|
| | 漫花悬挂式抽纸家用10提实惠装整箱装纸… | ¥29.90 规格 | 3% | 7.5w~10w | 100w~250w | 100w+ | 30%+ | | |
| | 【春节正常发货】赫系轻盈洗发水控油… | ¥99.00 规格 | 1% | 7.5w~10w | 250w~500w | 25w~50w | 15%~20% | | |
| | Chigo/志高【粉丝专享】毛球修剪器充… | ¥29.90 规格 | 40% | 5w~7.5w | 100w~250w | 100w+ | 30%+ | | |
| 4 | 【抖音新客专享】心相印抽纸100抽*3包… | ¥7.20 规格 | 5% | 5w~7.5w | 25w~50w | 100w+ | 25%~30% | | |

抖音平台某日商品销量榜

### （二）指标作用

转化率表示在所有直播观众中，有多少比例的观众进行了有价值的行为，例如购买商品、关注直播间、开通会员等。提高转化率意味着能够更好地吸引观众并最终增加直播收益。对于直播平台、企业如直播运营商、广告商、投资者，参考直播转化率可以辅助进行投入决策，转化率的高低会影响企业对直播方的资源投入程度，也会影响到直播平台对直播方的推荐层级和扶持力度。直播间转化率还可以用来预测未来的销售趋势。如果转化率持续上升，可能意味着观众对直播间的信任度增加，购买意愿提高，从而预示着未来销售额的增长。这对于商家来说是非常重要的信息，可以帮助他们制订更为准确的销售计划和库存管理策略。

### （三）改进办法

要提高直播间的转化率，可以采取以下策略：

1.优化直播内容

确保直播内容有趣、有价值且与目标受众相关。深入了解观众的兴趣和需求，为他们提供有吸引力的内容。同时，注意直播时长和节奏，避免过长或过短的直播影响观众体验。

2.提升主播表现

主播在直播过程中扮演着至关重要的角色。他们需要具备良好的专业素养、互动能力和个人魅力。通过培训和实践，提高主播的表现，使他们能够与观众建立良好的互动和信任关系。

3.加强产品展示

在直播中详细介绍产品的特点、优势和使用方法，让观众对产品有更深入的了解。同时，展示产品的实际效果和用户体验，提高观众对产品的信任度。

4.增加互动环节

通过抽奖、问答、投票等互动环节，提高观众的参与度和黏性。这些互动不仅能让观众感受到更多的乐趣，还能增加他们对直播间的信任度。

5.利用社交媒体推广

利用其他社交媒体平台宣传直播间，吸引更多潜在观众进入直播间。同时，与其他网红或意见领袖合作，扩大直播间的影响力。

6.精准定位目标受众

了解目标受众的需求和兴趣，为他们提供有针对性的直播内容和产品推荐。通过精准定位，提高直播间的曝光度和转化率。

7.优化直播技术

确保直播画面清晰、音质良好，提高观众的观看体验。同时，注意直播间的稳定性和流畅度，避免因技术问题导致观众流失。

【聚焦案例】

日常的直播运营，最重要的分析就是监控每场直播的关键指标，对直播进行复盘，找到不足，进行优化；以2021年抖音平台的伊利直播复盘为例。

伊利每天线上直播12个小时以上卖货，日积月累增长营业额，并有选择地参与抖音平台发布的相关活动，如：618大促、818大促，来实现快速的营收增长。

根据上面的数据，发现6月9日的这场直播，观看人次比6月6日的直播要多30%，但是销售额只有58%；所以展开了对6月9日的复盘，找到问题，进行改进。

| 日期 | 销售额 | 销量 | 上架数 | 累计观看 | GPM千次成交 | UV价值 | 平均在线人数 | 最高在线 | 平均观看时长 | 转粉率 | 互动率 | 整体转化率 |
|---|---|---|---|---|---|---|---|---|---|---|---|---|
| 2021/6/13 | 6046000 | 112000 | 52 | 3951000 | 1530 | 1.53 | 2907 | 42000 | 1分44秒 | 2.71% | 2.58% | 2.23% |
| 2021/6/12 | 226200 | 4454 | 34 | 211000 | 1072 | 1.07 | 144 | 807 | 39秒 | 0.51% | 1.31% | 1.87% |
| 2021/6/11 | 221600 | 3928 | 34 | 211000 | 1051 | 1.05 | 144 | 807 | 39秒 | 0.51% | 2.13% | 1.87% |
| 2021/6/9 | 900500 | 15000 | 35 | 1247000 | 724 | 0.72 | 1059 | 7681 | 51秒 | 1.24% | 1.52% | 1.16% |
| 2021/6/8 | 355700 | 5183 | 43 | 260000 | 1368 | 1.37 | 313 | 1390 | 1分10秒 | 1.27% | 0.71% | 1.44% |
| 2021/6/7 | 489500 | 7045 | 38 | 288000 | 1701 | 1.7 | 574 | 1504 | 1分55秒 | 1.79% | 3.67% | 1.10% |
| 2021/6/6 | 1506600 | 30000 | 40 | 961000 | 1568 | 1.57 | 1223 | 3146 | 1分24秒 | 1.07% | 6.24% | 2.86% |
| 2021/6/1 | 589300 | 11000 | 36 | 325000 | 1811 | 1.81 | 587 | 2223 | 59秒 | 1.61% | 2.83% | 3.11% |

**2021年抖音平台的伊利直播部分数据**

研究发现销售额达不到有两个原因， 第一个是从互动率发现直播不活跃留不住人，第二个是通过分析点击转化率、购买转化率，发现观众对商品不感兴趣，不愿意进行购买，6月9日互动率才到6月6日的24%。

计划接下来进一步提高直播间活跃度，通过发福袋，如：送整箱的牛奶、手机、气泡水让用户领取；参与条件需要在直播间发送相关评论，并且需要10分钟后才能领奖，这样就提高了互动率和互动时间。

然后，我们通过对比两场直播的送福袋的次数，在直播时长18小时期间，6月9日送福袋比6月6日的少了50%。

福袋的数量不能直接判断出互动率不高的原因，我们需要进一步分析观众对福袋的喜爱程度。在6月9日直播间使用的是植选原豆奶，在6月6日使用的是小黑瓶安慕希酸奶。研究发现，6月9日互动率不高，主要原因是，一个是福袋送得比较少；另一个是大家对福袋的喜爱程度不高，建议在之后的选福袋上进行优化。

接下来，我们对比商品曝光—点击转化率和点击—购买转化率，对比发现，两场直播的TOP3销售额产品，6月9日TOP1销售额产品的曝光—点击转化率是6月6日的30%，6月9日TOP3销售额产品的点击—购买转化率只有10%，看来是选品出现了问题，需要进行优化。

另外，在看6月9日直播间产品的时候，找到了一个被雪藏的产品，由于曝光量少，只带来了1.4万元的销售额，但是点击—购买转化率达到6.65%，这个产品之后可作为一个重点选品。

课堂活动：

请各个小组选择三个直播平台，关注1～3个观众转化率高的主播，并回答以下问题，最后在课堂上分享。

（1）这些直播间有哪些优秀运营策略？

（2）这些直播间是如何设计直播环节？他们的促单策略有哪些？

## 【任务实施】

小慧根据康源直播间的直播效果评估指标表现，打算通过以下步骤展开复盘。

1.UV价值复盘

（1）数据收集：首先收集直播间的UV（独立访客）数据，包括每日、每周、每月的UV数量。

（2）分析UV趋势：对比不同时间段的UV数据，分析UV的变化趋势，找出UV增加或减少的原因。

（3）优化内容：根据UV趋势和观众反馈，调整直播内容，提高内容质量和吸引力，增加UV价值。

2.互动率复盘

（1）数据收集：收集直播间的互动数据，如评论数、点赞数、分享数等。

（2）分析互动率：计算互动率（互动次数/观看人数），分析互动率的高低及原因。

（3）提升互动：通过增加互动环节、提高主播互动能力、优化互动方式等手段，提升直播间的互动率。

3.转粉率复盘

（1）数据收集：收集直播间的转粉数据，包括新关注人数、关注转化率等。

（2）分析转粉率：计算转粉率（新关注人数/观看人数），分析转粉率的高低及原因。

（3）提高转粉率：优化直播内容，提高主播魅力，增加粉丝福利等手段，提高直播间的转粉率。

4.转化率复盘思路

（1）数据收集：收集直播间的转化数据，包括销售额、转化率等。

（2）分析转化率：对比不同日期的转化率表现，分析转化率的高低及原因。

（3）提高转化率：优化产品展示，提供更具吸引力的优惠活动，加强产品信任度等手段，提高直播间的转化率。

首先，直播团队需要了解并认识常见的直播效果评估指标。主要有转粉率、在线人数、互动率、转化率等，这些指标反映了直播的受众规模和活跃度。此外，直播团队还要关注收益指标，如订单数、UV价值等，这些指标说明直播的效果是否给直播团队带来了实际的效益。

其次，直播团队需要通过分析这些指标来评估直播的效果。直播团队可以对每次直播的指标数据进行对比分析，发现直播的优点和不足，并以此作出相应的改进。

最后，直播团队还要结合客户的反馈来评估直播的效果，对客户提出的问题及时进行解决，确保客户对直播的满意度。

总之，直播团队在评估直播效果时需要全面考虑，同时通过认识和分析常见指标，并不断进行改进，以实现直播营销的长远发展。

【应用实操】

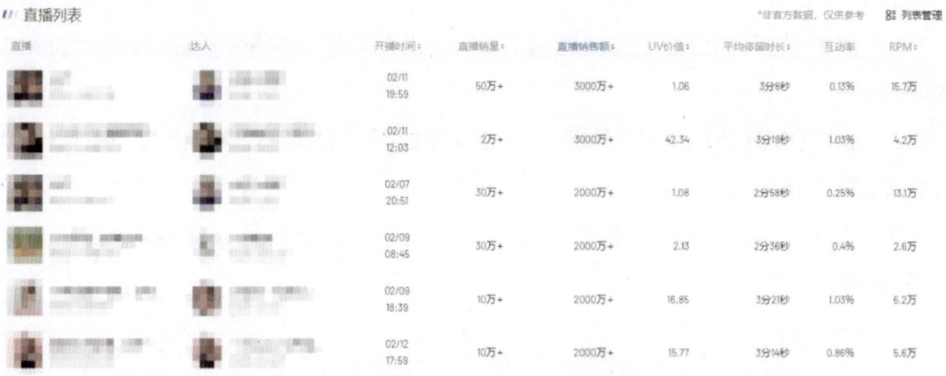

直播列表　　*非官方数据，仅供参考　　列表管理

| 直播 | 达人 | 开播时间 | 直播销量 | 直播销售额 | UV价值 | 平均停留时长 | 互动率 | RPM |
|---|---|---|---|---|---|---|---|---|
| [illegible] | [illegible] | 02/11 19:59 | 50万+ | 3000万+ | 1.06 | 3分6秒 | 0.13% | 15.7万 |
| [illegible] | [illegible] | 02/11 12:03 | 2万+ | 3000万+ | 42.34 | 3分19秒 | 1.03% | 4.2万 |
| [illegible] | [illegible] | 02/07 20:51 | 30万+ | 2000万+ | 1.08 | 2分58秒 | 0.25% | 13.1万 |
| [illegible] | [illegible] | 02/09 08:45 | 30万+ | 2000万+ | 2.13 | 2分36秒 | 0.4% | 2.6万 |
| [illegible] | [illegible] | 02/09 18:39 | 10万+ | 2000万+ | 16.85 | 3分21秒 | 1.03% | 6.2万 |
| [illegible] | [illegible] | 02/12 17:59 | 10万+ | 2000万+ | 15.77 | 3分14秒 | 0.86% | 5.6万 |

某平台部分主播的直播数据列表

请根据上图，对不同直播达人的单场直播数据（开播时间、直播效率RPM、直播销售额、UV价值、平均停留时长、互动率等）进行描述分析，总结出最有价值的直播间，并说明原因。

请小组以一间感兴趣的直播间为例，要求一周内至少进行五场直播，找到每场直播的观看人数（UV）和销售额数据，观众点赞、评论、分享等互动行为数据、商品点击量、购买量、新增粉丝数等数据、描述分析直播间表现情况，探究优化策略。

学生先结合上述图片、案例自行分析探究，然后2～3人组成小组，开展讨论形成结论后派出代表讲演，并开展自我评价和小组评价、教师点评。

【实操评价】

| 项目 | 指标分析 | 表达逻辑 | 复盘建议 |
|---|---|---|---|
| 评分标准 | 优秀：对数据指标的含义有深入理解，对直播数据和效果的关联分析准确、到位<br>良好：对数据指标的含义有较深理解，对直播数据和效果的关联分析较准确<br>合格：对数据指标的含义有基本认知，具备基本的直播数据和效果的关联分析能力 | 优秀：表述逻辑清晰，内容翔实，用语专业、恰当<br>良好：表述逻辑较清晰，内容较翔实，用语较为专业、恰当<br>合格：表述逻辑清晰度一般，内容翔实度达到基本水平，用语基本达标 | 优秀：对复盘流程及要点熟悉，建议合理可行性强<br>良好：对复盘流程及要点较为熟悉，对复盘流程熟悉建议合理可行性较强<br>合格：对复盘流程及要点有基本了解，建议合理可行性一般 |
| 自我评价 | □优秀 | □优秀 | □优秀 |
| | □良好 | □良好 | □良好 |
| | □合格 | □合格 | □合格 |

续表

| 项目 | 指标分析 | 表达逻辑 | 复盘建议 |
| --- | --- | --- | --- |
| 小组评价 | □优秀 | □优秀 | □优秀 |
| | □良好 | □良好 | □良好 |
| | □合格 | □合格 | □合格 |
| 教师点评 | □优秀 | □优秀 | □优秀 |
| | □良好 | □良好 | □良好 |
| | □合格 | □合格 | □合格 |

# 任务三　探究数据分析服务工具

【情境导入】

小慧在复盘工作中发现，多场直播结束后形成的数据比较多，还需要进一步整理，工作量较大，同时，小慧想了解应该如何读懂数据，做精细化运营，从数据中总结规律，判断趋势。她请教大学老师梁老师，梁老师建议她在使用直播平台自带的数据看板以外，还可以试用目前市面比较热门的几款数据分析服务工具，例如蝉妈妈、飞瓜、考古加等。

这些数据分析服务工具是怎么使用的？各有什么特点？

【知识解析】

直播数据分析服务工具在直播行业中起到了至关重要的作用。这些工具能够收集、整理和分析直播过程中产生的各种数据，包括观众数量、观看时长、互动情况等，从而为主播和运营者提供有价值的洞察和决策支持，更加深入地了解观众需求和市场动态，优化直播策略和内容，提高直播效果和收益。在竞争激烈的直播市场中，这些工具已经成为不可或缺的重要辅助手段。

直播平台通常会自配有数据分析功能模块、数据看板或工具，主播还可以使用第三方直播数据分析服务工具，例如蝉妈妈、飞瓜等。这些工具为主播提供了实时直播数据分析、指标分析、流量分析等服务，有助于主播快速掌握自身粉丝数据变化，做出合理的营销策略及安排。

## 一、平台工具

各直播平台的后台往往自带数据分析功能模块或附设数据分析工具，自带数据分析服务模块是直播平台内置的一种工具，旨在帮助主播和直播企业更好地了解直播效果和观众反馈。它通常可以帮助主播和企业：（1）查看直播开播时长，评论和观看时长、互动率、转化率等数据；（2）根据直播数据的变化情况，对直播进行分析和复盘；（3）使用主播能力雷达图来了解主播的技能和表现。

这些数据分析服务模块的意义在于，它们可以帮助主播和企业了解直播的效果和效益，并根据分析结果来改进直播策略和提高直播质量。

## （一）抖音

1.进入路径

抖音直播数据可以通过抖音官方平台获得，登录官网后进入个人中心点击个人开播，抖音App点击主播中心，选择抖音的主播中心进入→点击数据中心，选择上方的数据中心选项→查看直播数据，在直播数据下方即可查看直播数据，包括直播排行、粉丝数量、观众分布地区、直播时段的观众数量等信息。

抖音App数据看板入口

2.应用案例

以某护发品牌为例，该直播团队在抖音直播完成后，利用抖音数据中心功能模块，对直播数据进行分析复盘。

具体来说，该公司首先对直播的点赞率、评论率和转发率进行了分析，比如直播点赞率为85%，评论率为75%，转发率为70%，分析结果显示观众对直播内容非常感兴趣。

接下来，该公司对新增粉丝数和粉丝数据进行了分析，比如该直播新增了200个粉丝，粉丝总数达到了1 500人，说明该直播对提高粉丝数有积极的贡献。

最后，该公司在抖音首页各类排行榜查看了同行数据，比如同行业内点赞率的平均水平为80%，评论率的平均水平为70%，转发率的平均水平为60%，结合以上分析，该公司可以知道该直播的点赞率、评论率和转发率较同行业水平更高，有较好的表现。

通过以上数据分析，该公司可以根据数据证明该直播效果良好，并且可以继续分析直播数据以进一步提升直播效果。比如说，该公司可以分析点赞率和评论率，如果点赞率和评论率都很高，则说明观众对该直播内容很感兴趣，可以继续保持相似的直播内容；如果评论率较低，则可以考虑提高直播的互动性，以增加评论率。同时，该公司可以分析新增粉丝数和粉丝数据，如果新增粉丝数很多，则说明该直播有很强的吸引力，可以继续进行类似的直播；如果新增粉丝数较少，则可以考虑对直播内容进行改进，以吸引更多的粉丝。此外，该公司可以在抖音首页的排行榜中查看同行业的数据，以了解其他品牌的情况，并对自己的直播数据进行对比，从中学习吸引观众和促进销售的方法。例如，在抖音首页的热门排行榜中，该公司发现同行业的平均点赞率为70%，而自己的直播点赞率为80%，这说明该公司直播的吸引力比同行业平均水平高出10%。该公司可以进一步分析这个数据，试图找出导致点赞率比同行高的原因，是否是内容、产品介绍方式、直播时间等因素导致的。同样的，该公司还可以分析新增粉丝数，评论率、转发率等数据，试图找出护发产品的吸引力。通过与同行业的数据进行对比，该公司可以证明自己在护发产品领域的竞争力。

该公司还可以在抖音首页查看自己在各类排行榜中的排名情况。这可以帮助该公司了解自己在市场上的地位，以及与同行的竞争关系。通过抖音数据中心的分析功能，该公司可以对自己的护发产品进行全面、准确的评估，并且可以根据数据证明自己的竞争优势。

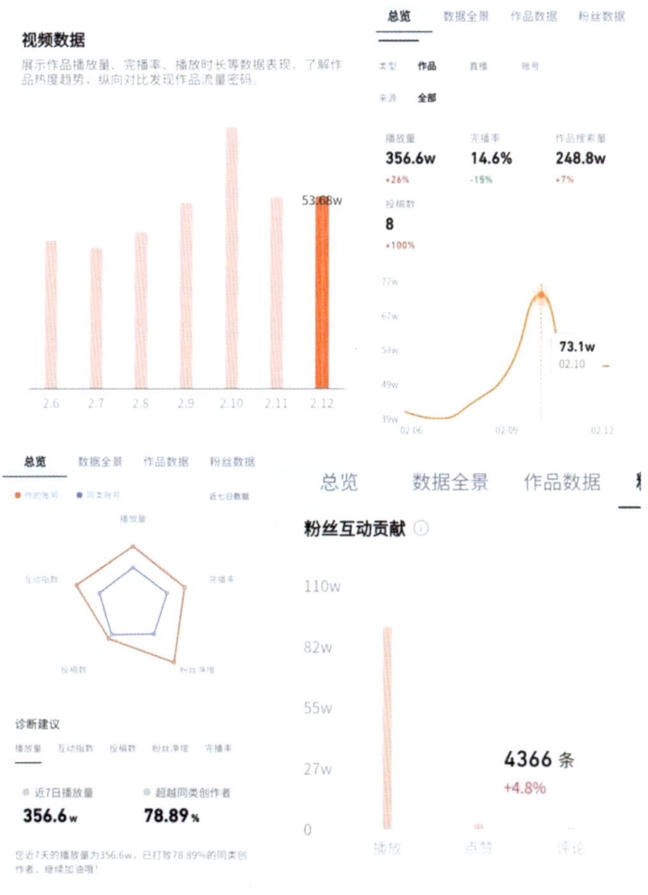

抖音App数据看板模块

## （二）快手

1.进入路径

快手直播数据可以在快手官方平台上查看，登录快手官网后进入个人中心，选择数据统计就可以查看详细的直播数据，了解今日和累计的粉丝数量、增长速度、人气值、开播时间、最高在线观众数量等信息。快手App点击页面右下角的我→点击页面左上角的三条短横线按钮→点击页面中的更多按钮→点击页面中的主播中心→点击第一项主播数据后面的数据助手，在这里面可以查看你直播的详细数据。

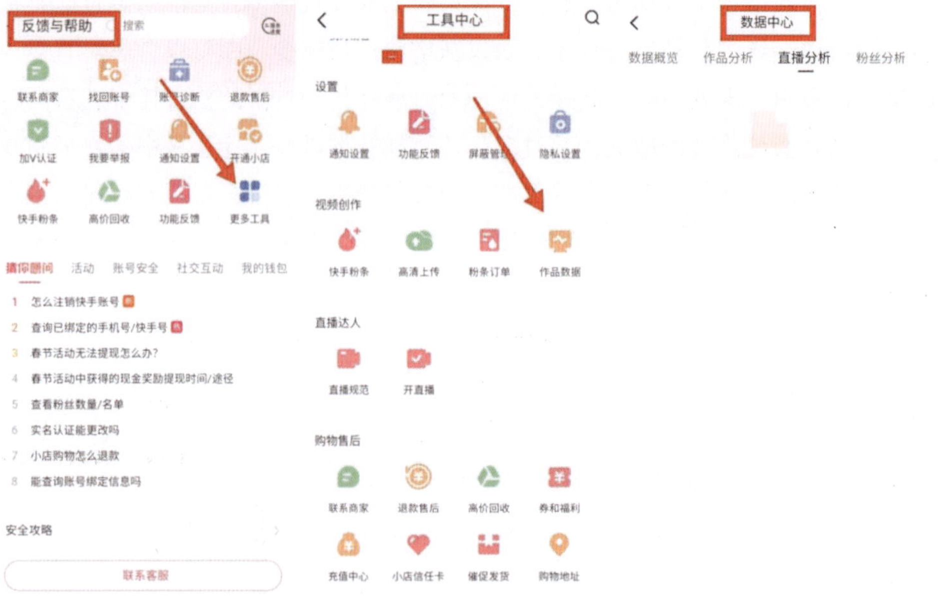


快手App进入数据中心模块入口

2.应用案例

2023年3月，在快手平台上，服饰品牌友澳迎来第一次日销超500 W的销量高峰。随着投放策略的优化，3月26日又将品牌销量再一次推上高峰。

在营销推广上，友澳自2023年2月份以来，不断加大推广，近30天关联直播230场，通过多频次的曝光，为品牌带来了销量转化。

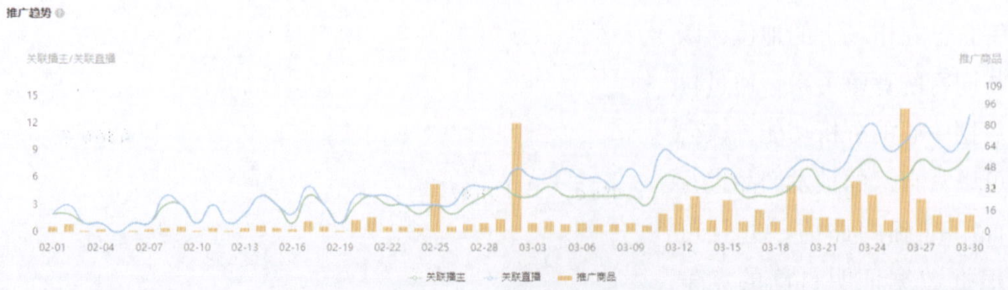


友澳品牌2023年3月直播商品推广趋势

从“友澳”消费画像来看，85.06%的女性占据了绝大比重，25~35岁的女性则成为品牌的主要目标客群。

在“悦己”经济的推动下，该圈层的女性在衣食住行方面都表现出了巨大的消费潜力。而想要抓住目标客群的心智，激发用户的购买欲，自然是少不了性价比的助力。

根据品牌商品价格分析，“友澳”超六成的销售价格都在“100~300”区间，服装销售形式大多以套装为主。而在换季上新之时，“友澳”更是抓住了当下回暖时机，推出平价春装来引流转化，一款50元的“针织上衣”成为品牌近30天的销量之王。

“友澳”3月份两次的销售高峰，自然少不了几位带货转化力强的主播。尤其是主播@十一1号春装大上新（后文简称“十一”），3月份为品牌拿下了近五成的销售额，成为“友澳”的销售主力。

在快手电商越发内卷的环境下，通过“短视频+直播”的短直联动模式，可以提高品牌和达人的带货转化力。

主播十一日常会发布穿搭教程视频来引流，帮助品牌获得平台流量和用户认知。为了新品直播的高效转化，主播会发布种草视频来进行产品预告。

直播间除了发放优惠立减券活动外，上播第一时间主播会上架多种福利产品，通过“限时抢购”的营销手段，带动直播间内的气氛，快速提升直播间的观看人数。

主播十一超强的带货转化力还体现在产品介绍方面。她能够了解粉丝的需求，清楚地知道产品的差异化卖点，能够根据直播间的流量变化来调整话术。

在直播间流量突增时，会配合爆款和利润款进行介绍；流量下滑时，则会改变话术上福利产品。

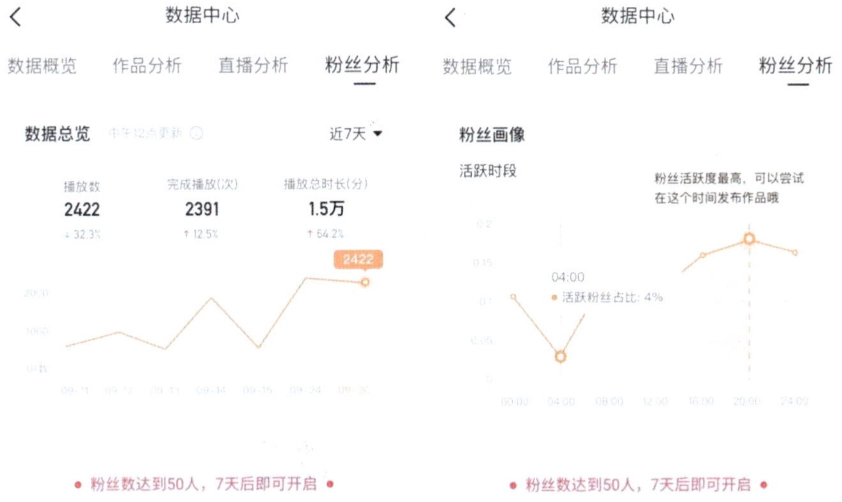

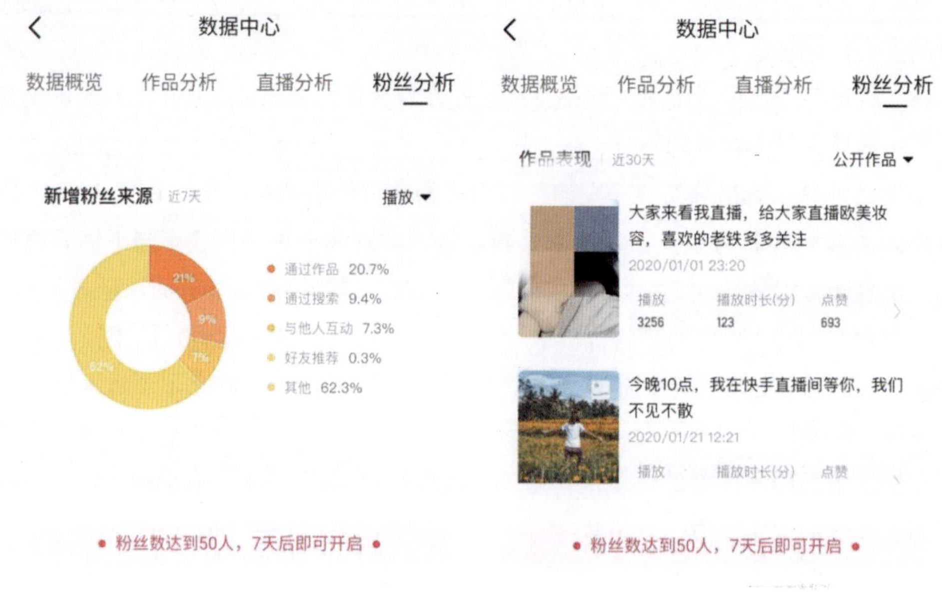


快手App数据中心模块

## （三）微信

### 1.进入路径

微信视频号直播数据可以在微信官方平台上查看，进入个人中心，选择直播，在数据看板就可以查看当日的直播数据，包括粉丝量、最高在线人数、观众分布地区、开播时长等。

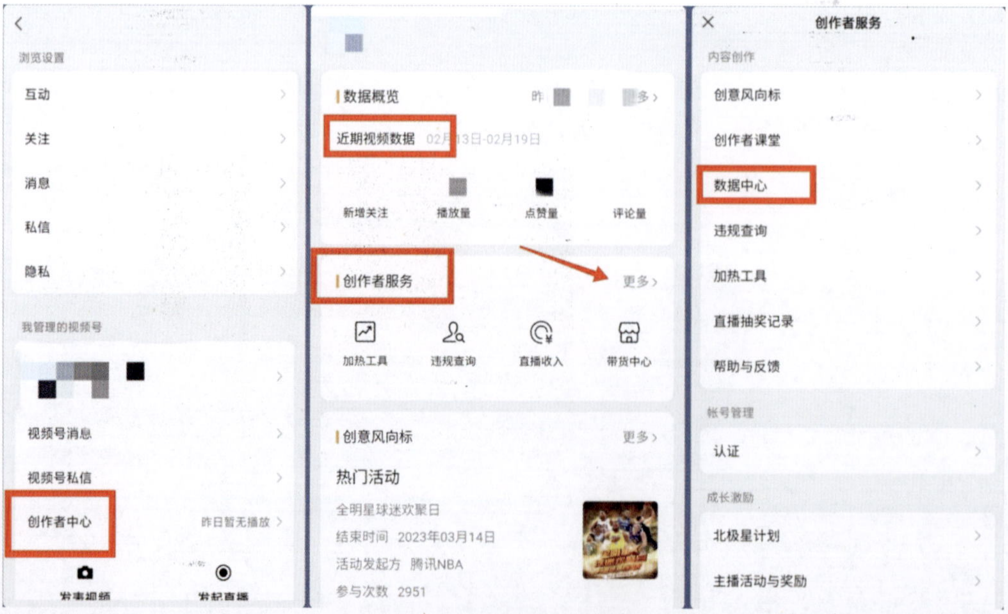


微信App数据中心入口

2.应用案例

微信视频号上，有一“邓教授说育儿”账号发布的“教育专家建议，中小学今年不上课直接放寒假，你们觉得好不好？”在2022年12月16日晚上发布，不到一天的时间，转发点赞数就均超过10 W。

邓教授说育儿结合当下中小学教育的政策新规，直接放寒假，作业只留每天运动打卡一项，从自己作为老师的角度，分析了其中的利弊，并引出自己每天免费直播讲学习方法的内容。很多用户看到内容时候，会被该老师的正能量所打动，觉得为人师表、大爱无私地授课，但其实这只是她每日的常规直播。从【直播记录】可以看到，博主每天早晚会进行2次直播，每次大概在1~2小时，日常观看人数并不多，在1 000~2 000。但12月17日当天，直播观看人数2.52W，喝彩11.73万，观看人数是日常的20多倍。为了承接流量，直播时长也大大拉长，是日常的2倍，达到4个小时。

由此可见，博主对热点信息的敏感度以及与自身内容巧妙的结合，让用户自然而然地被引流到直播间。

通过数据表现，这次直播将热点信息与自身亮点巧妙结合，抓住了用户痛点并提供解决办法，这也为以后账号直播的运营打造了成功模板。

## （四）淘宝

1.进入路径

淘宝主播App点击我的直播→选择要查看的直播→点击直播数据图标，可找到直播数据。淘宝直播数据可以在淘宝官方平台上查看，进入个人中心，选择直播，就可以查看当日的直播数据，包括开播时长、新增粉丝量、礼物价值、观众分布地区、最高在线观众数等。

· 普通版数据大屏功能点：

核心数据：可查看观看次数、观看人数、观看时长、新增粉丝数、流量券消耗等流量互动指标和商品点击率、成交人数、成交转化率、成交件数等转化成交指标。

实时榜单：可查看每小时实时累计观看次数和实时累计成交额榜单，展示相同赛道下（相同行业相同身份）前50名主播，下播后的账号将不计入排名。

中心区：可查看在线人数、推荐流量规模区间、直播成交金额、推荐流量竞争力等关键数据和流量配置指导。

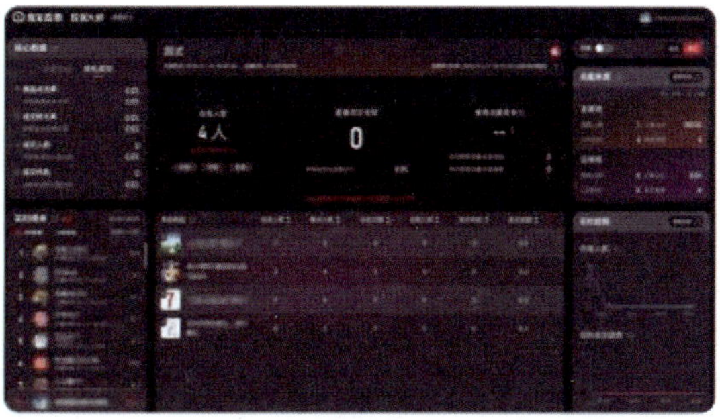

商品明细：可查看开播上架的商品售卖表现数据，如商品曝光次数、曝光点击率、成交转化率、在线人数、单商品的加购人数、件数、商品曝光点击率和成交转化率等。

流量来源：可查看来自直播域，店铺域，和广告域三个渠道的流量表现数据，如观看人数、观看时长、成交金额等。

实时趋势：可查看在线人数、实时成交、流量来源等指标的实时趋势图表。

淘宝直播使用手册的数据大屏模块

2.应用案例

以进驻微信视频号的波司登品牌直播带货为例，0粉、4小时、30万，这3个数字，是波司登开启视频号直播带货的密码。

2022年12月，此前在视频号只做品牌传播的波司登，第一次开新账号做直播带货，首场直播完全是测试心态，0粉、无预热，没想到4小时却卖出了30万元销售额，这让波司登零售运营团队感到异常惊喜，“哇，视频号不用冷启动期吗？”

首试告捷，波司登对视频号机遇的隐约判断感觉变成了明确投入。2023年6月，波司登在视频号完成10个矩阵账号的落地，6到8月两个月内，0粉开播的账号矩阵创下了超4 000万元的销售额。

波司登发现，视频号的用户画像有如下特点：年龄集中在35到45岁，80%以上的顾客为女性；精致妈妈、中产阶层、都市银发的细分人群比较集中，对产品品质有要求。

人群不同，需求也不同，经过简短测试后，波司登明确地意识到，视频号的用户和波司登的用户有很好的契合度，团队有信心在这个赛道为消费者提供更好的购物体验。

随后波司登加快开号速度，从2022年12月到2023年6月，共有10个账号入驻视频号。在品牌销售的每一个关键节点，视频号都给予了波司登正向回馈。

不是羽绒服销售黄金季的反季场，波司登天津旗舰店视频号卖出了58万元；没有折扣的换季场，波司登杭州旗舰店视频号单日卖出了66万元；每一次大场，单款爆品都能卖出500~1 000件。2023年6月到8月的两个多月间，波司登新开的10个视频号直播间创下4 000多万元销售额，累计粉丝突破20万人，视频号成为波司登找增量、做大蛋糕的重要渠道。

## 二、第三方工具

第三方直播数据分析服务工具是一类独立于直播平台的应用，通过分析直播数据，帮助直播主更好地了解自己的观众群体，提高直播质量和效果。它通过收集、分析、报告直播的数据，如观众数据分析、内容数据分析、直播效果分析等模块，来评估直播的效果，并为直播者和直播平台提供重要的数据支持，帮助他们更好地提高直播业绩。

第三方数据分析服务工具与直播平台自带数据分析服务模块有以下几点不同：

（1）数据来源：直播平台自带数据分析服务模块的数据来源是直播平台本身，而第三方数据分析工具则可以整合多个直播平台的数据进行分析。

（2）分析功能：直播平台自带的数据分析服务模块通常提供基本的数据分析功能，如直播数据统计、互动率分析等，而第三方数据分析工具则更加全面，提供了更为丰富的数据分析功能，如消费者行为分析、直播效果分析等。

（3）使用方便性：直播平台自带的数据分析服务模块通常更加方便使用，不需要安装额外的工具，只需要在直播平台内使用即可；第三方数据分析工具则需要额外安装，并需要进行配置和使用，不够方便。

因此，直播平台自带的数据分析服务模块更加适用于初学者或对数据分析需求不高的企业，第三方数据分析工具则更适用于对数据分析需求高的企业。

## （一）飞瓜

飞瓜是目前用户量最大的一家抖音数据分析平台，各项指标数据都很全面。飞瓜主要用于直播电商数据这一板块，如果直播团队对数据准确度和及时性要求比较高，飞瓜可以提供较为精准且全面的数据，但大部分的功能都需要付费才可以实现，因此中大型直播企业用户群体采用得比较多。

飞瓜App

1.进入路径

直播团队可以通过飞瓜进行以下数据复盘的操作：第一，查看近期直播数据大盘，快速了解抖音直播整体数据，了解直播间卖货风向，可选择查看各品类商品热度数据，为加快用户入场直播提供方向性建议。第二，发现实时热门直播间，快速找到正在直播的带货博主以及直播间开启实时大屏，动态呈现直播间数据，掌握同行业直播风向，及时调整直播间策略。第三，掌握本团队数据的同时，也可横向比对，通过带货直播榜发现高转化博主，还原直播间热度数据、观看人数，收获音量和销量数据，定位直播间热销商品，把握新增粉丝、粉丝团点赞等人气趋势，追踪直播观众来源、流量入口及直播间观众画像、男女比例、年龄分布、购买偏好，监控直播间弹幕词、云新人分布等互动数据，学习借鉴视频引流技巧，实现抖音直播的高效投放。第四，快速发现近期直播热推品牌，了解自己和竞品的数据，为品牌直播推广提供更多思路，实现商品精准投放。

2.应用案例

根据飞瓜搜集2023年12月抖音上的热卖商品，有一项爆单产品推广技巧及思路值得学习。

在护肤领域中，“刷酸”这一概念一直保持着较高的热度。随着时间的推移，以“水杨酸”为基础的衍生商品也日益增多。

2023年12月，品牌“温博士”的“水杨酸面膜”周GMV突破1 000万元，位列于美妆类目商品周榜的TOP1。

从该商品的销售趋势中可以看到，其销售额主要来自于直播带货，且11月底才开始推广，在12月初快速的实现了生意爆发。

给商品贡献主要销售额的是自播号@温博士B5清洁面膜，在12月4日至11日开设的7天超长直播中，创下了1 000多万元的销售额佳绩。

以12月4日的这场直播为例，该直播间主推“水杨酸面膜”这一单品，直播间以不同价位上架了同款商品链接。

其中两个为79.9元且标注了拍1发3，而另一个则为原价的99.9元/袋。

再观察其直播间的搭建，会发现其围绕播主话术、贴片引导、讲解弹窗及商品标注，多方位地引导用户下单1号链接。打造“直播间专属价”，通过价格间的鲜明对比，促进直播间的销售转化。

除了突出产品的性价比外，在介绍的话术上，主播则是对产品的对标症状如“痘痘”“闭口”等进行强调，背景贴片也进行同步的展示。在说明适用症状后，主播还会说明该“水杨酸面膜”的使用方法，点出便利性这一大卖点。

### （二）蝉妈妈

蝉妈妈是一个专业电商数据软件，能精准地看到所有细分项的后台数据。目前直播电商已经进入了精细化运营阶段，现在数据对直播电商越来越重要。抖音直播数据量非常大，为了让商家更加快速理解把握市场机会，蝉妈妈用直观的前端UI设计向用户展示应该重点关注的数据指标，并做到更新及时、数据准确，有很多创新功能可以帮助商家不断优化直播间运营策略，是抖音直播间精细化运营的重要工具。

以董宇辉的与辉同行账号为例，蝉妈妈数据对其首场直播进行了报道。

在粉丝的期待中，2024年1月9日晚7点董宇辉新号@与辉同行抖音直播间正式开播，引起全网热议，迅速登上微博热搜榜。

刚开播粉丝就疯狂涌入，直播间人数瞬间突破10万人，嘉年华、保时捷等礼物打赏更是轮番上阵几乎没有停过，开播12分钟点赞量就已经破亿。

**蝉管家直播复盘大屏功能**

从蝉妈妈的直播实时数据大盘可以看到，@与辉同行本场直播将近4小时，累计观看人次5 431.4万，单场直播涨粉超275万人，GMV超1亿元，点赞数12.9亿。

凭借1亿元+的GMV和334.9万的当日涨粉量，拿下1月9日抖音达人带货榜和涨粉达人榜双榜冠军。

这个战绩应该是不负厚望，毕竟在预告期间，就有粉丝表示：“宇辉9号开业，他就是卖草，我也得买两捆回来。”

另外，在蝉妈妈的【竞对抖音号·每日追踪】看板下，对比了@东方甄选和@与辉同行的直播情况，GMV、观看人次、人气峰值、平均停留时长各方面的数据，@与辉同行都是远超@东方甄选。

从货盘来看，在@与辉同行直播间上架的很多商品，在@东方甄选直播间也同样上架了，连价格都是一致的。从蝉妈妈的SPU详情页可以看到，同款的羔羊生鲜礼盒，昨晚在@与辉同行卖了750万~1 000万元，在@东方甄选卖了100万~250万元。

截至行文前，@与辉同行的粉丝量已经达到770 W，对于未来的直播计划，董宇辉表示，春节之前，每周直播5天左右。“与辉同行”将在践行助力农产品销售思路的同时，探索更多在书籍、文化、旅游方面的可能性，之后，团队一定会“走出去”。

新账号@与辉同行首播成绩喜人，但长期来看，新账号能否长红，面临的挑战还很多。而对于@东方甄选账号本身来说，在逐步脱离董宇辉带来的流量之后，如何焕发新势能，是团队持续要思考的难题。

此外，@与辉同行这个新账号除了有董宇辉这样的“超级主播”坐镇，在视频内容、货盘、直播风格、直播内容等维度能否与@东方甄选账号形成差异化，覆盖更多用户群体，让我们拭目以待。

【任务实施】

请选择某一数据平台，选取并查看4～5个快时尚服饰品牌近期的直播效果数据（UV价值、互动率、转粉率、转化率等），并对其进行比对分析。

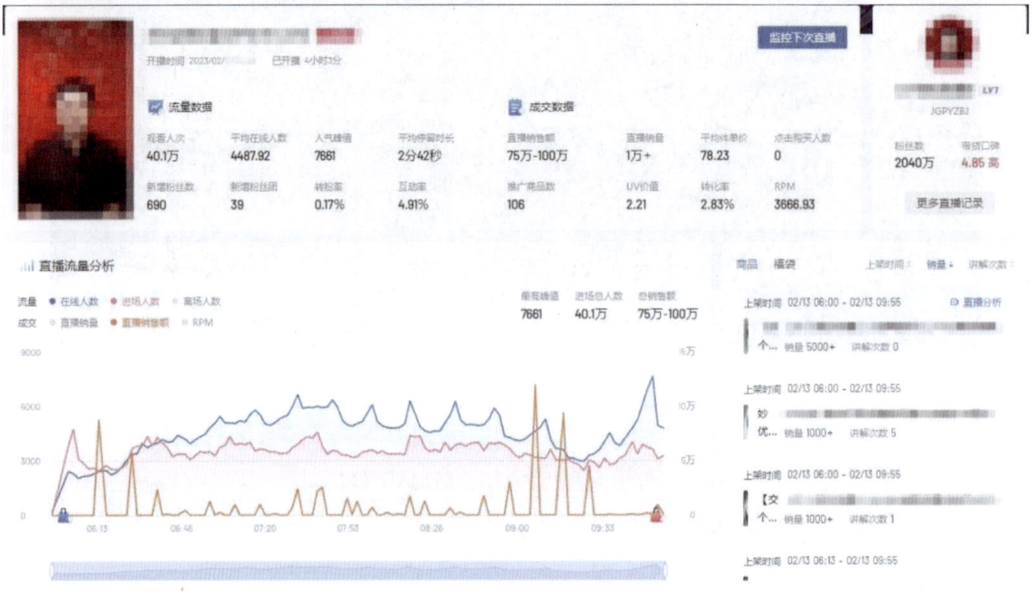


示例——某数据平台的某品牌直播数据

【应用实操】

任务1：小王是一家专营小家电公司的直播运营，他需要更好地了解粉丝的需求，以便提供更好的产品和服务，请在第三方数据平台上搜索家电类目，选取直播数据指标表现较好的账号进行分析。

任务2：李静是一家灯饰公司的主播，她需要更好地了解转化数据和同行情况，以便提高销售额，请在第三方数据平台上搜索灯饰类目，选取直播数据指标表现较好的账号进行分析。

任务3：小璐是一家体育用品公司的媒体推广，她需要更好地了解各大平台的头部主播的直播数据，选择转化率高的主播进行合作，以便提高产品的销量和美誉度，请在第三方数据平台上搜索体育用品类目，选取直播数据指标表现较好的账号进行分析。

【实操评价】

| 项目 | 分析内容 | 表达逻辑 | 建议合理 |
| --- | --- | --- | --- |
| 评分标准 | 优秀：分析合理有据<br>良好：分析较为合理<br>合格：分析基本合理 | 优秀：表述逻辑清晰<br>良好：表述逻辑较清晰<br>合格：表述逻辑基本清晰 | 优秀：建议合理可行性强<br>良好：建议合理可行性较强<br>合格：建议合理可行性一般 |
| 自我评价 | □优秀 | □优秀 | □优秀 |
| | □良好 | □良好 | □良好 |
| | □合格 | □合格 | □合格 |
| 小组评价 | □优秀 | □优秀 | □优秀 |
| | □良好 | □良好 | □良好 |
| | □合格 | □合格 | □合格 |

## 【项目小结】

企业在开展直播的过程中会产生大量的数据，获取到的数据一般可以分为基础数据和行为数据。直播电商是一个特别需要精细化运营的业务形态。做精细化运营，离不开获取数据，读懂数据。从数据中总结规律，判断趋势，指导业务。直播数据分析的主要内容包括对直播流量、观众行为、转化率等多个维度的深入探究。

本项目内容涵盖了直播数据指标、效果评估指标和数据分析服务工具，涉及多个领域的知识和技能。致力让从事直播运营的人员具备职业能力，让运营者更好地了解观众需求和市场动态，制定更精准的运营策略，提升直播效果和商业价值。

## 【课后任务】

一、单项选择题

1.以下哪个指标可以衡量直播间销售效率？（ ）

A.客单价　　B.支付转化率

C.直播间停留时长　　D.直播间观看人数

2.直播效果评估指标中，以下哪个指标可以反映用户对直播间内容的满意度？（ ）

A.播放量　　B.停留时长

C.弹幕数量　　D.观众互动数

3.直播效果评估中，以下哪个指标可以反映直播间引流效果？（ ）

A.支付转化率　　B.粉丝增长量

C.互动率　　D.转化率

4.以下哪个指标不属于直播数据指标？（　　）

A.观看人数　　B.GMV

C.转化率　　D.停留时长

5.直播数据分析工具可以帮助企业实现以下哪项目标？（　　）

A.提高粉丝数量　　B.增加观看人数

C.提升直播转化率　　D.以上都是

二、简答题

1.简述直播效果评估的主要内容和作用。

2.简述直播效果评估指标中的互动率和转化率的含义及区别。

3.简述各类数据分析服务工具的作用及优缺点。

# 项目四
# 企业直播规范准则

## 【职场场景训练】

党的二十大报告指出，坚持依法治国、依法执政，企业直播的快速发展对法律法规的规范与完善提出了巨大的挑战。小慧开展直播工作后，干劲十足，大家都对小慧的工作态度纷纷点赞。企业直播工作富有挑战性，需要在岗位上不断接收新知识，不断摸索和学习。工作一段时间后，小慧觉得直播短视频领域下，各商家竞争激烈，有不少商家为获得流量剑走偏锋，违反网络信息内容生态治理规定等相关法规条例，导致账号被封被扣分等，造成不良影响，因此，小慧决定要夯实关于企业直播规范与行为准则等内容的知识。

## 【项目学习目标】

1.知识目标

（1）了解直播相关法律法规的概念和特征。

（2）掌握电子商务法的调整对象和范围。

（3）掌握广告法的基本情况及制度规范。

（4）掌握网络主播行为规范。

2.技能目标

（1）能依据电子商务法合规运营直播间销售业务。

（2）能依据广告法合理推广宣传直播间与品牌产品。

（3）能依据网络直播方面的规范约束直播工作。

（4）能依据网络信息内容生态治理规定正确策划设计直播内容和话术。

3.素质目标

（1）严谨认真的法制精神，培养电子商务消费者权益保护的触觉和能力。

（2）提升个人价值观，切实规范自身行为。

（3）积极传递正能量，体现直播人员价值所在。

（4）培养在直播实践活动中遵守行业纪律。

## 【技能提升图谱】

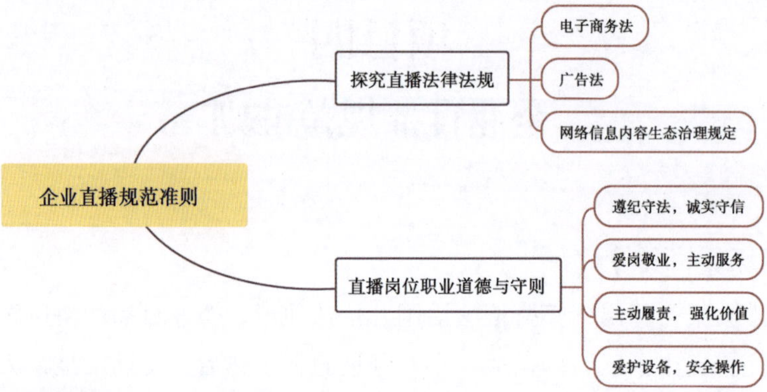


## 【学习成果展示】

围绕农产品、家具、服装行业，以“直播间行为规范”为模板，拓展直播间应遵守的规则规范。

直播间行为规范

# 任务一　探究直播法律法规

【情境导入】

作为实习生，小慧虽然在上岗前了解和学习了一定的法律法规，但是在实际工作应用上还是非常生疏，总是生怕在哪个环节踩到了红线。随着直播场景运用的多元化，企业产品直播也面临着全方位的挑战。

小慧打算在研读法规条文的基础上，认真学习成功企业案例，希望在自己的工作范畴内做到“知法、懂法、用法”。

【知识解析】

## 一、电子商务法

《中华人民共和国电子商务法》（简称《电子商务法》）所称的电子商务，是指通过互联网等信息网络销售商品或者提供服务的经营活动。法律、行政法规对销售商品或者提供服务有规定的，适用其规定。金融类产品和服务，利用信息网络提供新闻信息、音视频节目、出版以及文化产品等内容方面的服务，不适用本法。

国家鼓励发展电子商务新业态，创新商业模式，促进电子商务技术研发和推广应用，推进电子商务诚信体系建设，营造有利于电子商务创新发展的市场环境，充分发挥电子商务在推动高质量发展、满足人民日益增长的美好生活需要、构建开放型经济方面的重要作用。电子商务经营者从事经营活动，应当遵循自愿、平等、公平、诚信的原则，遵守法律和商业道德，公平参与市场竞争，履行消费者权益保护、环境保护、知识产权保护、网络安全与个人信息保护等方面的义务，承担产品和服务质量责任，接受政府和社会的监督。

### （一）立法目的

我国《电子商务法》第一条开宗明义阐明了立法目的，即“为了保障电子商务各方主体的合法权益，规范电子商务行为，维护市场秩序，促进电子商务持续健康发展，制定本法”。

### （二）与企业直播相关的内容准则

（1）要求电子商务经营者在网络销售商品或者提供服务时，应当标明真实、准确、完整的商品或者服务信息，并且明示价格、质量、性能、功能、产地、生产者、经营者、售后服务、投诉途径等信息。

（2）规定电子商务经营者在网络销售商品或者提供服务时，不得虚构商品或者服务的销售情况，不得编造或者发布虚假的商品或者服务信息。

（3）要求电子商务经营者在提供商品或者服务的过程中，应当履行保密义务，保护用户个人信息和交易信息的安全。

（4）要求电子商务经营者采取技术措施和其他必要措施，保护用户个人信息和交易信息的安全，防止信息泄露、损毁、丢失。

（5）规定电子商务经营者提供商品或者服务时，应当按照法律、行政法规和国家标准，向用户提供真实、准确、完整的信息。

（6）规定电子商务经营者不得制定排他性交易条件、限制交易对象、限制价格、限制交易地点等不公平交易行为。

### （三）法律责任

如果企业在直播业务中违反《电子商务法》，可能会面临以下法律责任，包括警告、罚款、责令停业整顿、吊销许可证等；构成犯罪的，依法追究刑事责任。

根据《电子商务法》第七十四条的规定电子商务经营者销售商品或者提供服务，不履行合同义务或者履行合同义务不符合约定，或者造成他人损害的，依法承担民事责任。第七十五条规定电子商务经营者违反本法第十二条、第十三条规定，未取得相关行政许可从事经营活动，或者销售、提供法律、行政法规禁止交易的商品、服务，或者不履行本法第二十五条规定的信息提供义务，电子商务平台经营者违反本法第四十六条规定，采取集中交易方式进行交易，或者进行标准化合约交易的，依照有关法律、行政法规的规定处罚。

1.赔偿责任

根据《电子商务法》规定，电子商务经营者对消费者的损失负有赔偿责任，如果企业直播业务的虚假宣传、欺诈行为导致消费者受到损失，可能需要向受损失的消费者进行赔偿。

2.刑事责任

在严重违法犯罪行为的情况下，相关责任人员可能面临刑事处罚，包括拘留、罚款、刑事拘留或者有期徒刑等。

需要注意的是，具体法律责任的适用会受到违法行为的具体情况、损害程度、恶意程度等因素的影响，在实际应用中需要根据具体案件进行判断和处理。

【聚焦案例】黄某未在网店首页显著位置公示属于不需要办理市场主体登记情形等信息案

2022年4月，市场监管局执法人员在监督检查中发现黄某个人开设网店未在店铺首页显著位置公示其注册信息或者该信息的链接标识，经调查核实，黄某自经营网店以来销售总金额为7万余元，根据《网络交易监督管理办法》规定，个人从事网络交易活动，年交易额累计不超过10万元的，不需要进行登记同时仍需在首页显著位置如实公示无须登记的自我声明以及实际经营地址、联系方式等信息。黄某的上述行为违反了《电子商务法》第十五条的相关规定，市市场监管局根据《电子商务法》第七十六条的规定对黄某予以罚款2 000元的行政处罚。

典型意义：电子商务经营者在经营前首先要做到的就是依法依规办理并公示自己的从业资质。无论自己的实际经营情况是否需要办理营业执照，都需要按照《电子商务法》第十五条的规定公示相关信息或链接。电子商务经营中，公示自己的信息就好比在实体店面中“营业执照上墙”一样，是方便消费者查阅并了解资质的重要环节。

## 二、广告法

### （一）立法目的

《中华人民共和国广告法》，简称《广告法》。为了规范广告活动，保护消费者的合法权益，促进广告业的健康发展，维护社会经济秩序，制定本法。

本法所称广告代言人，是指广告主以外的，在广告中以自己的名义或者形象对商品、服务作推荐、证明的自然人、法人或者其他组织。广告应当真实、合法，以健康的表现形式表达广告内容，符合社会主义精神文明建设和弘扬中华民族优秀传统文化的要求。

### （二）与企业直播相关的内容准则

（1）广告中对商品的性能、功能、产地、用途、质量、成分、价格、生产者、有效期限、允诺等或者对服务的内容、提供者、形式、质量、价格、允诺等有表示的，应当准确、清楚、明白。广告中表明推销的商品或者服务附带赠送的，应当明示所附带赠送商品或者服务的品种、规格、数量、期限和方式。法律、行政法规规定广告中应当明示的内容，应当显著、清晰表示。

（2）广告不得有下列情形：

①使用或者变相使用中华人民共和国的国旗、国歌、国徽，军旗、军歌、军徽；

②使用或者变相使用国家机关、国家机关工作人员的名义或者形象；

③使用“国家级”“最高级”“最佳”等用语；

④损害国家的尊严或者利益，泄露国家秘密；

⑤妨碍社会安定，损害社会公共利益；

⑥危害人身、财产安全，泄露个人隐私；

⑦妨碍社会公共秩序或者违背社会良好风尚；

⑧含有淫秽、色情、赌博、迷信、恐怖、暴力的内容；

⑨含有民族、种族、宗教、性别歧视的内容；

⑩妨碍环境、自然资源或者文化遗产保护；

法律、行政法规规定禁止的其他情形。

【聚焦案例】漂洋过海的寒假作业

2024年2月16日，拥有4 000万粉丝的网红短视频博主发布视频，称她在巴黎街头，一个法国人递给她两本寒假作业，称是在“厕所”捡到的，请她帮忙“还给主人”。

一名ip在江苏的网友自称是秦朗的舅舅，并表示秦朗就读于西场小学，此评论点赞数高达22万。“秦朗舅舅”甚至还开启直播，吸引大量网民观看。但多所学校回应查无此人，因此该视频引起了网友的质疑。随后“秦朗舅舅”承认摆拍，其账号被禁（原账号名“杨某屹”）因违反社区规定被禁止关注，相关视频下架。

如今的网络平台上，有很多出色的短剧本，拍出的短片引人深思、催人泪下。但同时在短视频、直播领域，也有很多游走在虚构与真实模糊地带的所谓策划、摆拍，打擦边球的内容比比皆是，把难辨真伪的事件、话题抛给大众，甚至愚弄大众，以此博取流量。当今科技不断发展，随着Sora之类炸裂工具的出现，有图有视频都未必有真相。

博流量不能无底线，为了蹭热度、赚流量，挑战公序良俗，终将被流量反噬。同时，网络也不是法外之地，挑战法律法规的行为也将受到法律的制裁。

陕西某事务所赵律师表示，网络主播为了引流吸粉进行摆拍，这会造成不明真相的粉丝效仿，进而扰乱社会秩序，给社会带来极大危害。根据《中华人民共和国治安管理处罚法》第二十五条规定：散布谣言，谎报险情、疫情、警情或者以其他方法故意扰乱公共秩序的，处五日以上十日以下拘留，可以并处五百元以下罚款；情节较轻的，处五日以下拘留或者五百元以下罚款。

警惕“新黄色新闻”

所谓的“黄色新闻”，是指一种具有煽动性的、格调不高的新闻类型，通常不具备较大的社会价值，纯粹是对大众趣味的无底线迎合。如今，在短视频平台上，一些内容肤浅却有煽动性、博人眼球的“新闻”，则被称为“新黄色新闻”。

我们的民族始终崇尚真善美，而真实是一切的前提，失去了真实，就会出现很多伪善、伪美。在网络化生存不断扩张的当下，我们更有责任，也有情怀在虚拟世界中守护真实，营造去伪存真的网络风气和更好的生存环境。

【聚焦案例】陕西永倍达电子商务有限公司发布使用国家机关、国家机关工作人员名义违法广告案

陕西省西安市市场监管局调查查明，陕西永倍达电子商务有限公司在其微信公众

号上以直播形式发布推销汉中古旱莲有机农业开发有限公司相关产品的广告，广告中擅自使用国家机关、国家机关工作人员的名义或形象对富平墨玉圆盘纪念品进行营销宣传，上述行为违反了《广告法》有关规定。2022年12月5日，西安市市场监管局依法对陕西永倍达电子商务有限公司作出罚款45万元的行政处罚。

【聚焦案例】广东恩瞳智能科技有限公司发布违法广告案

当事人利用微信公众号、公司内设广告牌、广告宣传单张和宣传册等多个渠道，对外宣传“中科院松山湖实验室”“中科院松山湖实验室科技转化产品”“部委联合发文”“省签署视力防控任务”“全新光医学产品系列”“光医学科技披露”“临床验证”“模拟自然光线还原古代熨目养神疗法”等广告内容，违反《广告法》相关规定，构成发布虚假广告、在广告中使用上国家机关和国家机关工作人员名义进行广告宣传、在广告中使用医疗用语或者易使推销的商品与药品、医疗器械相混淆的用语宣传的违法行为，东莞市市场监督管理局责令当事人停止发布违法广告，消除影响，并处以340 000元罚款。

（3）广告不得损害未成年人和残疾人的身心健康。

不得利用不满十周岁的未成年人作为广告代言人；禁止向未成年人发送任何形式的烟草广告。在针对未成年人的大众传播媒介上不得发布医疗、药品、保健食品、医疗器械、化妆品、酒类、美容广告，以及不利于未成年人身心健康的网络游戏广告。针对不满十四周岁的未成年人的商品或者服务的广告不得含有下列内容：

①劝诱其要求家长购买广告商品或者服务。

②可能引发其模仿不安全行为。

（4）规定广告应当真实、合法、诚信，不得含有虚假、夸大、欺骗性信息，不得欺骗、误导消费者。

【聚焦案例】直播销售化妆品虚假广告案

当事人通过开设在平台的店以直播、短视频等方式销售化妆品。对销售的某美白祛斑霜特殊用途化妆品宣称“万千好评”，以消费者评价方式宣传“脸上的斑点面积减少多年色斑竟然好了!……肉眼可见，雀斑在一点点变小、变浅，到现在基本看不到了！停用也没有再长出来!”销售某抑菌液宣称“祛斑淡斑神器点斑水祛痣笔专用液”并以案例的方式宣传祛痣不留疤且无痛；销售某普通洗发水时宣传“白发转黑、防脱生发育发”；销售某普通牙膏宣传“央视力荐国货优品去渍美白、去烟渍、去牙菌斑、去口臭”等。当事人为吸引消费者，提高产品关注度，对销售的7款商品宣传内容均脱离产品实际功效，无法提供相应的证据。

当事人上述行为违反了《广告法》第二十八条规定，构成发布虚假广告。根据《广告法》第五十五条的规定，2022年12月，义乌市市场监管局作出处罚决定，责令停止发布违法广告，在相应范围内消除影响，处罚款50 000元。

（5）广告内容涉及的事项需要取得行政许可的，应当与许可的内容相符合。广告使用数据、统计资料、调查结果、文摘、引用语等引证内容的，应当真实、准确，并表明出处。引证内容有适用范围和有效期限的，应当明确表示。

（6）广告中涉及专利产品或者专利方法的，应当标明专利号和专利种类。未取得专利权的，不得在广告中谎称取得专利权。禁止使用未授予专利权的专利申请和已经终止、撤销、无效的专利作广告。

（7）广告不得贬低其他生产经营者的商品或者服务。

【聚焦案例】温州蓝盒子啤酒有限公司直播宣传贬低他人商品案

当事人于2022年7月8日在其公司平台账号上直播销售“轩博 精酿”“轩博 大师”啤酒。主播在销售“轩博 精酿”啤酒产品直播中，宣称“某威500毫升卖到12块钱一桶啊，而且，某威配料也不是很干净……”在销售“轩博大师”啤酒直播中宣称：“很多老板喝完我家大师之后给我反馈是什么？你家的酒喝起来麦香更加浓郁一点，而且喝完第二天不影响生活，不影响工作……”等内容。经查当事人主播宣称的“某威”指向百威啤酒，主播在销售中宣称的百威啤酒配料不干净和销售的上述“轩博大师”啤酒喝完第二天不影响生活，不影响工作等内容并无实质凭证。当事人公司在上述场次直播中的销售额为3836元，获利308元，广告发布费用638.23元。

当事人的行为违反了《广告法》第十三条、第二十三条第一项之规定，根据《广告法》第五十九条第一款第四项、第五十八条第五项和《中华人民共和国行政处罚法》第二十八条第二款、第二十九条之规定，文成县市场监督管理局决定责令当事人停止发布违法广告，没收违法所得308元，罚款12 000元。

（8）广告中对商品的性能、功能、产地、用途、质量、成分、价格、生产者、有效期限、允诺等或者对服务的内容、提供者、形式、质量、价格、允诺等有表示的，应当准确、清楚、明白。广告中表明推销的商品或者服务附带赠送的，应当明示所附带赠送商品或者服务的品种、规格、数量、期限和方式。法律、行政法规规定广告中应当明示的内容，应当显著、清晰表示。

【聚焦案例】苍南县灵溪镇美珠化妆品店直播营销超过使用期限的化妆品案

当事人于2022年6月10日开始在其直播平台上以直播和短视频录播的形式宣传普通化妆品“路易寇恋臻护透亮焕颜组合（化妆品生产许可证编号：粤妆20210144）”具有淡化斑点的效果，短视频页面上出现“有斑斑点点的皮肤会有明显的淡化”用语，2022年8月10日执法人员检测发现其广告中宣称的功效与该产品说明书标注的功效不符，网页广告制作费1 000元，且现无法与广告制作者取得联系。且现场查获当事人的婷美亮肤胶原肽粉（批号GP180501，限用日期20220219）12袋，婷美赋活原生液（批号A5P02080，限用日期20220324）5盒，水感修容气垫美颜霜（批号AD19031901，限用日期20220318）1盒，莱哥活细胞冰凝紧致鱼子王（批号20190325，限用日期20220324，2.8ml × 5支）1盒，莱哥活细胞冰凝紧致鱼子王（批号20190325，限用日期20220324，2.8ml × 28支）1盒，均超过使用期限。调查中，当事人不能提供上述化妆品的合法购进记录、票据等相关证明文件，但能提供上述化妆品的备案证。经查证，当事人上述超过使用期限的化妆品货值3380元，上述化妆品在超过使用期限后均未销售，其中婷美亮肤胶原肽粉（批号GP180501，限用日期20220219）于2020年至2021年期间销售8袋，故无违法所得。

当事人发布与产品说明书标注功效不符的广告行为违反了《广告法》第二十八条第二款第二项之规定，销售超过使用期限化妆品的行为违反了《化妆品监督管理条例》第三十九条之规定，根据《广告法》第五十五条第一款之规定，苍南县市场监督管理局决定责令当事人停止发布广告，在相应范围内消除影响并处罚款3 000元；根据《化妆品监督管理条例》第六十条第一款第五项之规定，决定责令当事人限期改正违法行为，并处罚款10 000元。

（9）规定电视、广播、互联网等媒体播放的广告不得含有虚假、夸大或者引人误解的内容，不得损害消费者合法权益。

（10）要求广告发布者应当对其发布的广告内容负有责任，对广告的真实性、合法性承担审核责任。

（11）规定广告不得侵害他人合法权益，不得妨碍公共秩序和社会风尚。

（12）规定广告代言人应当真实、准确地表述或者演示产品的特点、性能、质量等，不得虚假宣传。

【聚焦案例】杭州某电子商务有限公司发布违法医疗美容广告案

当事人委托第三方对其经营的医疗产品进行广告直播推广，利用广告代言人为其经营的医疗美容项目作推荐、证明，同时在天猫旗舰店网页上对其经营的医疗产品进行广告宣传，均未对医疗产品涉及的广告内容报请有关部门进行广告审查审批。当事人的行为违反了《广告法》第十六条和第四十六条有关规定，构成医疗广告利用广告代言人作推荐、证明的违法行为和未经审查发布医疗广告的违法行为。依据《广告法》第五十八条相关规定，2022年5月，杭州高新区（滨江）市场监管局作出行政处罚决定，对当事人处罚款150 000元。

### （三）法律责任

如果企业在直播业务中违反《广告法》，可能会面临以下法律责任：

1.行政处罚

根据《广告法》规定，广告主、广告发布者和广告代言人违反《广告法》的规定，可能会受到行政处罚，包括警告、罚款、责令停止广告发布等。

2.赔偿责任

根据《广告法》的规定，如果企业直播业务的广告虚假宣传、夸大宣传或者误导消费者，导致消费者受到损失，广告主、广告发布者和广告代言人需要向受损失的消费者进行赔偿。

3.刑事责任

在严重违法犯罪行为的情况下，广告主、广告发布者和广告代言人可能面临刑事责任，包括拘留、罚款、刑事拘留或者有期徒刑等。

需要注意的是，具体法律责任的适用会受到违法行为的具体情况、损害程度、恶意程度等因素的影响，在实际应用中需要根据具体案件进行判断和处理。

## 三、网络信息内容生态治理规定

### （一）立法目的

为了营造良好网络生态，保障公民、法人和其他组织的合法权益，维护国家安全和公共利益，根据《中华人民共和国国家安全法》《中华人民共和国网络安全法》《互联网信息服务管理办法》等法律、行政法规，制定本规定。

### （二）与企业直播相关的具体内容

（1）网络信息内容生产者应当遵守法律法规，遵循公序良俗，不得损害国家利益、公共利益和他人合法权益。

（2）鼓励网络信息内容生产者制作、复制、发布含有下列内容的信息：

①宣传习近平新时代中国特色社会主义思想，全面准确生动解读中国特色社会主义道路、理论、制度、文化的；

②宣传党的理论和路线方针政策以及中央重大决策部署的；

③展示经济社会发展亮点，反映人民群众伟大奋斗和火热生活的；

④弘扬社会主义核心价值观，宣传优秀道德文化和时代精神，充分展现中华民族昂扬向上精神风貌的；

⑤有效回应社会关切，解疑释惑，析事明理，有助于引导群众形成共识的；

⑥有助于提高中华文化国际影响力，向世界展现真实立体全面的中国的；

⑦其他讲品位讲格调讲责任、讴歌真善美、促进团结稳定等的内容。

（3）网络信息内容生产者不得制作、复制、发布含有下列内容的违法信息：

①反对宪法所确定的基本原则的；

②危害国家安全，泄露国家秘密，颠覆国家政权，破坏国家统一的；

③损害国家荣誉和利益的；

④歪曲、丑化、亵渎、否定英雄烈士事迹和精神，以侮辱、诽谤或者其他方式侵害英雄烈士的姓名、肖像、名誉、荣誉的；

⑤宣扬恐怖主义、极端主义或者煽动实施恐怖活动、极端主义活动的；

⑥煽动民族仇恨、民族歧视，破坏民族团结的；

⑦破坏国家宗教政策，宣扬邪教和封建迷信的；

⑧散布谣言，扰乱经济秩序和社会秩序的；

⑨散布淫秽、色情、赌博、暴力、凶杀、恐怖或者教唆犯罪的；

⑩侮辱或者诽谤他人，侵害他人名誉、隐私和其他合法权益的；

法律、行政法规禁止的其他内容。

（4）网络信息内容生产者应当采取措施，防范和抵制制作、复制、发布含有下列内容的不良信息：

①使用夸张标题，内容与标题严重不符的；

②炒作绯闻、丑闻、劣迹等的；

③不当评述自然灾害、重大事故等灾难的；

④带有性暗示、性挑逗等易使人产生性联想的；

⑤展现血腥、惊悚、残忍等致人身心不适的；

⑥煽动人群歧视、地域歧视等的；

⑦宣扬低俗、庸俗、媚俗内容的；

⑧可能引发未成年人模仿不安全行为和违反社会公德行为、诱导未成年人不良嗜好等的；

【聚焦案例】大厂一游戏上线首日，官博被禁言

6月30日，网易武侠游戏《逆水寒》手游公测开服。开服首日，其官方微博账号@

逆水寒手游就被禁言。微博官方发文称，站方在巡查中发现，有个别用户通过违规营销的方式，以某游戏相关话题恶意冲榜，破坏热搜生态，严重影响用户体验。对此，站方予以严肃处置。

账号@逆水寒还发布了工作人员与疑似微博销售人员的聊天截图。图片显示，疑似微博销售人员提议“把冲榜分发等费直接和微博合作”，并称“6月开始买游戏品牌广告送助推冲榜服务，500万、800万、1 000万三档”。下图为@逆水寒发文解释手游官博被微博禁言的原因。

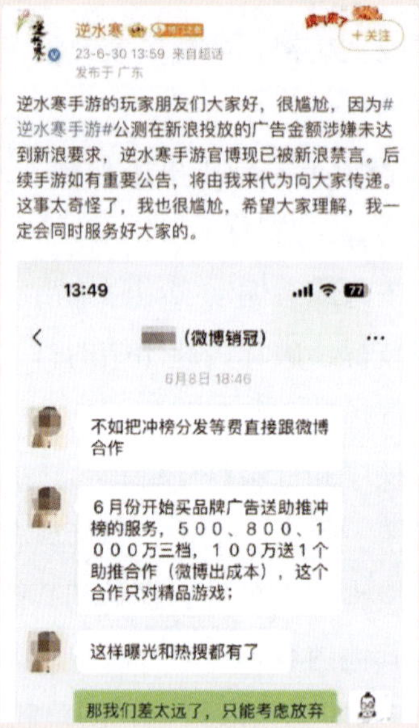


**微博@逆水寒发文解释手游官博被微博禁言截图**

当晚，微博再次发文称，“微博一直是众多游戏厂商宣传推广的重要平台。正常的粉丝运营、内容运营和营销都是符合微博社区规范的行为。但是，组织和使用营销号、内容号及数量不等的小号集中刷榜和冲榜的行为，是干扰榜单秩序和破坏社区规则的做法。对此类行为，平台一直是严厉禁止和杜绝的，性质严重的还会处理参与刷榜的MCN机构。”

《网络信息内容生态治理规定》第24条规定：网络信息内容服务使用者和网络信息内容生产者、网络信息内容服务平台不得通过人工方式或者技术手段实施流量造假、流量劫持以及虚假注册账号、非法交易账号、操纵用户账号等行为，破坏网络生态秩序。自2022年3月1日起施行的《互联网信息服务算法推荐管理规定》第14条规定：算法推荐服务提供者不得利用算法虚假注册账号、非法交易账号、操纵用户账号或者虚假点赞、评论、转发，不得利用算法屏蔽信息、过度推荐、操纵榜单或者检索结果排序、控制热搜或者精选等干预信息呈现，实施影响网络舆论或者规避监督管理行为。

⑨其他对网络生态造成不良影响的内容。

（三）法律责任

如果企业直播业务违反了中国《网络信息内容生态治理规定》，可能会面临以下法律责任：

1.警告和整改

监管部门可以对违规企业发出警告通知，并要求其立即整改违规行为，消除不良影响。

2.处罚和处分

监管部门可以根据违规行为的严重程度，对企业直播平台进行罚款、暂停直播业务、吊销许可证等行政处罚措施。

3.关停和关闭

在严重违规、情节严重、屡教不改的情况下，监管部门有权决定关闭违规的企业直播平台。

4.赔偿责任

如果企业直播业务违反规定导致用户受到损失，可能需要承担相应的赔偿责任。

5.刑事责任

在严重违法犯罪行为的情况下，相关责任人员可能面临刑事责任，包括拘留、罚款、刑事拘留或者有期徒刑等。

具体法律责任的适用会受到违法行为的具体情况、损害程度、恶意程度等因素的影响。

## 【任务实施】

案例分析：央视315曝光直播带货乱象：劣质翡翠翻价一倍销售

2022年央视315晚会上，直播带货乱象被曝光，“永德祥玉器直播间”“石力派”等公司假冒厂商直销翡翠被曝光。

据央视315晚会报道，记者以主播身份应聘进入永德祥直播间，号称“家有珠宝工厂”的主播莎莎坦言，所有主播的“专业”身份都是编造的。而那些“高货低卖的亏本买卖”一般都比进货价高出一倍左右。而所谓的“出血砍价”，则是主播和货主表演的双簧，每当主播拿起一件货物准备替粉丝砍价，货主在报出一个特别高价格的同时，会把暗码所代表的底价打在计算器上，悄悄展示给主播，然后，双方都煞有介事地连连砍价。主播暗箱操作，通过编造翡翠业内身份，将进货价88元的劣质翡翠卖到198元，利用编造工厂价、捡漏价等方式忽悠粉丝下单。

此外，翡翠直播卖假乱象套路多，主播宣称来自缅甸实则在昆明办公，卖货杀价层层设套，虚假宣传自导自演，甚至在现场演绎“即兴剧本”诱导消费者购买。

请用法律法规分析以上案例，并简要说明企业与消费者应如何维护市场秩序。

【应用实操】

任务1：大家在一些影视作品上，看到一些字幕被打上马赛克，比如用星号或者字幕代替，这些都是敏感词。如果出现在平台上会视为违规，影响账号质量，那哪些词语是不能出现的，你知道吗？

任务2：大家知道消费者权益日吗？请收集近3年中央广播电视总台消费者权益晚会案例，分析案例所涉及的行业法规，讨论企业如何正确维护消费者权益。

请小组团队按照情景任务进行讨论，并详细列举说明，可以引入案例佐证说明，要求通过查阅资料，将作答内容回复在网络学习空间，在课堂上分享讨论。

【实操评价】

| 项目 | 表述清晰 | 内容正确 |
|---|---|---|
| 评分标准 | 优秀：分类列举，清晰明了，合理<br>良好：基本能分类列举<br>合格：基本合理 | 优秀：案例分析到位，逻辑清晰，明确涉及法规<br>良好：有案例分析，逻辑较清晰<br>合格：有案例说明 |
| 自我评价 | □优秀 | □优秀 |
| | □良好 | □良好 |
| | □合格 | □合格 |
| 小组评价 | □优秀 | □优秀 |
| | □良好 | □良好 |
| | □合格 | □合格 |

## 任务二　直播岗位职业道德与守则

【情境导入】

工作一段时间后，小慧对于直播运营的工作渐入佳境，但是在工作中发现有些大流量的主播会出现“翻车”现象，部分涉及卖假货、不正当言论、偷税漏税、产品质量不过关等。这些活生生的案例让小慧觉得从事直播行业流量越大，越要守住底线。脚踏实地地做好每一件事，才能让自己的事业稳步向前。小慧计划从《网络直播营销管理办法（试行）》《网络主播行为规范》等规范中，总结出直播岗位职业道德与守则。

【知识解析】

在新媒体时代，人人都是“自媒体”，直播岗位可以是淘宝店主、游戏玩家、某一文化领域的爱好者乃至于没有任何才艺、技能的普通人，都可以通过直播方式输出价值。如果直播方式或言论不当，极有可能造成不良的社会影响，乃至触犯法律。这就要求网络直播作为一种能量强大的传播行为，更应在法律的框架内，遵法传播。直播人员时刻谨记自己的使命担当，做到遵法、有德、履责。

## 一、遵纪守法，诚实守信

网络直播是由直播平台、主播、商家、观众、市场监管部门等多方主体共同参与的数字文化业态，而通过对过往网络直播违法乱象的分析，主要原因在于网络主播、公司团队自身素养的缺失。对于直播群体的引导，一方面需要网络主播不断提升自身素养，另一方面还需要国家机关、直播平台、监管部门乃至社会协力，根据网络直播的新形态、新形势，完善法律法规，强化平台自治，引导社会风尚。主播应有明辨是非的能力，将消费者的切身利益放在职业道德准则的公平秤上，时刻谨记不能做违反职业道德，违反法律法规的行为。

网络直播从业人员应通过主动学习与了解，增强个人的文化素养、法律素养、媒介素养，主动学习，增强法律意识，强化职业道德与从业纪律。绝不做触碰红线的事，绝不能打擦边球，违背职业道德。

《网络直播营销管理办法（试行）》将从事直播营销活动的直播发布者细分为直播间运营者和直播营销人员。直播间运营者，是指在直播营销平台上注册账号或者通过自建网站等其他网络服务，开设直播间从事网络直播营销活动的个人、法人和其他组织。直播营销人员，是指在网络直播营销中直接向社会公众开展营销的个人，也就是带货主播。带货主播具有以下的责任和义务，具体表现为：

1.保护未成年人

主要体现在禁止未满十六周岁的未成年人成为主播或者直播间运营者。《网络直播营销管理办法（试行）》第十七条规定，直播营销人员或者直播间运营者为自然人的，应当年满十六周岁；十六周岁以上的未成年人申请成为直播营销人员或者直播间运营者的，应当经监护人同意。

2.直播内容要真实、准确、全面

不得有违反《网络信息内容生态治理规定》和违反《网络直播营销管理办法（试行）》等规定的行为。带货主播值得注意的是，在直播过程中，一定要真实、准确、全面反映商品的信息，不得虚假宣传、夸大宣传等。例如，很多直播卖货大亏实为演戏，各种虚假宣传的手段层出不穷，均属于欺骗性销售诱导行为，以虚假或者令人误解的宣传方式 误导消费者，触犯了《中华人民共和国消费者权益保护法》。（简称

《消费者权益保护法》）

3.直播场所应该遵守相关规定

《网络直播营销管理办法（试行）》第二十条规定，直播营销人员不得在涉及国家安全、公共安全、影响他人及社会正常生产生活秩序的场所从事网络直播营销活动。在账号信息、直播间标题、封面、布景、道具、商品展示以及直播间人员着装、形象等易引起用户关注的重点环节，都不得含有违法和不良信息，不得以暗示等方式误导用户。

4.直播过程的互动信息要实时管理

首先是要依据平台服务协议对语音和视频连线、评论、弹幕等互动内容要进行实时管理，避免信息违规。其次，在对互动信息管理过程中，不得以删除、屏蔽相关不利评价等方式欺骗、误导用户。

5.不得有侵权行为

在虚拟形象使用和自然人声音使用方面，不得有侵权行为。主要是不得侵犯他人的肖像权，不得非法利用他人的声音等。尤其是对自然人的声音保护，是首次在直播相关法规中被提出的。

【聚焦案例】直播带货“翻车”，责任难逃

2022年8月，一家直播平台的知名主播发长文爆料称，明星刘某曾经在直播间售卖假燕窝。刘某随后发布道歉声明，承认确实曾经在两年前的直播带货当中推销过该燕窝产品，当时品牌方提供了检验报告，他对消费者表示歉意并承诺依法退赔。8月中旬，有网友在社交平台发布视频称，她在某女明星的直播间购买了“跨境直运”的某知名品牌面膜，经鉴定并非正品。随后，“网友质疑该明星卖假货”的话题冲上微博热搜，该明星在微博发文否认售假，并称已经报警，其工作室也发文表示，直播间推销的产品均来自合法渠道，跨境商品都有通关记录，不存在售假情况。事发后销售该面膜的抖音商家下架了店铺中所有商品，进口该面膜的跨境电商企业也被市场监督管理部门列为经营异常，原因是登记的住所或经营场所无法联系。该事件孰是孰非，尚无定论。近几年，明星或网红被曝直播售假的例子并不少见。2022年全国知识产权宣传周期间，公安部曾公布“打击侵犯知识产权犯罪十起典型案例”，其中之一就是山东菏泽警方侦破的特大制售假冒知名品牌服装案。警方查明，犯罪嫌疑人先后招募8名粉丝较多的网红，让他们直播带货。警方查获造假窝点时，已有400余万单假冒服装销往全国各地，交易金额达数亿元。

明星或网红直播带货不仅为商品带来可观销量，自己也能从中赚取高额收益。他们用知名度和影响力为商品“背书”，使得消费者出于信任下单。无论是明星还是网红，一旦接受卖家委托为其带货，他们的身份就成了法律意义上的“广告代言人”。因此，无论是明星还是普通的带货主播，直播带货行为的本质都是一样的，一般是带货方接受商家委托，在直播中展示、解答、推广商品或服务，促成商家与消费者缔结网络购物合同。直播页面上有商品购买链接，点击后会跳转到网络电商平台的购买页面。

根据《消费者权益保护法》规定，消费者通过网络电商购买商品或接受服务，如果合法权益受到损害，可以向商品销售者或服务提供者，也就是卖家向商家要求赔偿。由于是网购，买家如果不知道真实卖家是谁，可以要求电商平台透露相关信息。

倘若电商平台不能提供商家的真实名称，地址和有效联系方式，消费者也可以向电商平台要求赔偿。《网络直播营销管理办法（试行）》规定，直播营销人员发布的直播内容构成商业广告的，应履行广告代言人的责任和义务。因此，无论是明星还是网红，一旦接受卖家委托为其带货，他们的身份就成了法律意义上的“广告代言人”。另外，如果发布的虚假广告关系到消费者的生命健康并造成消费者损害的。或明知、应知广告是虚假的，明星、网红应当与广告主承担连带赔偿责任。

随着网络直播这个新业态的发展，相关规定也在不断完善。《网络直播营销管理办法（试行）》规定，直播间运营者、直播营销人员应当依法依规履行消费者权益保护责任和义务，不得故意拖延或者无正当理由拒绝消费者提出的合法合理要求，其中“直播营销人员”，包括带货的明星或网红。明星和网红应当坚守诚信，因为一旦“翻车”，他们承担的不仅有民事责任，还可能有刑事责任。

## 二、爱岗敬业，主动服务

2022年，国家广播电视总局、文化和旅游部联合发布了《网络主播行为规范》，要求医疗卫生、财经金融、法律、教育等需要较高的专业水平的主播“持证上岗”。这体现了网络主播在流量经济下的重要性。

作为直播内容的消费者，观众的直播观看习惯、需求与心理预期影响了网络直播平台的内容输出与传播。要实现网络直播的遵法而行，还应通过弘扬主流文化价值，引导大众理性观看网络直播、理性购物，同时树立风清气正的网络文化审美与健康积极的精神文化需求，主播应主动通过社会服务活动，做到爱岗敬业，共同营造清朗的网络生态，让网络直播生态能可持续发展。

【聚焦案例】华农兄弟电商助农带动乡村致富

华农兄弟通过短视频创作反映全南乡村美好生活，以直播带货形式销售家乡农产品，从而带动农户增收。曾获评全国农村致富带头人，被授予“江西省五一劳动奖章”，获邀参加央视《致富经》节目的录制，受团中央邀请到北京分享创业故事。

保持初心，坚持传播乡村文化。通过镜头，刘苏良用自己朴实的话语将美丽乡村的生态风光、老街集镇独特风貌以及企业生产、农庄播种、果园丰收的精彩画面一一介绍，在诙谐之外更展现出了一幅乡村振兴崭的新画卷。新华社也和华农兄弟固定合作，推出“新华农兄弟系列”，展现新农村新风貌。

转型电商，助力青年返乡创业。华农兄弟倾尽全力地推广电商销售，也是为了能尽量地多帮助乡亲。入驻县里的电商助农基地，带创业团队。电商园与“华农兄弟”达成协议，每年搞免费培训，为团队输送电商销售方面、短视频制作人才，给有“电商梦”的年轻人提供返乡创业机会。

热心公益，开启助农带货之路。兄弟俩开拓出新事业，成为助农致富“带头人”，他们集中承包村里的土地，进行大规模种植，争取政府补贴，再把租金付给村民，加上干活的收入，能让村里人收支平衡，助力乡亲们奔跑在小康路上。通过直播帮助农户卖出赣南脐橙、月亮巴、酸枣糕、香菇和蜂蜜等农产品400多万斤，助农带货年销售额达3 100余万元。2022年被聘为“全南乡村振兴顾问”。

“我就是个农民，我们的短视频就是真实质朴，直播卖货前，我都会自己先试试，如果我自己都不了解产品，那怎么介绍给大家。要好好利用互联网平台做一些更有意义的事情，带动更多的人积极改善生活，传递勤劳奋斗、乐观向上的正能量”，在刘苏良心中，美好的未来就是——脚踩大地，坚定向前，并且永远不放弃希望。

### 三、主动履责，强化价值

网络直播有着其独特的实时性、互动性以及即时性等特点，是网络参与者获取信息、表达意愿、共情共鸣的重要活动方式之一，也是青少年群体进行沟通交流的重要途径。此类新兴的文化产品，具有鲜明的时代特征和巨大内力，它除了直播带货、生活娱乐以外更重要的是价值观的传递平台。对社会热点事件和热点话题的快速回应与广泛传播，它成为当下社会舆论引导中不可或缺的重要组成部分。这无形让网络直播人员承担了重要的社会责任，对社会主义核心价值观的形成和延续有着积极的影响。

网络直播人员应遵法、有德并履行其社会责任，在公共资源空间，发挥个人的正能量传播，促进社会和谐稳定，从而更好地为我国社会主义现代化建设服务。

因此，网络直播要履行好自己应有的责任和使命，从加强舆论引导、提升监管人员素质与监管技术三方面入手，充分发挥其特有功能，促进社会主义核心价值观的培育和践行，从而进一步推动中国特色社会主义事业的全面发展，更好地承担网络直播肩负的主要责任。

【聚焦案例】东方甄选山西专场首日销售额突破7 500万元

2023年5月20日，农产品直播电商平台“东方甄选”在山西省临汾市古县举办山西专场。数据显示，山西专场短视频相关播放量突破3亿次。当日直播间观看人次超过2400万，一百多种山西农产品特产全部售罄，全场销售额突破7500万元，订单数超过130万单。一场文化直播，让山西成为全网爆火的“网红省份”，“东方甄选山西行”“山西会是下一个淄博吗”等多个话题冲上抖音热搜。

此次山西专场推荐的山西特产都是山西人爱买、爱吃、爱用的本地好物。数据显示，山西老陈醋成为当天最畅销的特产，1天卖出了超过10万桶。汾酒当天销售也异常火爆，网友纷纷称“价格太实惠”。平遥牛肉当天热卖5万单。专场期间，太谷饼、莜面鱼鱼、闻喜煮饼、紫晶枣、石头饼、小米、刀削面等，共计36款特产的成交订单数均突破1万单，12款特产销售额均突破100万元。来自吕梁市临县的青塘村粽子在登上直播间后被全国消费者抢购，商家拍摄视频说，1天就卖出了2万多单粽子，一直在打印成交的订单，“打印机都快冒烟了！”

此外，“文化直播”成为山西专场的显著特色。主播结合历史、文化的知识讲解，结合山西数千年的深厚底蕴，让全国网友沉浸式体验了传统文化的魅力。当天，直播间邀请左权小花戏、莲花落、威风锣鼓、山西面食的非遗技艺传承人，用直播节目、现场采访等形式，进一步深度展现了山西的传统文化、民俗文化。主播董宇辉和山西面食文化宣传使者王张龙一起学起了刀削面、莜面鱼鱼，深度体验了一把“舌尖上的非遗”。主播冯冯激情四射讲解了近2个小时的山西历史，吸引超过数万名网友同时在线观看。

首日专场之后，东方甄选团队还将在山西开展为期5天的“文旅直播”，连续奔赴大同、忻州、朔州等地，深入介绍云冈石窟、恒山、悬空寺、应县木塔等山西文化瑰宝，并推荐山西当地文旅产品和本地农产品等，持续助力山西文化“出圈”。

## 四、爱护设备，安全操作

（1）需要严格在规定时间使用直播间，以确保高效有序使用直播间。作为直播重地，未经管理批准许可，任何不得随意进入正在直播的直播间。

（2）在使用电脑、摄像机、电视等设备时应小心使用，因个人原因造成的设备损坏和导致直播设备的无法正常使用所造成的损失由损坏人全部承担。爱惜直播间一物一线，如有损坏照价赔偿。

（3）在使用直播间时应该保持直播间卫生清洁。不得随意更改直播间摆设和其他设置。

（4）在直播前，务必先确认直播系统、笔记本、麦克风、背景屏幕、摄像机等都处于正常工作状态，不影响直播，如果出现问题，要及时联系相关人员进行解决调试，

（5）上下档交接时下档主播应在上档主播检查完设备完好后方可离开如因此产生设备不能正常使用的情况，由主播双方承担此损失。如无下档主播接档，应通知管理人员进行设备检查完好后将设备关闭并切断电源后方可离开。

（6）直播间为重点防火区域，严禁在直播间内吸烟。

（7）共用直播间期间，尊重他人隐私，不得随意翻动他人物品。如有特殊情况，需要借用他人物品，需要征求物品本人的意愿，得到允许后方可使用。如没得到允许，不可私自挪用他人物品。

（8）在进行直播时，要注意避免侵犯他人的版权，如上传未经授权的音乐、影片等，以免引起法律问题。

（9）直播过程中应该尊重他人隐私，避免侵犯他人的肖像权、名誉权等。在网络直播过程中，也应该注意自己的个人安全，避免对个人信息的泄露，以及避免直播过程中出现危险的情况。

（10）确保直播环境安全。

确保设备安全：在进行抖音直播时，使用的设备要求安全可靠，建议使用官方推荐的设备，同时也要注意设备的更新，避免因过时的系统而影响直播质量。

确保网络安全：在直播时要确保自己的网络安全，不要连接不安全的Wi-Fi，并且定期更换账号密码，确保网络信息安全。

【聚焦案例】直播平台挑战高空极限坠亡案

曾经广受网友关注的“花椒直播”平台主播吴某高空坠亡案尘埃落定。北京市第四中级人民法院二审判决北京密境和风科技有限公司赔偿吴某母亲何某三万元，驳回何某的其他诉讼请求。

2017年11月，自称“中国高空极限运动第一人”的“花椒直播”平台主播吴某，在录制视频时意外高空坠亡。随后，其母何某因认为“花椒直播”平台对于用户发布的高度危险性视频没有尽到合理的审查和监管义务，致其子吴某攀爬高楼坠亡，以网络侵权责任为由，将“花椒直播”所属公司北京密境和风科技有限公司（以下简称密境和风公司）诉至法院，要求其赔礼道歉，并赔偿各项损失共计6万元。

结合吴某的坠亡与密境和风公司之间是否存在过错和因果关系来认定，吴某所拍摄的视频内容中大部分的高空建筑物的攀爬活动并非严格意义上的极限运动，吴某并

非专业运动员，自身亦未受过专业训练，他的行为不仅对自身具有危险性，还存在因坠落伤及无辜以及引发聚众围观扰乱社会秩序的风险。这种行为于己于人都有巨大的潜在危险，是社会公德所不鼓励和不允许的。密境和风公司作为网络服务提供者应当对吴某上传的视频是否违反社会公德进行规制。但密境和风公司却未进行处理，因此其对吴某的坠亡存在过错。

密境和风公司的行为并不直接导致吴某的死亡这一损害结果，但是被上诉人不仅未对吴某的视频进行处理，还在其坠亡的两个多月前，借助吴某的知名度为花椒平台进行宣传并支付酬劳。故密境和风公司对吴某持续进行该危险活动起到了一定的诱导作用。

吴某自愿进行该类高风险的活动，其对该类活动的风险是明知的，因此吴某本人对损害结果的发生存在明显过错，密境和风公司可以根据吴某的过错情节减轻责任。一审法院根据吴某的过错情节、密境和风公司的侵权情节等具体案情酌定密境和风公司应当承担的三万元损失数额，二审法院依法予以确认。

法院在判决中指出，吴某的坠亡是一起悲剧，年轻生命的逝去对吴某的家庭成员是一个沉重的打击，法院对吴某的离去深表痛心，并对吴某的家庭成员致以诚挚的慰问。同时，网络服务提供者在提供网络服务时，应当遵守法律法规，坚持正确导向，大力弘扬社会主义核心价值观，培育积极健康、向上向善的网络文化，维护良好网络生态，维护国家利益和公共利益，为广大网民营造风清气正的网络空间。

安全大于天。无论是谁，也无论从事什么工作，都应当时刻把“安全”二字记在心上。同时，对于各行各业的安全守则或规定都要有一份敬畏之心。

## 【任务实施】

小慧在正式开始直播前，请你为她的花cheers直播按照“遵纪守法，诚实守信”“爱岗敬业，主动服务”“主动履责，强化价值”“爱护设备，安全操作”方面列出应该注意的内容。

## 【应用实操】

任务1：请列举几个你印象深刻的网络直播违规案例，与同学们分享，并说说直播从业人员在其中有哪些不当失职之处？请围绕“遵纪守法，诚实守信”“爱岗敬业，主动服务“主动履责，强化价值”“爱护设备，安全操作”进行分析。

任务2：小璐假期将参加三下乡活动，为实践地的农户围绕当地花生油做直播推广服务，请你为小璐围绕“遵纪守法，诚实守信”“爱岗敬业，主动服务”“主动履责，强化价值”“爱护设备，安全操作”提出注意事项。

任务3：

案例分析：靠审丑发迹主播正引发更多人反感

《2023年“双11”消费维权舆情分析报告》报告中以疯狂小杨哥的徒弟“红绿灯的黄”带货引发争议为例：最近，疯狂某哥的徒弟“红某黄”因带货引发争议。在带货知名品牌商品时，该女主播形象邋遢、头发凌乱、表情狰狞、嘴巴歪斜，姿势颇不雅观。直播期间只有搞怪无厘头，既没有讲解成分、适用人群，也没有上脸妆效，她的行为引发了观众的极大不满，拉低了品牌形象，也让中国消费者协会对其进行了点名批评。

近年来，互联网中逐渐出现一种“审丑”现象，它指网民对网络事件与网络红人中，公众对示丑、露丑行为的追求、追捧与审视。社会大众在面对直观的“丑态”时，起初会批判、反思，但随着各类恶俗视频的泛滥，大众逐渐失去了了解真相的耐心，变得麻木，最终倾向于漠视。可以看到，在流量至上的时代，越来越多的网民因受恶俗浸染，渐渐失去了辨别美丑和甄别善恶的感知力。网络社交心理导向发生扭曲，使得自身的审美价值和信息的存在形态都发生了深刻转化。

早在2022年4月，中央网信办等部门就开展了为期三个月的“清朗·整治网络直播、短视频领域乱象”专项行动，集中整治“色、丑、怪、假、俗、赌”等违法违规内容呈现乱象。自媒体管理条例，其中要求对有打造低俗人设、违背公序良俗网红形象，多账号联动蹭炒社会热点事件进行恶意营销等行为的自媒体，网站平台应当取消或不得赋予其营利权限。

《民法典》明确规定，民事活动必须符合社会主义核心价值观，不得违背公序良俗，这是我们生活中任何人做任何事情的基本前提，所有人均概莫能外，公众人物的一言一行，都会因为关注量的原因被迅速放大，所以更应当谨言慎行。

**【实操评价】**

| 项目 | 合规合理 | 落地可行 |
| --- | --- | --- |
| 评分标准 | 优秀：能够按照情景情况罗列要点，内容合规，解析合理，全面丰富<br>良好：能够按照情景情况罗列要点，内容合规，解析合理，基本全面<br>合格：能够按照情景情况罗列个别要点，内容合规 | 优秀：能够按照情景情况进行思辨，提出可行可操作的注意事项<br>良好：能够按照情景情况提出可行可操作的注意事项<br>合格：能够提出注意事项 |
| 自我评价 | □优秀 | □优秀 |
| | □良好 | □良好 |
| | □合格 | □合格 |
| 小组评价 | □优秀 | □优秀 |
| | □良好 | □良好 |
| | □合格 | □合格 |

## 【项目小结】

直播打破了传统媒体单一信息传递渠道和单向灌输方式，实现了个人和单位对社会热点事件和热点话题的快速回应与广泛传播，成为当下社会舆论引导中不可或缺的重要组成部分。

企业直播运营人员企业直播行为准则和法律规范的遵守，不仅有助于企业直播运营的合规性，也能够赢得消费者的信任和支持，提高企业的竞争力和声誉。因此，企业直播运营人员应始终将遵守行业准则和法律规范作为首要任务，为企业直播运营的可持续发展奠定坚实的基础。应持续学习和更新相关法律法规和行业准则，提高专业知识和运营技能，以适应迅速变化的直播环境。

在未来时代发展中，企业直播应继续遵法、有德并履行其社会责任，发挥更大的功效，促进社会和谐稳定，从而更好地为我国社会主义现代化建设服务。

## 【课后任务】

一、不定项选择题

1.经营者应当向消费者提供有关商品或服务的真实信息，不得作（　　）。

A.广告宣传　　B.有奖推销

C.长期广告　　D.虚假宣传

2.在直播中，以下不违反广告法的词语有（　　）。

A.首选　　B.第一品牌　　C.空前绝后　　D.食品级

3.鼓励网络信息内容生产者制作、复制、发布含有下列内容的信息：（　　）。

A.不及时回应社会关切，解疑释惑，析事明理，有助于引导群众形成共识

B.展示经济社会发展亮点，反映人民群众伟大奋斗和火热生活

C.危害国家安全，泄露国家秘密

D.不当评述自然灾害、重大事故等灾难的

4.根据《网络信息内容生态治理规定》，网络信息内容服务使用者不得利用党旗、（　　）等代表党和国家形象的标识及内容违法违规开展网络商业营销活动。

A.党章　　B.党徽　　C.国旗　　D.国徽

5.《网络信息内容生态治理规定》明确了网络信息内容生产者应当防范和抵制的不良信息，以下属于网络不良信息的是（　　）。

A.使用夸张标题，内容与标题严重不符的

B.炒作绯闻、丑闻、劣迹等的

C.煽动人群歧视、地域歧视等的

D.宣扬低俗、庸俗、媚俗内容的

二、案例分析

1.网络直播风行，为进一步规范网络主播从业行为，加强职业道德建设，促进行业健康发展，国家广播电视总局、文化和旅游部共同制订印发《网络主播行为规范》。但目前流量至上、畸形审美、“饭圈”乱象、拜金主义等不良现象频生，畸形“饭圈”问题向体育、电竞等多领域蔓延。14岁跳水天才全红婵农村老家被网红无底线直播，国乒选手孙颖莎、王楚钦被摸手怼脸拍照，广州TTG战队电竞职业选手下飞机被粉丝围堵一小时……“饭圈”的越界行为一次次触碰大众的底线。网络主播应自觉摒弃低俗、庸俗、媚俗等低级趣味。对此，你怎么看？

2.在企业进行网络直播的过程中，作为主播遇到黑粉该如何处理？如何保障直播方的权益及维护直播间秩序？

# 模块二 打造多场景品质直播

# 项目五
# 打造企业品质直播

【职场场景训练】

当下各类产业通过直播提效创收，积极探索发展直播推介、销售等线上经济新模式。企业直播可以被视作品牌的一张名片，是塑造品牌质感的关键环节，作为与客户连接沟通的数字化工具，能够显著提升沟通效率，并且，直播过程中沉淀下来的海量用户数据，还可以实现对企业数智化管理的支撑。

小慧希望在前期策划与准备上，确认高品质直播的打造要点，让用户有良好的观看体验，维护甚至提升企业形象。

【项目学习目标】

通过本项目的学习，应达到的具体目标如下：

1.知识目标

（1）掌握打造直播优质展示的要点。

（2）掌握直播前中后分发推广宣传的策略。

（3）掌握直播互动策略与应用技巧。

2.技能目标

（1）能够按照展示要点准备优质直播画面。

（2）能够按照直播前中后推广策略执行宣传引流。

（3）能够按照直播互动策略打造直播间良好氛围。

3.素质目标

（1）具备严谨细致的工作态度和执行能力。

（2）具备良好的内容质量把控能力。

（3）具备规范使用信息发布用语的能力。

## 【技能提升图谱】

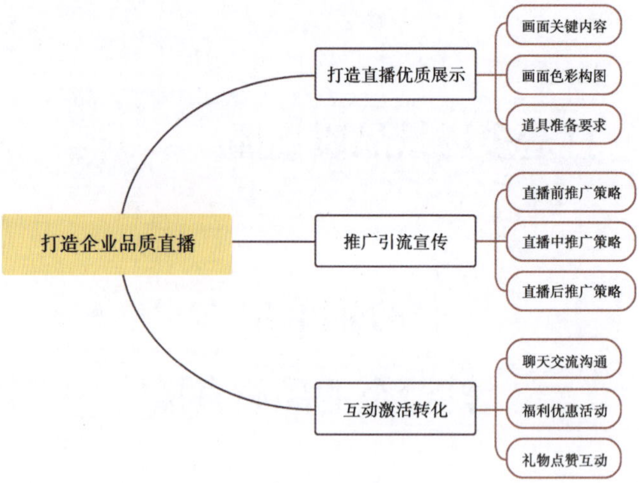


## 【学习成果展示】

以下为企业“直播带岗”品质直播间打造策略与要点。

直播画面设计　直播间色彩构图　直播道具选择

直播全过程推广　直播互动策略

# 任务一　打造直播优质展示

【情境导入】

面对即将开展的“花cheers”直播，小慧认为，直播画面是观众对直播是否有高品质、好内容的第一感受。然而，在直播画面上应该有哪些要求，可以用哪些维度去衡量把关？这是把握直播品质的第一步。

【知识解析】

## 一、直播画面的关键内容

做好直播场景布置，清晰完整地传递直播信息和品牌信息，优化直播画面布局，提高直播的观看效果与体验感受。其中，直播画面布局需要考虑的关键内容点包括：品牌Logo、PPT区域、环节条、分享者区域、安全区域、人名条、UI区域、直播主题背景、评论区、重点内容、福利内容、挂件等，具体解析如下：

（1）品牌Logo：将品牌Logo放置在画面的角落或适当位置，以提升品牌知名度和展示企业身份。

（2）PPT区域：为了展示文字、图片或图表等内容，设置专门的PPT区域，让观众更清晰地了解直播内容。

（3）环节条：使用环节条或进度条，以表示直播的不同环节或主题，帮助观众更好地理解直播进程。

（4）分享者区域：在直播画面中留出专门的分享者区域，将分享者的画面放置其中，使观众能够清晰地看到分享者的表情和动作。

（5）安全区域：为了避免重要内容被遮挡或误操作，设置安全区域，确保直播画面的核心信息不受其他元素干扰。

（6）人名条：当有多个参与者或嘉宾时，在其画面下方添加人名条，方便观众识别不同人员身份。

（7）UI区域：设计UI区域，用于显示直播的交互元素，如点赞、分享、关注等按钮，以促进观众的互动参与。

（8）直播主题背景：根据直播的主题和内容，设置合适的背景，以营造与主题相关的氛围和情感。

（9）评论区：在画面上方或侧边设置评论区，让观众可以实时发表评论、提问或互动，与主播或其他观众进行交流。

（10）重点内容：通过加粗、放大、高亮等方式，突出展示直播中的重点内容，以引起观众的特别关注。

（11）福利内容：适时添加福利内容，如优惠码、抽奖活动等，以增加观众参与度和观看意愿。

（12）挂件：根据直播的特点和需求，添加合适的挂件，如倒计时挂件、礼物挂件等，增加画面的趣味性和互动性。

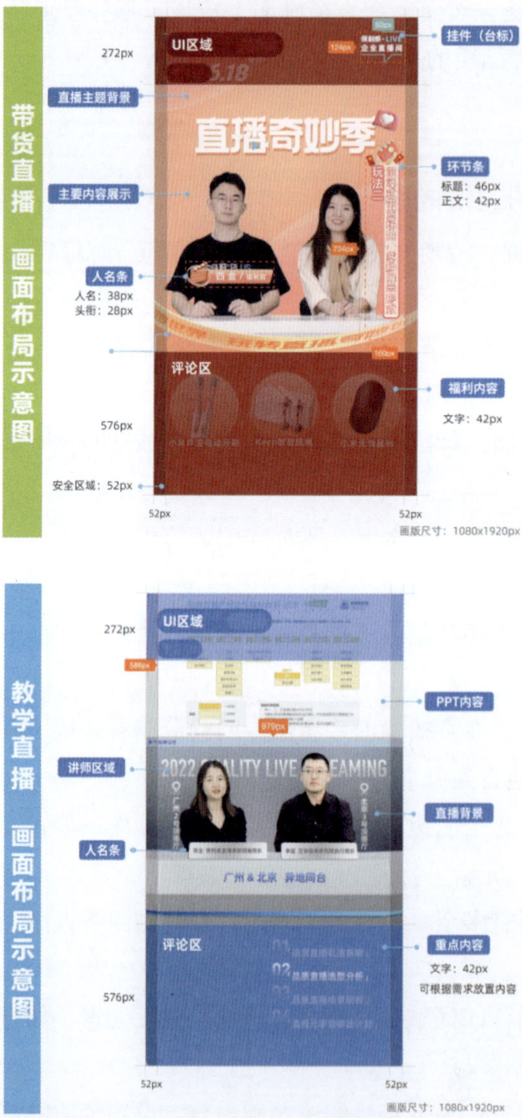


**以竖屏营销/培训直播为例的画面布局最佳示范示意图**

（资料来源：《艾瑞咨询2023年中国企业直播应用标准发展与研究报告》）

【聚焦案例】腾讯直播间的颜色搭配和构图技巧

2023年6月，腾讯云以线上直播的方式，举办了“腾讯云行业大模型及智能应用技术峰会”，公布了其在行业大模型领域的技术方案以及智能应用的最新进展。

直播间选取了蓝色背景，塑造专业感强的氛围。画面选取视觉上吸引人的黄金比例设计排版，为观众呈现出专业且有序的形象，吸引更多用户关注。

腾讯云行业大模型及智能应用技术峰会

## 二、直播画面色彩与构图

为了打造吸引人的直播画面，需要发挥色彩在直播中的重要作用。以下是把控要点和具体内容，可以帮助企业直播运营人员在直播中动态监控直播效果，把握优质画面。

直播画面色彩把控要点

| 把控要点 | 具体内容 |
| --- | --- |
| 色彩饱和度和对比度 | 确保直播画面饱和度适度，不过度饱和或过于暗淡。同时，保持适当的对比度，以突出画面细节。 |
| 色温 | 根据直播场景的特点和氛围，调整色温以取得最佳效果。温暖色调（较低的色温）适用于营造温馨、舒适的氛围，而冷色调（较高的色温）适用于传递专业、冷静的感觉。 |
| 颜色搭配 | 选择合适的颜色搭配，避免过于突兀或不协调的组合。根据品牌形象和直播内容的特点，选择与之相符合的颜色搭配方案。比如，温暖的颜色（如暖黄、淡粉）可以用于创造温馨的氛围，而蓝色或绿色则可以传达专业和可靠的形象。 |
| 注意主体与背景的对比 | 确保主体与背景之间的色彩对比度适中，以突出主题。避免使用相似的色彩使主体在画面中混合或难以辨认。 |
| 注意实时调整和校准 | 在直播过程中，根据观众的反馈和自己的观察，实时调整和校准画面的色彩。确保画面的色彩效果始终保持在理想的状态。 |

直播画面的构图对于吸引观众的注意力和传递信息至关重要。以下是把控要点和具体内容，旨在帮助企业直播运营人员优化直播画面的构图。

直播画面构图把控要点

| 把控要点 | 具体内容 |
|---|---|
| 平衡与美感 | 追求画面的平衡和美感，以吸引观众。使用构图技巧，如“三分法”或“黄金分割法”，将主体放置在画面的合适位置，以获得良好的视觉效果。<br>使用参考线和网格来帮助构图。根据场景的需要，在拍摄设备或直播软件中打开参考线和网格，以更准确地对齐主体和其他元素。 |
| 背景简洁与相关性 | 选择简洁、整洁的背景，并确保其与直播内容相关。避免杂乱的背景或与主题不相关的元素，以免分散观众的注意力。<br>合理运用留白和空间，以增强画面的美感和清晰度。避免画面过于拥挤或过于松散，使观众能够清楚地聚焦主题 |
| 视角选择与变化 | 根据直播内容和场景特点，选择合适的视角。尝试不同的视角，如俯视、仰视、侧面等，以增加观看的变化性和趣味性。 |

## 三、直播道具的准备要求

在进行企业直播运营时，准备合适的直播道具可以提升观众的视觉体验、增加内容表达的效果，并展示专业形象。以下是有关道具准备是否充分合理的衡量要求。

（1）与直播内容相关：选择的直播道具应与直播内容相关，能够突出或支持所要传达的信息。确保道具与主题相契合，避免画面中出现不相关或分散注意力的道具。

（2）符合品牌形象：确保直播道具符合品牌形象和风格。道具的颜色、形状和材质应与企业品牌保持一致，以增强品牌的一致性和认可度。

（3）简洁与整洁：避免使用过多复杂或杂乱的道具，以免分散观众的注意力。选择简洁、整洁的道具，使画面更加干净、清晰，突出主题和重点内容。

（4）高质量和可靠性：确保直播道具的质量和可靠性。选择耐用、稳固的道具，以防止在直播过程中出现意外或损坏。

（5）适量和适度：准备适量的直播道具，以避免画面过于拥挤或杂乱。根据直播内容和场景的需要，选择适度的道具，使画面更加舒适和易于理解。

（6）实用性与互动性：选择具有实用性和互动性的道具，能够帮助观众更好地理解和参与直播内容。考虑道具的功能和互动效果，以增加观众的参与度和兴趣。

（7）安排合理的摆放位置：根据直播内容和道具的重要性，合理安排道具的摆放位置。确保道具在画面中的位置合适、协调，并不会遮挡或干扰主要内容。

【聚焦案例】扬州槐泗镇助农直播，打通乡土好物推介新渠道

好的产品也需要好的平台，助农直播打通了乡土好物推介新渠道。直播间根据主题和内容，设置了以绿色和黄色为主的背景，传达出乡村丰收的喜悦。准备了“抢”

的手牌，提醒观众福利好物不要错过。所有道具的颜色、形状和材质都与产品相匹配，让直播间整体色调和谐、统一。

本次的主推产品为酒甸酒坊高粱酒、酬勤家庭农场生态大米、杨氏猕猴桃和黄精茶等。首场直播时长仅2小时就吸引了3.45万粉丝观看，点赞数更高达9.67万，有效带动了本土特色农产品线上推广，助力优质农特产品“走出槐泗”。

**槐泗镇乡村振兴直播**

（资料来源：江苏交汇点新闻客户端）

## 【任务实施】

请分析以下鲜花直播画面，说说按照直播优质画面展示要求，哪个画面效果最好，适合营销/授课/品牌宣传？

不同店铺鲜花直播画面

【应用实操】

小青是学校营销协会的社长，围绕即将到来的喜迎新年校园超市跨年福袋促销活动进行推广直播，请按照资料包中的宣传物料，为这次促销直播设计直播画面，并列出可以准备的直播道具。

【实操评价】

| 项目 | 要素充分 | 布局合理 |
|---|---|---|
| 评分标准 | 优秀：有宣传主题、有促销信息、有品牌、直播背景符合活动主题、有提示信息<br>良好：有宣传主题、直播背景符合活动主题、有提示信息<br>合格：有宣传主题 | 优秀：商品主体放置在画面的合适位置，货品堆摆放整齐合理，提示信息、福利内容、挂件画面分布得当美观<br>良好：商品主体放置在画面的合适位置，提示信息、福利内容、挂件画面分布得当<br>合格：商品主体放置在画面的合适位置，画面整洁 |
| 自我评价 | □优秀 | □优秀 |
| | □良好 | □良好 |
| | □合格 | □合格 |
| 小组评价 | □优秀 | □优秀 |
| | □良好 | □良好 |
| | □合格 | □合格 |

# 任务二　推广引流宣传

【情境导入】

“花cheers”直播正在紧锣密鼓地筹备中，工作室负责人认为，不能闭门造车，准备的内容如果不多宣传，“酒香还怕巷子深”，直播准备得再充分，观看人数少也无法达到目标。对此，小慧从生活经验中发现，不仅直播前要做宣传，直播中后同样有推广要求，请问具体该如何计划实施？

【知识解析】

一场高品质的直播在推广引流上，应该以直播内容为核心，构建内容矩阵，实现节奏性用户触达，才有机会取得理想的直播效果。

推广引流能力主要包括两方面：一是直播全流程中对于相关推广物料的准备，二是宣传推广的动作及节奏。

企业直播不是一次性行为，而是与企业活动节奏相配合，具备长期规划的营销宣传计划。在单场活动中，推广引流要做到以直播内容为中心，多种内容为辅的内容矩阵，实现直播前中后的节奏性触达。推广引流能力是指在开展直播活动前、中、后，通过多种方式在不同渠道和平台上推广和宣传直播内容，吸引并引导目标受众前来观看直播、了解直播，从而提高直播的曝光度、观看量和互动效果。在直播前中后三个不同阶段，准备物料与内容具体如下：

| 阶段 | 目标 | 准备物料 |
|---|---|---|
| 开播前 | 活动预热 | 预热视频、预热文章、概念海报、倒计时海报等 |
| 开播中 | 开播推流 | 海报、直播间、花絮视频等 |
| 开播后 | 二次宣发 | 直播高光时刻、嘉宾金句海报/视频、直播玩法总结等 |

各阶段直播引流安排

## 一、直播前推广策略

直播前的全域引流和推广可以采用以下手段。

（1）在社交媒体平台上进行推广：在企业或个人的社交媒体账号上发布直播预告，及时更新有关内容并在多个社交媒体平台上分享，吸引更多的关注者和潜在受众。

（2）利用微信社交关系链推广：可以采用微信公众号或个人号、微信群等方式，通过好友推荐和转发分享直播预告来扩大直播的曝光度。

（3）利用搜索引擎推广：通过优化SEO等方式，在搜索引擎首页上提高直播相关内容的排名，增加曝光度和点击率。

（4）通过广告投放推广：在搜索引擎、社交媒体及其他垂直领域的广告投放平台上进行投放，以提高直播的曝光量、互动度和关注度。

（5）让网红代言推广：与网红等合作，利用其影响力和粉丝数量，让其代言宣传直播活动，吸引更多目标受众前来观看。

总而言之，直播前的全域引流和推广旨在全方位地宣传和推广直播内容，增加直播的曝光量和关注度，提升直播的观看量和互动效果，使直播在受众中得到更好的推广和认知，增强企业品牌口碑和影响力。

【聚焦案例】用直播阐述农业新概念，极飞科技是这么做的！

随着现代科技的发展，农业从全面实现现代化，如今已经过渡到了高科技互联网时代，诸多先进技术农产品企业应运而生，成立于2007年的极飞科技正是这样一家企业，经过10余年发展，如今极飞将无人机、机器人、自动驾驶、人工智能、物联网等技术带进农业生产，通过构建无人化智慧农业生态，让农业进入自动化、精准高效的4.0时代。

在2020年，为了推广传播自身的企业理念及产品，极客选用直播举行年度大会。

在直播前，通过私域流量运营实现裂变传播，一套营销机制打通1 000余家经销商销售体系：首先，极飞科技年度大会的直播间被嵌入到极飞科技官网、公众号，被推广到经销商及客户社群中。然后预约年度大会直播间，参会者就可生成承载着带参会证明的二维码的邀请卡，在朋友圈及社群中转发裂变，后续参会者通过扫码记录可回溯到邀请者，从传播上做到了精准高效。此外，极飞科技将直播间引流到众多农业及科技的相关主流垂直媒体中去，利用农业自动化及无人机赠送等新概念抓取了一波公域流量的关注。

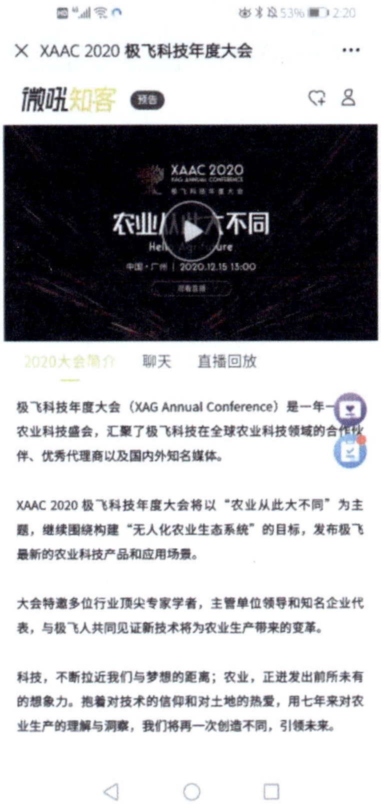


**2020极飞科技年度大会直播**

（资料来源：微吼-企业直播平台）

## 二、直播中推广策略

在直播中，同步展开全域引流和推广可以吸引更多的观众、扩大影响力并提升销售业绩。以下是一些策略，可帮助企业实现全域引流和推广的目标：

（1）将直播与社交媒体整合，通过在不同平台（如微博、微信、抖音、B站等）上同时直播或分享直播录像，扩大观众范围。同时，在直播中与观众互动时，鼓励观众分享、转发和评论，以增加曝光度和传播效果。

（2）与相关行业的合作伙伴合作，进行联合直播或互相推广。通过与其他企业或个人合作，共同吸引彼此的粉丝和观众，实现互利共赢的结果。

（3）在直播过程中，提供独家的优惠、折扣或抽奖活动，以吸引观众参与和购买。通过限时购买、限量产品或抽奖等方式，刺激观众的消费欲望，增加销售业绩。

（4）结合线上线下活动，增强观众的互动和参与感。可以在直播中宣传线下活动，或在线下活动中进行直播报道和互动，将线上和线下的触点结合起来，扩大活动的影响力。

（5）鼓励用户生成内容，如直播评论、照片或视频分享。将优秀的UGC展示在直播间或社交媒体上，以增加观众参与感和推广效果。

通过有效地运用以上策略，可以助力企业实现全域引流和推广，扩大观众基础，提升品牌知名度，并促进销售业绩的增长。

## 三、直播后推广策略

直播后的全域引流和推广可以延续直播的影响力，为下一场直播吸引更多观众并提升品牌知名度。以下是一些策略，可帮助企业实现直播后的全域引流和推广目标：

（1）将直播录像进行剪辑和制作，创建精彩的回放片段或亮点剪辑。通过社交媒体、视频平台、网站等渠道分享直播回放，吸引更多观众观看。

（2）通过社交媒体广告、推广帖子或付费推广等渠道，将直播回放、剪辑视频或直播亮点推广给更广泛的受众。利用社交媒体的广告定向功能，将内容呈现给与目标受众相关的用户群体。

（3）直播回放的SEO优化：对直播回放的标题、描述、关键词等进行优化，以提高搜索引擎的可见性和排名。确保直播回放能够在搜索引擎结果中被更多潜在观众找到。

（4）用户生成内容（UGC）的推广：鼓励观众产生与直播相关的用户生成内容（UGC），如评论、照片、视频等。在社交媒体、官方网站或其他渠道上，分享和推广优秀的UGC，增加观众参与感和推广效果。

通过有效地运用以上策略，企业可以在直播后继续引流和推广，扩大观众基础，提升品牌知名度，并增加潜在客户和销售机会。

【聚焦案例】东方甄选为“山西”谱抒情诗，引发全民跟着董宇辉学表达

“时间好像偏爱山西这片土地，于是在这里留下了许多它走过的痕迹。小巷深处飘香的清冽汾酒，是时间和酒曲的奇妙相遇，家家户户桌上浓郁的陈醋，是时间与高粱的长久封印，为十四省带去良夜和暖冬的乌金，是时间给予土地的馈赠，纵跨各个时期的地上建筑，见证着五千年华夏文明走过的痕迹……”

这是董宇辉为山西写的“小作文”中的文字，连同董宇辉的直播一起，在全网火爆出圈。东方甄选将山西场经典语录和小故事剪辑成短视频，通过社交媒体、视频平台、网站等渠道分享直播回放，引发全民跟着董宇辉学表达的热潮，网友们更自发整理起董宇辉金句，称其为“顶级宣传文案”。

截至2023年5月20日，东方甄选山西专场短视频相关播放量突破3亿次，100多个山西特产几乎全部售罄，全场销售额突破7500万元。

文化力转化为商业力的背后，是在浮躁的网络中受众心中始终保有一块“文化净土”。每一次观看直播并下单，都是一次与历史对话的奇妙体验，一次与华夏文明的心灵共振。

（资料来源：中国财经网）

东方甄选山西专场短视频页面

【任务实施】

小慧在了解了直播前、中、后的全域引流和推广策略后，打算为接下来花 cheers 在抖音上的品牌宣传和鲜花促销直播做一次全过程推广，按照人群分析，花 cheers 的目标人群是 23~37 岁的都市白领，围绕个人生活装扮或者节日庆典活动，或者公司节庆、商务招待的布置需求，请你按照以下模板为她制订策略。

| 阶段 | 平台 | 目标 | 物料 | 内容设计 |
|---|---|---|---|---|
| 直播前 | 抖音 | 吸引抖音用户提前预约锁定直播间 | 宣传引流短视频 | 说明直播的优惠福利，吸引大家关注账号预约直播 |
| …… | | | | |
| 直播中 | | | | |
| …… | | | | |
| 直播后 | | | | |
| …… | | | | |

【应用实操】

小青围绕即将到来的喜迎新年校园超市跨年福袋促销活动进行推广直播，然而直播的宣传活动还没有准备，同时指导老师要求，以后可以将这个活动做成一个固定的社团活动，直播后也要留存作品供社团积累材料，提高知名度，请按照以下模板为她制订策略。

| 阶段 | 平台 | 目标 | 物料 | 内容设计 |
|---|---|---|---|---|
| 直播前 | | | | |
| …… | | | | |
| 直播中 | | | | |
| …… | | | | |
| 直播后 | | | | |
| …… | | | | |

【实操评价】

| 项目 | 要素充分 | 布局合理 |
|---|---|---|
| 评分标准 | 优秀：有宣传主题、有促销信息、有品牌、直播背景符合活动主题、有提示信息<br>良好：有宣传主题、直播背景符合活动主题、有提示信息<br>合格：有宣传主题 | 优秀：商品主体放置在画面的合适位置，货品堆摆放整齐合理，提示信息、福利内容、挂件画面分布得当美观<br>良好：商品主体放置在画面的合适位置，提示信息、福利内容、挂件画面分布得当<br>合格：商品主体放置在画面的合适位置，画面整洁 |
| 自我评价 | □优秀 | □优秀 |
| | □良好 | □良好 |
| | □合格 | □合格 |
| 小组评价 | □优秀 | □优秀 |
| | □良好 | □良好 |
| | □合格 | □合格 |

# 任务三　互动激活转化

【情境导入】

小慧在生活中发现，一般电商直播过程中常见的互动手段有：点赞到一定数量发放限量优惠券；通过截屏来抽奖；上架有限的商品然后倒计时开抢等。小慧认为花cheers的直播就像网络上的一个门店，它需要像线下门店一样，让进来的客户有感兴趣的内容或者获得福利，使之能够停留在直播间，并通过特色活动促使他们长时间停留，最终达成关注、成交。

请深入了解直播间内的互动方式，为花cheers直播选择合适的方案。

【知识解析】

对于企业直播间而言，提升用户在账号的留存时间，增加用户黏性，是提升直播效果的关键。用户黏性指的是用户对品牌或产品的忠诚、信任与良性体验结合起来形成的依赖程度和再消费的期待程度，其核心在于重复性，不断被提起、不断被使用，越高频，用户黏性就越强。优化直播间内的提问、游戏互动等互动的设计，营造轻松愉悦的直播氛围，能够有效提升直播间的用户黏性，进而获得良好效果。

## 一、聊天交流沟通

聊天沟通交流包括直播间提供的聊天功能、投票功能、提问功能，观众可以实时发送消息、提问、留言等与主播进行交流。主播可以逐条回复观众的消息，发起投票引导观众交流，增强互动性和参与感。

其优点有：

（1）增强参与度：观众可以积极参与直播，表达自己的意见、提出问题或与其他观众互动。

（2）解答观众疑问：通过聊天互动，观众可以提出问题，主播可以在直播中回答观众的疑问，提供专业知识或解答问题。这有助于建立信任和专业形象，增加观众对企业或品牌的好感和信赖。促进观众之间的互动和交流，构建社群氛围。

（3）调研和反馈收集：聊天互动可以用于进行观众调研或收集反馈。通过观众的留言、提问或互动，可以收集有关产品、服务、品牌等方面的意见和建议，为企业决策提供重要参考。

其缺点有：

（1）信息过载和难以管理：聊天互动可能导致大量信息的涌入，难以及时处理和回复。当观众人数众多时，主播可能无法回复所有观众的消息，导致部分观众的不满。

（2）质量参差不齐的内容：在聊天互动中，观众可能发送一些质量参差不齐的内容，包括垃圾信息、虚假信息或恶意攻击等，这可能对观众体验和主播形象造成负面影响。

（3）分散注意力：聊天互动可能分散主播和观众的注意力，使得主播难以专注于直播内容的传递。同时，观众过于专注于聊天互动，可能会错过部分直播内容或遗漏重要信息。

【聚焦案例】建德市市长化身主播“云端”答疑，推荐优质岗位

2023年2月15日，由浙江省职业介绍服务指导中心、杭州市就业管理服务中心、建德市人力资源和社会保障局携手智联招聘共同发起的“我在家乡挺好的”建德市城市直播专场活动在新安江水电站旁举办。建德市人民政府副市长才旺多杰化身主播，介绍建德历史、讲解人才政策、推荐优质岗位，累计吸引近20万人次观看，6家企业共收到简历500余份。

“我在家乡挺好的”
建德市城市直播专场活动

从企业HR唱“独角戏”到市长化身主播“在线解答”，从送岗位到送政策、送服务，从企业端坐宣讲到“沉浸式”探厂。评论区这样的共鸣不断，大四学生李旭则直接说“我决定了，回家找工作”，一键投递了简历。

为将助企服务工作做到极致，建德市将继续搭建人性化、多样化、接地气的人才供需服务平台，打造常态化直播带岗模式，让就业服务“触屏可及”，让求职者的问题得到及时回复。

（资料来源：钱江晚报）

## 二、福利优惠活动

福利优惠活动是企业直播过程中最具有吸引力的活动内容，主播可以通过抽奖、发红包、送优惠券等活动吸引观众参与。观众通过互动，如发送指定关键词、留言等，参与抽奖，获得奖品或特殊福利。

其优点有：

（1）增加观众参与度和忠诚度：福利红包互动可以激发观众的参与欲望，吸引他们积极参与直播。观众可以通过参与抢红包等方式获取实际或虚拟的福利，提升他们的参与度和忠诚度。

（2）提升直播的趣味性和娱乐性：福利红包互动可以增加直播的趣味性和娱乐性，为观众带来乐趣。观众可以通过抢红包的过程体验竞争和刺激，增加直播的吸引力和观看体验。

（3）激励分享和传播：通过福利红包互动，观众可以通过分享或邀请好友参与来获得更多的福利。这可以促进观众之间的传播和分享，扩大直播的影响力和触达范围。

（4）吸引新观众和提升品牌知名度：福利红包互动可以吸引新观众的关注和参与，加强品牌的曝光和知名度。观众通过分享或邀请好友参与抢红包，可以拓展观众群体，为企业直播带来更多潜在受众。

（5）促进消费和销售：福利红包互动有助于促进观众的消费行为和销售。观众抢到的红包可能包含优惠券、折扣码等福利，鼓励他们进行购买，增加销售机会和业绩。

其缺点有：

（1）成本和经济压力：福利红包互动可能需要企业承担一定的成本，包括提供福利、奖励和红包的费用。同时，观众参与抢红包可能导致观众产生经济压力和负担。

（2）不可控因素和不公平感：福利红包互动受到一些不可控因素的影响，如网络延迟、抢红包速度等。观众可能会感到不公平或失望，如果抢红包过程中出现问题或无法抢到福利。

（3）可能降低观众对内容的关注：在福利红包互动中，观众的关注可能更多地集中在抢红包本身，而不是直播内容。这可能导致观众对直播内容的关注度下降，影响内容传达和品牌传播效果。

## 三、礼物点赞互动

观众可以通过直播平台的送礼和点赞功能，向主播发送虚拟礼物或者持续点赞。主播在直播中感谢送礼观众，并可以给予一定的回馈或特别关注。

其优点有：

（1）增加观众参与度和忠诚度：礼物赠送互动可以激励观众积极参与直播，通过送礼表达对主播的支持和喜爱。

（2）观众送出虚拟礼物，可以在直播中展示个性，参与游戏或抽奖等互动活动，提升观众的参与度和直播的氛围。

其缺点有：

（1）依赖消费行为：礼物赠送互动可能过度依赖观众的消费行为。观众购买虚拟礼物需要一定的费用支出，这可能限制了一部分观众的参与度和互动机会。

（2）对观众的经济压力：观众可能因为送礼互动而承担经济压力。某些观众可能会感到被迫购买虚拟礼物或参与付费活动，这可能影响他们的观看体验或产生负面情绪。

（3）引发不良竞争：礼物赠送互动可能引发观众之间的虚荣心竞争。观众会期望获得主播的认可和回报，通过送出更多的虚拟礼物来展示自己的支持，这可能导致不必要的消费行为和争相攀比。

【聚焦案例】浙江中石化直播卖车，两小时成交2 520万元!

2020年5月30日，中国石化销售股份有限公司浙江石油分公司（简称浙江中石化）联合浙江交通之声、奔驰厂商，在杭州中升星旗奔驰4S店现场直播销售奔驰全系列汽车，当天成交63单，交易额2 520万元。

现场奔驰厂家直降放优惠，主持人现场砍价，将奔驰全系列车型价格杀到新低，让直播间用户公正、公平、透明地看车、买车。

直播间互动也十分热闹，在主持人热情引导下，观众纷纷点赞留言，直播间的幸运观众获得了车主权益卡、奔驰雨伞、行李箱、华为P40等诸多好礼，让整场活动氛围到达高潮，最终成交63单，交易额2 520万元。

此次活动刚结束，浙江中石化已经收到同级别品牌商的合作邀请。浙江中石化决定将在近期优选合作商再开展几期活动，继续践行“发挥各方优势打造购车最佳体验，着眼顾客美好生活需求提供最优服务”的商业逻辑。

（资料来源：中国石化朝阳e站）

直播间幸运观众抽奖

【任务实施】

本次花Cheers的直播目标是为了吸引新客户，维护老客户，工作室特地准备了丰富的活动花束，帮助直播间吸粉固粉，同时也希望能够用花艺师丰富的花材养护知识和插花经验来吸引观众观看，对品牌有良好印象。

请围绕以上互动策略，谈谈你认为每一项应该如何实施，以及它们的优点与缺点。

【应用实操】

任务1：小青想要保证喜迎新年校园超市跨年福袋促销活动的直播间气氛，将进入直播间的同学们尽可能长时间的留下来，希望你能给他一些直播间互动策略，并说说每一种直播方式的优劣。

任务2：近年来，呈亚健康状态的上班族人群越来越多，某中医理疗门诊想要做一场公益直播，为上班族的保健与食疗做讲解教学，为了提高观看效果，提升直播间留存人数，请你给出直播间的互动组织策略与建议。

**直播间的多维互动**

（资料来源：保利威视频云官网）

【实操评价】

| 项目 | 丰富性 | 可行性 |
|---|---|---|
| 评分标准 | 优秀：互动手段超出 3 种<br>良好：互动手段超出 2 种<br>合格：有互动 | 优秀：互动可落地，并说明如何保障实施<br>良好：互动可落地，实施保障比较明确<br>合格：互动能够落地 |
| 自我评价 | □优秀 | □优秀 |
| | □良好 | □良好 |
| | □合格 | □合格 |
| 小组评价 | □优秀 | □优秀 |
| | □良好 | □良好 |
| | □合格 | □合格 |

## 【项目小结】

打造优质的直播展示、有效推广分发宣传以及活跃互动，这些都是提供出色直播体验和吸引观众参与的关键因素；确保直播的视觉和音频效果达到高品质水平，能够清晰展示直播主题内容；利用社交媒体和网络推广，挖掘更多潜在顾客；提供丰富的互动方式，鼓励观众参与互动。与此同时，持续努力和精益求精也是保持高品质直播的重要前提。

## 【课后任务】

一、单选题

1.以下关于直播画面的说法，不正确的是？（　　）

A.为了让观众更清晰地了解直播内容，应设置专门的PPT区域

B.环节条或进度条能帮助观众更好地理解直播进程

C.在直播画面中要留出专门的分享者区域，但不用让观众清晰地看到分享者的表情和动作

D.当有多个参与者或嘉宾时，可以在其画面下方添加人名条

2.以下关于直播画面的说法，正确的是？（　　）

A.确保直播画面饱和度适度，饱和度越高越好

B.直播色调选择暖色调比冷色调更好

C.在直播过程中，不能再调整直播画面的色彩

D.确保主体与背景之间的色彩对比度适中，以突出主题

3.某地企业想以直播的方式进行招商，关于本次直播背景及道具，以下哪种建议不合适？（　　）

A.直播间以蓝色为主，突出专业感，强调可靠

B.道具可以选用可爱画风的，迎合应届生的喜好，不用过多考虑直播主题

C.要选择具有实用性和互动性的道具

D.避免使用过多复杂或杂乱的道具，以免分散观众的注意力

4.某珠宝品牌计划举办晚宴直播，目的是展示产品，以下建议不值得采纳的是？（　　）

A.直播场景应选择与品牌定价匹配的场地

B.直播场景可以选择目标消费群体喜欢的地方

C.邀请品牌挚友或网络红人出席晚宴

D.直播视角要保持不变，镜头稳定，减少移动

5.某车企计划组织新车发布会的直播秀，以下建议不值得采纳的是？（　　）

A.选择当下最流行的直播间道具，即使与产品不匹配也能吸引观众注意力

B.选择简洁、整洁的背景，并确保其与直播内容相关

C.追求画面的平衡和美感，以吸引观众

D.将新车放置在画面的合适位置，以获得良好的视觉效果

二、简答题

1.假设你在车企工作，最近公司要策划新品发布会，你会选择福利优惠和礼物点赞的互动方式吗？并说明原因。

2.直播后有哪些推广方式？请举出一个具体的企业，并说明它是如何完成直播后的推广的。

3.你认为直播前中后哪个阶段的推广更重要？

4.某国潮奶茶店计划举办一次主推当季新品的直播，你会为这次直播准备哪些道具呢？

5.某线上课程企业计划年会直播，对于直播背景和道具，你都有哪些建议？

6.某地方企业计划举办直播招聘，前期有哪些推广途径和方法呢？

# 项目六
# 做好直播带货

【职场场景训练】

党的二十大报告首次明确提出“加快建设农业强国”，提出要“坚持农业农村优先发展，坚持城乡融合发展，畅通城乡要素流动”。响应国家号召，G市“一路有你”直播团队正与A市某镇进行合作，致力于挖掘乡村文化特色，以直播助力乡村文化振兴，争取实现双赢。

据了解，该镇有特色农产品贝贝南瓜、凤梨、火龙果、番薯等，预计开发特色旅游项目如一体化亲子农场、特色民宿和海边高端度假村等。

高职毕业生小佳因在校期间丰富的直播经验被“一路有你”直播团招聘，他将跟团队一起完成农产品直播项目。为了做好农产品直播带货，团队需要具备选品组货能力、直播全程策划能力、单品脚本写作能力、宣传物料的准备能力，直播执行能力及直播后的复盘能力。

【项目学习目标】

通过本项目的学习，应达到的具体目标如下：

1.知识目标

（1）了解选品方法。

（2）理解直播前期策划。

（3）了解直播全场流程。

（4）了解直播单品脚本及互动话术。

（5）认识直播间物料道具。

（6）了解直播执行及突发状况。

（7）了解数据复盘。

2.技能目标

（1）掌握选品技巧。

（2）做好前期策划。

（3）能够设计全场脚本。

（4）能撰写单品脚本，设计互动话术。

（5）能准备直播间物料道具。

（6）能执行一场直播，并应对直播间突发状况。

（7）学会直播后数据复盘。

3.素质目标

（1）具备较强的商品敏感度。

（2）具备策划能力和脚本创意能力。

（3）具备良好的商品讲解吸引力和感染力。

（4）具备良好的心态和互联网思维能力。

（5）具备较强的复盘总结能力。

## 【技能提升图谱】

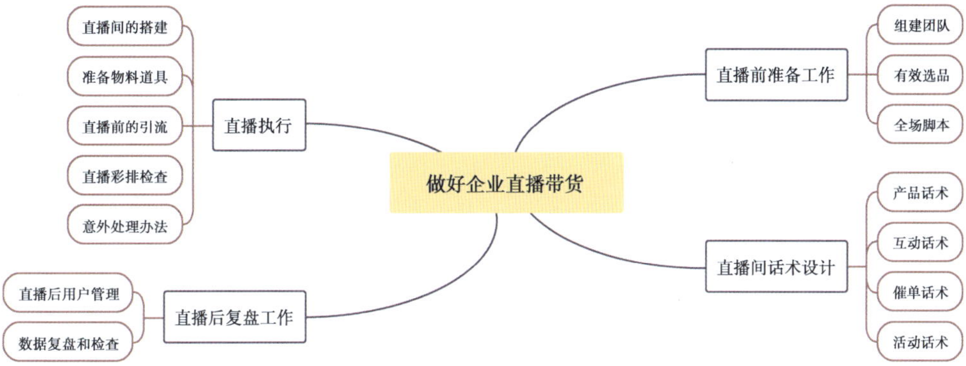


## 【学习成果展示】

详细成果请扫对应二维码。

选品分析　　全场脚本　　单品脚本

直播海报　　直播间搭建　　直播彩排计划　　直播复盘报告

# 任务一　直播前准备工作

【情境导入】

入职后小佳积极投身团队工作，国庆将至，团队迎来第一个挑战，策划一场以“庆国庆，喜生活”为主题的带货直播，直播团队需要落实团队分工、选品、直播时间、目标和主题，撰写直播全场脚本，从而完成直播前的准备工作。

【知识解析】

## 一、组建团队

一场成功的营销直播需要先建立一个完善的直播团队；根据直播形式和负责的程度合理分配人才，企业的直播团队由三到若干人组成，三人团队包括运营、主播和场控，人数充足的团队还可以有副播、中控、助理和水军等。团队人员的工作内容见下表。

直播团队成员工作内容及安排

| 职位 | 工作内容 | 详细安排（示范） |
| --- | --- | --- |
| 运营 | 直播前具体策划 | 策划直播玩法，营销策略<br>确定整场直播目标<br>选品和排品 |
| | 安排团队工作 | 团队分工，确保团队工作有序进行 |
| | 推广 | 全面把控直播中的推广情况，根据实际情况调整策略 |
| | 直播后复盘 | 安排助理整理直播数据，分析数据<br>带团队复盘直播，找问题并提供解决方案 |
| | 熟悉产品库存情况 | 对接库存，及时了解情况并做出调整<br>安排补仓或清仓 |
| | 管理团队工作 | 管理直播团队<br>关注团队成员情绪尤其是主播的状态并及时调整 |
| 主播 | 直播话术脚本 | 配合运营的思路，完成产品单品脚本的设计 |
| | 演练直播 | 和中控、主播配合好 |
| | 承接直播流量，促成转化 | 把握直播节奏<br>促成直播间交易 |

续表

| 职位 | 工作内容 | 详细安排（示范） |
| --- | --- | --- |
| 主播 | 复盘自我提升 | 整理个人话术<br>确定个人风格和人设<br>完善个人肢体语言<br>及时更新个人的知识库，包括行业知识、产品知识和段子<br>学习头部主播和直播间，有自我提升的意识和行动 |
| | 视频拍摄 | 拍摄短视频用于直播预热或后期宣传 |
| 助播<br>场控 | 回答主播提问 | 配合主播讲解，及时回答主播的提问 |
| | 协助 / 代替主播讲解 | 给产品做细节补充<br>代替主播讲解，给主播缓冲和休息的时间 |
| | 维护主播形象 | 时刻维护主播形象，给主播制造台阶 |
| | 肯定主播 | 与主播一唱一和，肯定主播的讲解 |
| | 举 KT 板 | 配合主播话术展示营销线索 |
| | 营造直播间氛围 | 营造抢购的紧张氛围 |
| | 准备道具 | 提前准备主播直播时需要用到的道具或实验材料 |
| 助理<br>中控 | 跟进换款 | 紧盯直播间流量情况，提醒主播换款 |
| | 直播前设置 | 完成直播前的直播平台产品上架、优惠券设置、活动设置 |
| | 弹窗 | 设置弹窗 |
| | 放音乐 | 平时搜集好适合的音乐，根据直播间需要放背景音，如抢购时播放营造紧张气氛的音乐等 |
| | 发弹幕 | 在主播讲解时充当水军发弹幕，让用户进直播间后感受到产品热卖的氛围，增加直播间互动指数 |
| | 管理粉丝 | 引导积极评论，点赞粉丝，与粉丝互动，控制黑粉发言，必要时拉黑 |
| | 回复公屏问题 | 协助主播回复用户问题，作进一步详细解释 |
| | 整理用户问题 | 整理用户提问或质疑，协助团队优化单品话术 |
| | 视频制作 | 对直播视频进行剪辑和制作，负责前期推广和后期二次引流<br>拍摄宣传短视频，发布到各平台引流 |

直播团队内的岗位并不是固定不变的，会按照实际情况流动，比如运营兼场控、助理兼助播、助播转岗主播、运营转岗主播等。结合营销带货直播场景，重点解析带货主播和嘉宾的岗位要求。

### （一）带货主播

在带货直播场景中，带货主播扮演着关键的角色。一个成功的带货主播不仅仅是一个推销产品的形象，更是一个能够与观众建立情感连接和信任的代表。带货主播需要建立一个独特的个人品牌形象，使自己在观众心目中具有辨识度和价值。通过塑造独特的形象和风格，带货主播能够吸引更多观众的关注和忠诚度。同时，带货主播需要通过真诚、专业和有趣的表现赢得观众的信任和亲近感。通过与观众建立情感连接，带货主播能够增加购买意愿，并提高产品的销售转化率。

带货主播要如何打造合适的人设，可参考以下五步。

第一步，完成人设“五问”。达人直播的主播们本身也是网红，有一定粉丝基础，但一般自己没有品牌，主要靠跟品牌方合作来卖货，这是直播电商最开始的一种形态。达人主播里也有分类，一部分是大狼狗夫妇这样的素人达人，还有一部分是刘涛、李湘、林依轮这样的明星达人。与达人直播不同，企业直播间的主播基本上都是素人，通过集中培训后上岗开播，因此品牌主播更像是一个销售员或企业文化宣传大使的角色，用户通常是冲着品牌和产品来直播间的，而不是主播本人。不同类型的主播可以这样思考人设。

人设设计

| 人设五问 | 达人主播示例 | 企业主播示例 |
| --- | --- | --- |
| 我是谁？ | “我是沉浸服装行业8年的布料专家” | “×× 品牌福利官” |
| 面对的是谁？ | “面对需要平价通勤装的姐妹们” | “面对品牌粉丝” |
| 提供的产品是什么？ | “提供百搭、质感好又平价的通勤装” | “提供粉丝专属福利” |
| 为用户解决什么问题？ | “解决初入职场不会穿搭的难题” | “为粉丝争取折扣优惠” |
| 为用户带来什么好处？ | “轻松变成时尚靓丽的都市丽人” | “让粉丝省钱、开心” |

第二步，取一个有趣的名字。一个有趣的名字能让进入直播间的用户马上记住你，简单、风趣，或带有地域等标签的名字比较有记忆点。

第三步，贴一个标签。这个标签可以是自己的闪光点或者特点，总之要让用户尽快记住你，比如董洁开直播前，在小红书持续发布【董生活系列】推文，懂生活、懂需求、懂产品，做自己生活的主理人，就是她给自己贴的标签。这个标签吸引了大量追求品质生活的女性群体，这群女性与董洁一样，偏好优雅、随性、舒适、轻奢的选品，是直播间的目标用户。

第四步，包装一个背景。一个二胎妈妈或母婴专家推荐的母婴产品，一定会比一个刚毕业的主播推荐产品更合适。因此对于达人主播来说，专业度或从业背景是被用户认可的关键。而对于品牌自有的主播，则可以塑造成品牌内有趣的人设，比如酒仙网拉飞哥的“霸总”人设，擅长给粉丝谋福利，有助于拉近品牌和用户的距离，有助企业获得高销售额。

第五步，一体化包装。主播的IP并不局限于直播间，社群、微博、抖音、快手等都可以进行宣传造势，打造一个更加立体、丰富的主播形象。

拉飞哥

### （二）嘉宾

企业直播通常有2~4个嘉宾，那如何选择嘉宾呢？可遵循以下三个原则。

首先，流量原则，嘉宾能为直播间带来流量。在确定品牌代言人时，企业会选择与自身产品用户画像重合度高的明星或意见领袖作为代言人，因此明星或意见领袖通常能给直播间带去较多的流量。

其次，专业度原则，嘉宾的专业领域与品牌匹配。行业专家和技术领头人能让用户产生足够的信任感，也适合作为直播间的嘉宾。

最后，转化率原则。直播的最终目的都是卖货，达成销售，因此必须考虑嘉宾能否为企业达成销售目的。

【聚焦案例】雅诗兰黛携手明星、美妆博主及资深专家开启冻龄提案会

雅诗兰黛直播嘉宾预告图

2023年3月17日，雅诗兰黛“闪耀春日冻龄提案会”准时开场，本场直播的嘉宾是护肤专业派美妆博主Hedy北北，以及雅诗兰黛资深美妆专家严菲菲；4月7日，嘉宾为运动博主@Yoyo孙佳祺，以及雅诗兰黛资深美妆专家严菲菲；5月13日，嘉宾为演员孙怡。

## 二、有效选品

选品指商家从供应市场中选择合适目标市场需求的商品，商家在把握用户需求的同时，还要从众多供应市场中选出质量、价格和外观最符合目标市场需求的商品。做好选品，直播间的成交率才会高，粉丝黏性才会强。直播团队需要根据店铺的粉丝画像，包括年龄、性别、地区、消费能力和兴趣爱好等，来选定适合直播间的产品，并组成恰当的销售组合。

为制造锚点效应，商品货单价设置应有所区分，有高客单价维持利润，也要有低客单价用于引流，并适当安排福利品，即极低客单价商品，用于引流及增加用户在直播间的停留时间，吸引用户持续观看。所选商品要避免同质化，款式、功能应有所区分。

### （一）产品分析

确定选品前，直播团队需要认真学习行业和产品相关知识，做好产品分析，产品分析包括市场分析、用户分析、竞品分析和需求分析四项。

产品分析的四个维度

### （二）选品逻辑

带货直播常见的选品逻辑如下图所示。以“一路有你”团队要推广的贝贝南瓜为例，团队需要：一看受众群体，分析买贝贝南瓜的消费者有哪些具体标签，如宝妈、精致白领等；二看使用频次，明确贝贝南瓜一个约200克，一个用户一天能消耗多少克南瓜，进而计算出一周或一个月能消耗多少，其中用户又可以细分为成人、孕妇、儿童和婴幼儿。

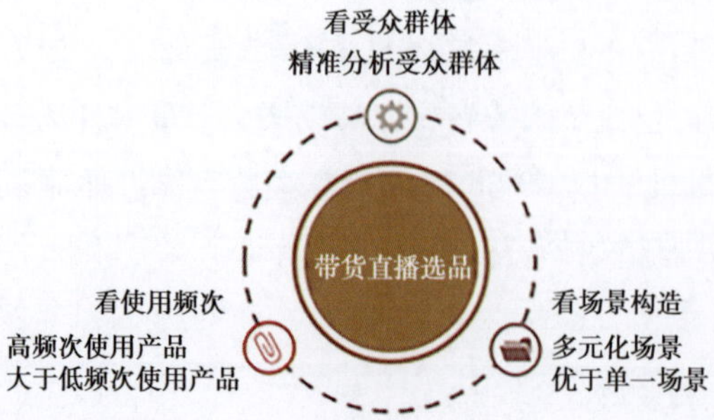


选品逻辑

## （三）选品技巧

第一，以词选品。如果在淘宝平台直播，可通过直通车、生意参谋找到飙升词和新词，再到市场搜索分析检验数据，找出竞争力度小且持续攀升的词，通过词去选产品。每周统计企业所在类目的飙升词，做关键词词表，能有效发现关键词的涨跌。

第二，以人选品。深度挖掘目标群众的需求，善于找好细分市场，调查竞品对这类细分市场的需求满足情况，针对细分市场里未被满足的需求选品。

第三，时令选品。根据季节的变化去选品，提前布局，比如夏天准备卖的空调薄毯，可以在4月份开始测品，然后推广，这样到7月份才更具竞争力。此外，还可以利用节假日选品，如今消费者喜欢过节，妇女节、儿童节、中秋节、元旦、春节、元宵节等，都能挖掘出节日需求的产品。除法定节假日以外，企业还可以自创节日，比如周年庆、开学季等。

第四，热度选品。消费者有求新、从众的消费心理，因此作为选品负责人，还要关注时下比较火的电视剧、电影、动漫和明星等，如有“同款”或类似款式也可以“蹭”一波热度。

总之，选品是电商运营的一个很重要的环节，选对产品就有一半的成功可能性。除技巧外，还要理解影响消费者购买的关键因素。

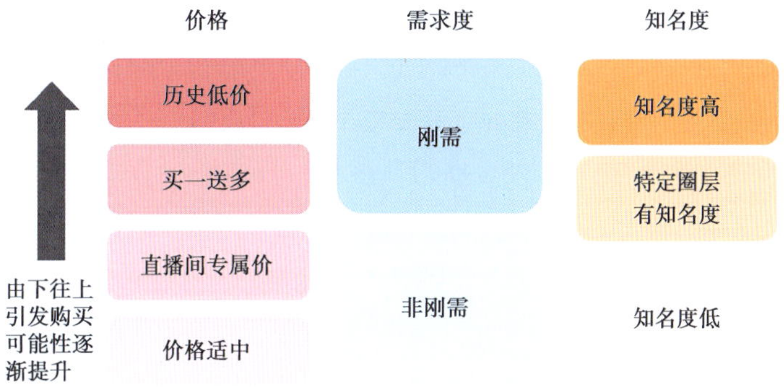


影响消费者购买的关键因素

## （四）排品策略

在排品顺序上，护肤品可根据护肤顺序排品，家具类可根据摆放空间布局，而服饰类可根据穿戴位置排品。为了优化转化率，还会将商品定位为引流款、福利款、利润款、主推款、炮灰款、特色款和测新款。

引流款应具备普适性，即大多数人都认识，且能接受，但基于信息差或者自身供应链优势，能实现较低的采购成本，引流款和主利润品有关联是最好的，其特征为低成本、高点击和高转化率。比如当地盛产的农产品，超市低价鸡蛋和9.99元的马克杯。

马克杯

福利款是主播用来过渡引流款到主推款的，利润薄、价格适中，跟主推款属于同一品类。比如1号链接是5块钱一个的菠萝，3号链接是主推的20元/斤的有机贝贝南瓜，中间为了不让价格跨度太大，便加入一个13元/斤的贝贝南瓜。这里要注意，福利款主要是起到了承上启下的作用，因此要注意设置好它的价格，价格跨度过大或过小都不利于转款。

利润款是潜在爆款，按照行业标准，一般利润不低于30%。主推款也是准爆款，通常直播要花费最多的时间去讲解，将产品的痛点、卖点、细节和使用场景剖析清楚，最大程度地引起用户的兴趣。为了突出主推款，可以加入炮灰款专门来与主推款作对比，用价格、外观或者质量等的差距来刺激用户下单主推款。

【聚焦案例】安踏灵活调配商品，平台GMV突破4 000万元

2021年双十一结束，安踏传来直播带货战报，仅在单一直播平台上的GMV就已经突破了4000万元。目前，安踏一场自播销量基本能稳定在15万~25万元，遇上大促则能达到70万~80万元。直播团队日均直播时长能达到15~18小时，并且几乎能做到每天开播。

安踏不仅擅长在直播间推出线下爆品，还在直播间不断调配样品，测试直播观众对于不同风格商品的喜爱程度。经过多次尝试，最终安踏将持续打造爆款定为安踏体育在货品端的核心运营理念。

直播过程中，安踏还会根据直播间情况，灵活调配引流款、畅销款、福利款等多种类型产品。“我们之前就在公司内部申请了一批球星汤姆森的限量版盲盒，以每件39元的超低价格，将其作为提升直播人气的引流产品。同时，我们还结合直播间秒杀、优惠券、幸运星等营销工具，延长用户观看直播时长，提升直播间互动率。”安踏直播平台负责人表示。

在直播高人气时段，安踏体育直播间还会上架高口碑应季款、网红款等畅销款式，由爆款承接流量，实现快速出单，拉高品牌销售额。而在直播间互动氛围好时，

安踏体育则会上架利润款产品，留出破价空间“宠粉”，用于提高下单率，保障利润。基于货品灵活调配的综合打法，安踏体育在短时间内扩大了品牌声量的同时，还收获了高下单率和高复购率。2021年9月，安踏体育最高单场GMV突破70万元。

此外，选品还可以加入特色款和测新款。特色款如小众喜好或配色的产品，用来吸引眼球，满足小众消费者的喜好。测新款可以帮助企业了解新产品的市场接受度，为之后选主推款做铺垫。在直播中，有经验的运营团队也会根据后台实时数据和反馈及时调整直播间货品和优化后续上架货品的顺次。

## 三、全场脚本

在完成直播全场的策划前，直播团队需要确定直播主题、目标和直播时间。

### （一）直播主题

好的直播主题能帮助我们更好地刺激用户的消费需求，促进直播间产品转化，以下分享四个直播间选题技巧。

1.折扣主题

对于大部分用户而言，直播通常都和折扣联系紧密，因此在设计直播主题时，可以突出折扣福利力度，如“大牌福利，应季好物”，宣传时突出折扣力度“低至三折”，突出福利“1元秒杀”。这类主题适用于平日折扣力度不大的产品，价格的反差感更能激起用户下单的欲望。

2.上新主题

产品的上新利用用户的新鲜感和好奇心，我们可以通过设定上新主题，吸引用户到直播间了解新产品的细节展示和使用感受，尤其适合服装类、电子产品类直播间。但由于新产品伴随着陌生感，因此在直播前要做好预热内容来引流。

3.清仓主题

清仓甩卖是增加直播间点击率的重要技巧，这类主题特别适用于日常的消耗品和季节性产品，如服装可策划“反季促销专场”。清仓就意味着低价，能刺激用户消费欲望。

4.节日主题

节日时用户的消费欲望会上升，这类主题要突出节日属性，挖掘用户需求，比如中秋节的“金秋好礼”主题，春节可设置“年货大派送”，同时可以结合“店庆”“会员日”或“宠粉日”等自设的节日来制定主题，比如逐本的“逐蜜清欢节”和卡萨帝的“健康嗨购节”。

逐蜜清欢节

健康嗨购节

### （二）直播目标

直播目标的制订方法根据直播团队的管理特色和商家需求会有所区别。泛化的目标可以是通过直播增加粉丝量、扩大品牌影响力和知名度或提高产品销量及打造爆款，而细化的直播目标可分为内容目标、粉丝目标和转化目标。

其中，内容目标可以根据停留在直播间时长多于一分钟的观看人数和浏览直播间的总人数等来制订，而粉丝目标可以根据新增粉丝数和粉丝观看总时长来定制，转化目标则可以关注商品点击PV和商品销售量。

### （三）直播时间

一般企业都会选择在人群高峰时段开播，开播时长从90分钟到240分钟不等。可以根据主营业务选择时间段，比如：主营服饰箱包、鞋履、家居产品的商家，一般在8:00-10:00、19:00-24:00这两大高流量时间段开播；主营食品生鲜、美妆个护、珠宝、鲜花、茶酒类的商家，一般选20:00-24:00这个时间段开播；而亲子生活和跨境的商家，则在8:00-12:00开播。总的来说，晚上19:00-24:00是带货直播的黄金时段，用户活跃度最高。

但同时直播的直播间也多，竞争就大。中小企业可以尝试在大部分企业和达人没有开播的工作日和周末空闲、竞争热度低的时间段开播，即使开播时间并不能解决流量问题，但错峰竞争还是能让直播间抢到先发展的优势。

### （四）撰写脚本

规划好全场脚本才能让一场直播真正落地，全场脚本包括开播时间和时长、主题、人员分工、排品策略和全场流程，模板可参考下表。

全场脚本参考模板

| | | |
|---|---|---|
| 时间 | 90分钟 | |
| 地点 | | |
| 主题 | | |
| 人员分工 | 运营：　场控：　客服：　主播：　助播： | |
| 排品策略 | 推品逻辑：<br>引流款：　福利款：　主推款：　秒杀款：　测新款： | |
| 直播流程 | | |
| 提纲 | 时长（参考） | 内容详情 |
| 预热 | 5分钟 | 打招呼、产地介绍、优惠速报、嘉宾简介 |
| 留客 | 10分钟重复一次 | 告知直播间利益点、福利活动引导关注点赞、互动 |
| 产品介绍 | 15分钟 | 主推款、引流款 |
| 互动活动 | 5分钟 | 视情况选择：秒杀、抽奖、抢红包等 |
| 产品介绍 | 15分钟 | 福利款、引流款 |
| 互动活动 | 5分钟 | 视情况选择：秒杀、抽奖、抢红包等 |
| 嘉宾互动 | 20分钟 | 嘉宾访谈、互动活动 |
| 互动活动 | 5分钟 | 视情况选择：秒杀、抽奖、抢红包等 |
| 下次预告 | 5分钟 | ①热情告别粉丝<br>②预告下次直播 |

## 【任务实施】

小佳与团队成员决定按直播前的准备工作流程，分步实施准备。

第一步，明确直播分工，详细参考全场脚本。

第二步，确定选品。根据市场调查结果，选择了咸鸭蛋、贝贝南瓜、番薯、红心木瓜、金钻凤梨作为本场直播的主要产品，其中咸鸭蛋为引流款，红心木瓜为福利款，金钻凤梨为主推款。

第三步，确定主题、目标和直播时间。团队将本次直播的主题定为“庆国庆，喜生活”，主推上新的金钻凤梨，目标是扩大品牌影响力，将刚上市的金钻凤梨推向市场，直播时间定在周六19:30—21:00，共90分钟。

第四步，明确各环节设计，设计全场脚本见下表。

**“甜美金秋，金钻首发福利多”全场脚本规划**

| | | |
|---|---|---|
| 时间 | 19:30-21:00（周六） | |
| 地点 | 企业直播间 | |
| 主题 | 庆国庆，喜生活 | |
| 人员分工 | 总协调：运营小高　场控：小陈　售后客服：助理微微　直播间客服：助理丽丽<br>主播：小青　助播：菲菲 | |
| 排品策略 | 咸鸭蛋（引流款）、番薯、红心木瓜（福利款）、金钻凤梨（主推款） | |
| **直播流程** | | |
| 提纲 | 时长（参考） | 内容详情 |
| 预热 | 5分钟 | 打招呼、产地介绍、优惠速报<br>①聊天拉近用户距离<br>②生动介绍本场直播亮点、优惠、产品卖点，吸引眼球 |
| 留客 | 10分钟重复一次 | 激情告知直播间利益点、福利活动引导关注点赞、互动<br>①与新进入直播间的用户积极互动<br>②关注进入直播间的老用户，打好招呼 |
| 产品介绍 | 20分钟 | 介绍咸鸭蛋、番薯、红心木瓜、金钻凤梨<br>①主推款金钻凤梨讲解8分钟<br>②在人气峰值先推引流款聚集人气 |
| 产品介绍 | 20分钟 | 介绍咸鸭蛋、番薯、红心木瓜、金钻凤梨<br>①主推款金钻凤梨讲解8分钟<br>②在人气峰值先推引流款聚集人气 |
| 秒杀 | 5分钟 | 红心木瓜秒杀活动 |
| 互动活动 | 15分钟 | ①直播间抽奖互动<br>②游戏互动 |
| 产品介绍 | 20分钟 | 介绍咸鸭蛋、番薯、红心木瓜、金钻凤梨<br>①主推款金钻凤梨讲解8分钟<br>②在人气峰值先推引流款聚集人气 |
| 预告 | 5分钟 | ①热情告别粉丝<br>②预告下次直播 |

## 【应用实操】

任务1：薇薇的直播团队目前有3名成员，应邀为广东省增城迟菜心做一场直播，时间定在周末，想以品质生活，教你不一样的“迟”滋味为主题，请你通过网络调研，帮她再挑选四种增城特产，并完成排品策略，同时设计120分钟的全程脚本。

任务2：小慧的花cheers直播间目前有4名成员，为即将到来的母亲节，准备了丰富的感恩花束与花篮，打算做母亲节的主题促销直播，同时推广品牌知名度，请你为小慧团队设计120分钟的直播全程脚本。

## 【实操评价】

学生以团队为单位，合力为直播间设计全场脚本。全场脚本包括开播时间和时长、主题、人员分工、排品策略和全场流程，模板可参考前面表格，上传表格并进行自我评价和小组互评，优秀项 5 项及以上为整体优秀，4 项及以上为整体良好，3 项及以上为整体合格。

| 项目 | 评分标准 | 自我评价 | 小组互评 |
|---|---|---|---|
| 时间和地点 | 优秀：完成要求时间的脚本设计，地点明确且合理<br>良好：完成要求时间的脚本设计，地点合理<br>合格：完成要求时间三分之二以上时长的脚本设计，地点合理 | □优秀<br>□良好<br>□合格 | □优秀<br>□良好<br>□合格 |
| 主题 | 优秀：主题字数符合平台要求，内容明确且有吸引力<br>良好：主题字数符合平台要求，内容明确<br>合格：主题字数符合平台要求，内容有体现直播重点要素 | □优秀<br>□良好<br>□合格 | □优秀<br>□良好<br>□合格 |
| 人员分工 | 优秀：明确直播间成员的个人职责，并做出合理安排<br>良好：明确直播间成员的个人职责，安排基本合理<br>合格：明确直播间成员的个人职责 | □优秀<br>□良好<br>□合格 | □优秀<br>□良好<br>□合格 |
| 排品策略 | 优秀：推品逻辑清晰，明确引流款、福利款、主推款等产品，且安排合理<br>良好：推品逻辑合理，明确引流款、福利款、主推款等产品，且安排基本合理<br>合格：有推品，明确引流款、福利款、主推款等产品，且安排基本合理 | □优秀<br>□良好<br>□合格 | □优秀<br>□良好<br>□合格 |
| 流程提纲和具体时长 | 优秀：提纲和时长设计清晰合理<br>良好：提纲和时长设计基本合理<br>合格：有设计提纲和时长 | □优秀<br>□良好<br>□合格 | □优秀<br>□良好<br>□合格 |
| 流程内容详情 | 优秀：内容详情表述清晰，与提纲和时长完全匹配，与直播主题与目标相吻合<br>良好：内容详情表述合理，与提纲和时长基本匹配，与直播主题与目标相吻合<br>合格：能完成内容详情的表述，内容设计不违背直播主题与目标 | □优秀<br>□良好<br>□合格 | □优秀<br>□良好<br>□合格 |

# 任务二　直播间话术设计

【情境导入】

本次中秋直播小佳团队销售的主要产品包括有机贝贝南瓜、荔枝、菠萝等，产品新鲜且定价合适，现在的问题就是如何设计直播话术，将手上的好产品卖出去。接下来，我们来探讨如何写好并讲好产品话术、互动话术、催单话术和活动话术。

【知识解析】

## 一、产品话术

产品话术就是直接明了地告诉用户为什么要买这款商品，通常包括五个维度，如下图所示。

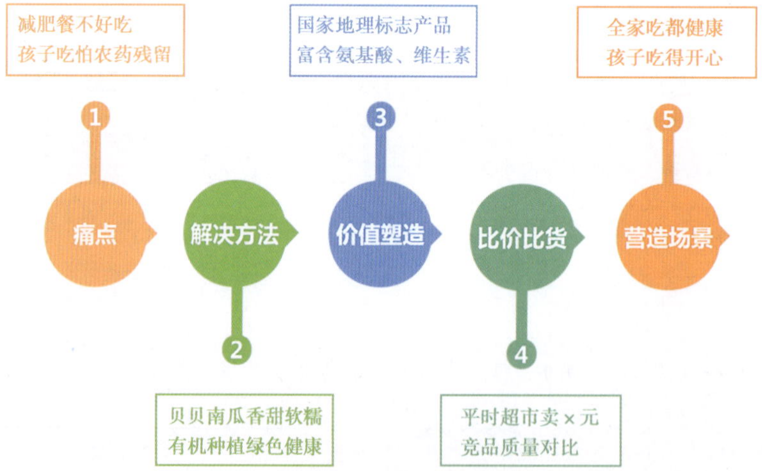


产品话术的五个维度

### （一）解决痛点

以产品能解决用户痛点的功能性切入话题。比如销售有机贝贝南瓜的时候可以这样询问用户："平时大家给孩子吃的南瓜，是不是总买到不够粉糯的，又担心有农药呀？"然后再自然讲出有机贝贝南瓜绿色健康，适合给老人孩子吃。

### （二）价值塑造

在价值塑造部分，通过讲清楚产品卖点，让用户全面了解产品，从而勾起用户的购买欲望。

1.明确优缺点

主播在展示产品前，要明确产品的优缺点，任何产品都有缺点，在介绍时要巧妙地回避其缺点，或使用一些技巧来介绍其缺点，这要求主播在直播前必须对产品有足够的了解，才能在直播中更好地刺激消费者购买。比如农产品的优缺点由产地、种植条件、营养口味、性价比、运输成本和保质期等决定。如果主播想在直播中推销有机贝贝南瓜，那么“产地直发”“营养有机”等就是产品特有的优点，而“低脂健康”“口感软糯”等是贝贝南瓜这种品种的优点。此外，“价格较高”“品相参差”等就是贝贝南瓜这种品种的缺点。

为了更好地了解产品的优缺点，主播可以通过向厂商询问、查询资料、试用试吃等多方式多角度去了解产品优缺点。同时，还应辨别哪些缺点是由于产品本身不足导致的，而哪些缺点是这一类产品所固有的。

2.弥补缺点

在明确产品优缺点的基础上，主播还要掌握弥补产品缺点的方法。例如，桑葚比较难清洗，主播就要了解清洗它的一些小技巧，直播中分享给用户。如果主播对产品缺点避而不谈，容易引起消费者的抱怨，会令主播失去信用。简单讲明缺点，再详细讲解优点，有助于达到较好的推销效果。

3.专业可靠

在讲述产品时要充分体现专业性，比如国产日化护肤品牌可贝尔的直播间会这样介绍眼膜：“你要知道当你的胶原蛋白大量流失会造成什么？造成上眼窝凹进去，上眼皮松弛下垂形成倒三角眼，脂肪型眼袋，眼下膨出去像鼓起一个肿包，眼角皮肤松弛下垂（放大问题，引起恐慌）。当这些严重的问题出现时，我们想要改善它，就要说到我们家眼膜中这个被称为黑钻石的×××成分，能够针对性地改善……，第二个叫作×××精华，它是专业的紧致成分，主打的效果就是……。”

以上产品话术与眼膜详情页展示的内容对应，主播要学会从商品页“扒”卖点，主图上有的产品特点一定是最重要的，其次是标题，再看详情页进一步提炼。卖点在精不在多，重要的卖点纵深挖，讲深讲透。

又比如李佳琦在介绍美妆的时候善于用大家都听得懂的话来讲解成分，像是“××成分能够从根源把黑色素的妈妈解决掉，就不会有宝宝了，你的皮肤就不容易出现黑色素斑点……，××成分可以帮助亮泽肌肤，让你松弛的皮肤穿上塑身衣，把你的皮肤定在那里，不容易让皮肤松垮下来。”

主播专业的成分介绍再配合其他打法，让话术瞬间具备吸引用户下单的“魔力”。还可以通过对比实验来佐证讲解的专业度，比如蕉下直播间就通过隔着帽子喷雾，来让用户直观感受到遮阳帽的透气性，为商品卖点提供有力佐证。

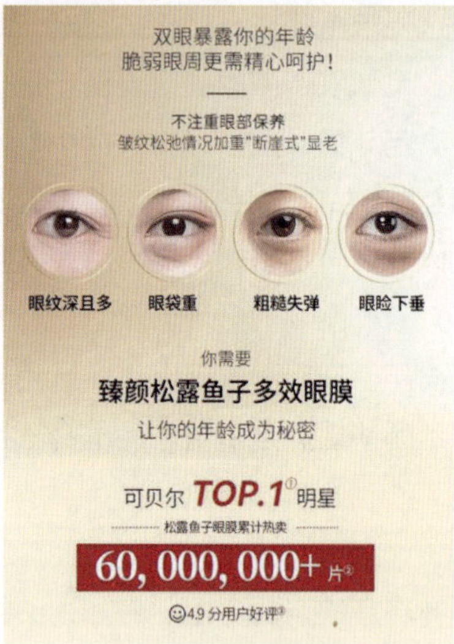

可贝尔眼膜卖点

蕉下遮阳帽卖点展示

4.抓住需求

主播在展示产品时，必须抓住用户的需求，重点介绍用户想要了解的内容。以农产品为例，主播在介绍产品时可以重点介绍以下5个方面，如下图所示。

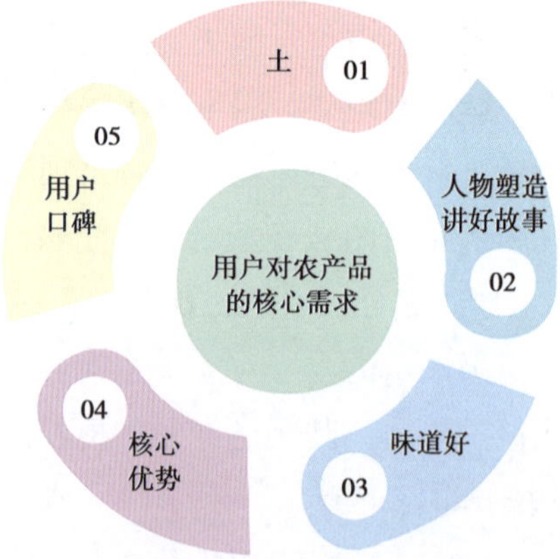

用户对农产品的核心需求

“土”是农产品最主要的特色，也是最重要的卖点。农产品讲究源头和地域文化，多数为原产地土生土长，用户追求安全健康，因此可以重点介绍产品生长的水土和环境。

“塑造人物和讲好故事”讲好农产品的故事是打造产品文化、提升产品核心价值和竞争力的有效手段。直播间除了主播，还可以有农民、返乡创业的大学生、村支部书记等。同时，公益、爱心义卖、扶贫概念也可以成为直播带货很好的卖点。此外，民以食为天，主播若能讲好与农产品的故事，也能成功吸引用户下单。比如在卖玉米的时候，董宇辉讲述带着玉米清香的童年回忆："那时候我年轻，时常躺在院子里，听爸妈乘着夜风聊一天的收获……妈妈从地里摘的玉米放锅里煮，冒出一股非常诱人的清香。"

"味道好"，食用性是农产品最基本的属性，再好的故事都比不上味道好吃。主播在直播间试吃并详细描述产品口感和味道，勾起用户食欲的同时，能很好地促进其购买行为。

"核心优势"，除了以上卖点的挖掘，如果能从独特的种植方式、祖传的采摘技巧或独家的制作工艺等开发核心差异点，就能形成独特的优势。

"用户口碑"，好的用户口碑会让未购买的用户产生信心，差的评价则会直接流失用户，无论主播再怎么夸得天花乱坠，老粉丝的评价都能直接击穿用户心智。

5.信任背书

强调产品达到某标准，申请了专利，获得了某奖项，并强调运费险和退换货保障，提高用户信任力，打消购物顾虑。还可以强调产品销量，人都有从众心理，一款产品如果销量极高，人们潜意识就会认为这款产品很好。

所有的套路都不如真诚有用，直播间的产品最好是主播用过且喜欢的，在直播时可以强调自己对产品的使用感受，或者说"我最近天天用""我给爸妈买了，他们也说好"等。

（三）比价比货

性价比永远是用户所追求的，直播时可以和线下商超比价，超市卖5元，我们直播间卖3元；货比三家也是用户的习惯，因此直播团队要在直播前了解好行业的现状和竞品的情况，当用户提出类似于"怎么××家更便宜"的时候，能详细解释其中区别，用自己的准备说服用户。

（四）营造场景

多场景的频繁暗示，加上视觉生动化的演绎，通过营造不同的生活氛围，达到击穿用户心智的目的。

董洁在直播间里这样形容一件白色衣服："白色就是必须人手一件的颜色，就是那种人间美好的颜色。而且这件没有收腰，我平时穿这个戴个棒球帽也很合适。"伊芙丽的主播这样介绍一款小黑裙："穿上这款小黑裙，在头上扎一个蝴蝶结，就是在逃公主的感觉，穿着去野餐也合适，坐在花下面拍照超有千金小姐的感觉。"太平鸟直播间这样介绍一款绿色工装上衣："穿上这个绿色，你就感觉特别想去爬山，特别想出去玩，去放松放松你的心情。你要是上班压力大，或者你心情会有点不好，你买这种颜色，看上去是真的能舒缓情绪的。"

董洁直播间

伊芙丽直播间

太平鸟直播间

【聚焦案例】李佳琦的带货话术

1.对产品的描述不设限。例如在描述口红的颜色或质感时，常用的词语有“嘴巴像钻石”“招财的颜色”“像小精灵在跳舞”“少女的春天”“彻底地沦陷”“高级到爆炸，好看到飞起”“很新鲜的树莓的颜色”“羽毛一样的绒感”等。

2.善于利用场景化的表达。主播不仅通过与其他人比较搭建场景，也会通过画面感的表达满足人们心中的幻想。例如“王菲色”“涂上你就是紫霞仙子”“时装周的后台使用的颜色”“打麻将涂上它绝对赢钱的颜色”“春天穿风衣你就是高圆圆”等。

3.如密友般的推荐话语。例如“买它”“我的妈呀，好好看啊”“所有女生，相信佳琦”“没发工资也要买这支”。其中包括李佳琦在直播过程中对商品的吐槽，这给观众带来一种亲切的真实感。

可以说，李佳琦的走红和超强的带货能力与其鲜明的个人符号紧密相关。在直播的互动过程中，这些个人符号逐渐通过集体认同成为一种属于集体的共同符号。例如提到“OMG”“买它”等话语就会与李佳琦产生关联。

## 二、互动话术

电商平台在给直播推流的时候，互动是审核标准之一，直播间互动越多，就越容易获得平台给直播间推送的免费流量。而在企业直播间，运用好互动话术能与观众、粉丝形成良好的交流氛围，提升品牌在用户心中的形象，为后续直播带货做好铺垫。

互动话术贯穿直播全程，在直播前需要准备好互动时间段以及各种互动的话术。

**直播间不同时段的互动要点**

| 序号 | 时段 | 互动要点 |
|---|---|---|
| 1 | 直播开场 | 互动热场 |
| 2 | 直播中场 | 此时用户开始疲惫，重新带动气氛 |
| 3 | 直播收尾 | 通过互动吸引用户注意，为下一场预热 |
| 4 | 直播人数激增 | 用福利快速留住用户 |
| 5 | 直播人数较少 | 点对点念出用户名字，尽量满足其需求，让用户感受到被重视，提升直播间互动率 |

都知道互动话术的重要性，在直播前也都设计了，但为什么有些直播间的互动率还是不高呢？以下是两类常见问题。

### （一）设计不当

有些新手主播在设计话术的时候容易戳用户痛点，比如某服装直播间的主播问："有没有友友手臂肉肉比较多的，有的扣1！"这就是要让用户在公屏承认自己的缺点，对用户不够友好。如果改成"有没有友友想遮下手臂的肉肉的？"会好一点。进阶一些，还可以改成"像我们这样的素人，手臂是不可能跟杂志封面上明星的手臂修饰得一样线条直直的，完全没有赘肉是不可能的，有像我一样想稍微遮一下手臂肉肉的友友就扣1！"

总之，在吸引用户互动的过程中，主播要充分体现沟通的艺术，做到将心比心，避免挖苦或调侃用户。

### （二）缺乏新意

频繁地让用户"扣1"或者回复只会消耗掉用户的耐心。互动需要多样性，在一段时间，一种互动话术只用一次，要多准备几种互动话术循环来使用，打造内容丰富、形式多样的直播氛围。互动方式可参考以下三种：选择性互动、发问式互动、刷屏式互动。

1.选择性互动

引导用户做简单的选择题，比如用没用过我们的产品，让直播间活跃起来。

2.发问式互动

引导用户发表看法，让直播间不冷场，或者让直播助理假扮粉丝跟主播互动，这样既能调动主播的状态，也会让刚进直播间的用户感觉到产品较受欢迎，产生想继续看的心理。

3.刷屏式互动

通常用于抽奖的时候，引导大家在直播间统一刷某产品名或品牌名，比如“××大卖”，从中抽取幸运用户送礼品，通过“让利”的方式增加直播间互动量。为了增加互动率，还可以提前准备直播间互动小游戏，但要注意控制游戏时间，不可让游戏喧宾夺主。

直播间互动小游戏

| 序号 | 游戏名称 | 玩法 |
|---|---|---|
| 1 | 猜歌名 | 在直播间播放歌曲或伴奏让直播间用户猜，主播、助播和运营都可以一起参与，粉丝先猜对在公屏打出来的截图送礼物，主播等猜错还可以设置现场惩罚环节，比如唱一首歌或者讲一个笑话，活跃直播间氛围 |
| 2 | 踩地雷 | 可用于主播和用户或与其他主播连麦时使用，如设置3、6、9位地雷数字，参与的人依次念数，涉及地雷数字的要直接跳过，如果念到则要惩罚，粉丝获胜可送出礼物 |
| 3 | 比大小 | 用数字卡牌即可完成，让用户参与抽牌，比牌面大小 |
| 4 | 选信封 | 信封中设置不同的礼物，在抽奖时让用户盲选礼物，增加用户参与感 |
| 5 | 是不是 | 主播描述一款产品/一部电影/一个明星，通过说名词让用户猜，用户提问，主播只能回答“是”或“不是”，五个问题内猜中的用户获得奖励 |

## 三、催单话术

用户在被带货话术吸引后，到下单前存在“犹豫期”，催单的底层逻辑就是通过稀缺、价格、福利等来刺激用户，促使犹豫期的用户立即下单。

### （一）发货催单

用“早付款早发货”“先拍下发现货”“之后拍要等”来催单。

### （二）库存催单

用产品库存少、稀缺来作为催单话术。“担心错过”的优先级高于“这款产品到底有多大用”这种理性思考，饥饿营销屡试不爽，同时后台设置限时折扣来引导用户尽快做出购买决策，比如微赞平台后台设置限时折扣，可设置打折、减价、促销价三种折扣类型，并限制购买数量。

### （三）服务催单

强调售后保障，比如支持七天无理由退货、不满意可退货、全程冷链保鲜等。

【聚焦案例】伊芙丽主播展现“丝滑逼单”技术

伊芙丽主播摒弃了惯用的逼单模板，采用更灵活、简洁的逼单方式：讲一个卖点，接一句库存有限，跟一句价格优惠，再讲一个卖点，紧跟价格优惠，再讲一个卖点……全程说得很稳但节奏又快，将用户的购买欲望直线拉高。

“面料是棉衬衫的材质，褶皱在可接受的范围内，面料很凉爽那种，像这两天下雨它干得很快，流汗也不留汗渍。我们只有非常少的库存，要准备开价了，今天相当于一个夏季清仓的价格，我先教大家怎么加入会员，加入会员有额外的优惠券。980的定价，打完折400多，我们一号链接，喜欢刘诗诗、高圆圆那种天鹅颈的女生来买它，准备开价54321！”

“真的，一个人的美貌是看整体的，不是光看脸或者配饰，一个女生给别人的第一印象的整体感，这条裙子能给你的就是仪态特优越的感觉，在办公室穿它，就显得整个人低调有内涵。到手价格才395，简约优雅大方的感觉一下子就有了。感谢大家的支持，但这个是清仓的，所以目前没有XL码的，只能穿到125斤。这条裙子腰线这边做了两个收腰带，腰背线条修饰得很好。跟我一样喜欢蓝色系的，这件是我自留的，现在总共只有四五十件，如果你能穿这个码，就去拍1号链接。”

（资料来源：伊芙丽直播间）

## 四、活动话术

活动话术的逻辑就是明确告诉用户为什么要做活动，以及参加活动的好处有哪些。每年的大促及其他店铺促销活动前，主播需要熟读活动规则，在直播期间定期向用户介绍活动规则，当直播间用户激增的时候，还要马上切到活动介绍，减少用户流失。

直播间常见的活动有整点秒杀、红包、福袋和各类抽奖等，不同平台均有内置的互动方法，针对微赞、抖音和淘宝直播间，以下总结出平台特色互动话术及运营方法，见下表。

直播间带货互动话术及运营方法

| 平台 | 互动类型 | 互动话术 | 运营方法 |
|---|---|---|---|
| 微赞 | 福袋 | 直播间的亲们刷“大卖”参与福袋活动，福袋有礼品和现金红包等着大家哦 | 直播间内点击管理，选择高级设置，点击评论福袋，创建福袋，根据提示设置福袋内容，完成后点击保存 |
| | 抽奖 | 直播间的亲们关注公众号，我们管理人员会来一波抽奖哦 | 管理人员通过签到、白名单、关注公众号等方式限制参与人群 |
| 抖音 | 福袋 | 直播间的宝宝们喜欢什么奖品呀？把自己想要的打在公屏上，等会我们统计一下给大家发福袋哦 | 直播间下方点击“玩”，找到福袋标志，选择福袋发放方式 |
| | 点赞秒杀 | 宝宝们我们点赞过2000就秒杀1号链接 | 在营销推广中找到秒杀活动，点击创建，选择对应商品并完成相关设置 |

续表

| 平台 | 互动类型 | 互动话术 | 运营方法 |
|---|---|---|---|
| 淘宝 | 红包及优惠券 | 直播间的宝宝们点点关注，关注之后领取粉丝专属红包 / 优惠券 | 在 PC 淘宝直播中控台设置优惠券或红包，并设置“领取条件”为“关注”；此外，后台还可以设置观看十分钟后领取红包，用以增加用户停留时间 |
| | 抽奖 | 朋友们现在是七点五十，八点我们截屏抽奖，奖品超级丰厚，小助手来展示一下，大家倒计时十分钟，八点我们运营小哥哥准时截屏 5 位幸运儿哦 | 运营手机截屏，再实时把用于截屏的手机展现在直播镜头前 |

## 【任务实施】

第一步：撰写各个产品，包括“有机贝贝南瓜、荔枝、菠萝”的产品话术。

第二步：根据直播前准备工作的全场脚本设计，设计直播间互动话术。

第三步：根据直播前准备工作的全场脚本设计，设计催单话术。

第四步：根据直播前准备工作的全场脚本设计，完善活动话术。

第五步：根据直播前准备工作的全场脚本设计，在课堂上展示直播间的产品介绍、互动引导、催单场景。

## 【应用实操】

任务1：本场直播的产品为香梨、哈密瓜、小番茄、橙子和葡萄，请确定本场直播的引流款和主推款，并为这两款水果设计产品话术。

任务2：请从面膜和茶叶中选取一件商品，为商品设计产品介绍环节的完整话术，包括产品介绍、互动、催单和直播活动介绍。

## 【实操评价】

学生以个人为单位，独立为商品设计产品介绍环节的完整话术，包括产品介绍、互动、催单和直播活动介绍，上传文本并进行自我评价和小组评价，优秀项 3 项及以上为整体优秀，2 项及以上为整体良好，1 项及以上为整体合格。

| 项目 | 直播内容分析 | 直播画面分析 | 直播互动分析 | 转化变现分析 |
|---|---|---|---|---|
| 评分标准 | 优秀：3 分钟以上，卖点到位，场景描述吸引人<br>良好：2 分钟以上，卖点合适，有场景描述<br>合格：1 分钟以上，有卖点 | 优秀：有效催单，催单话术丰富，有 3 套以上<br>良好：有效催单，催单话术有 1 种以上<br>合格：有催单话术 | 优秀：有效互动，互动形式有 3 种以上<br>良好：有效互动，互动形式有 1 种以上<br>合格：有互动 | 优秀：活动讲述清晰<br>良好：活动讲述相对清晰<br>合格：有介绍活动 |

续表

| 项目 | 直播内容分析 | 直播画面分析 | 直播互动分析 | 转化变现分析 |
|---|---|---|---|---|
| 自我评价 | □优秀 | □优秀 | □优秀 | □优秀 |
| | □良好 | □良好 | □良好 | □良好 |
| | □合格 | □合格 | □合格 | □合格 |
| 小组评价 | □优秀 | □优秀 | □优秀 | □优秀 |
| | □良好 | □良好 | □良好 | □良好 |
| | □合格 | □合格 | □合格 | □合格 |

# 任务三　直播执行

【情境导入】

话术设计好后，小佳团队对国庆的直播更有信心了。接下来他们要探索直播执行方式，包括如何搭建直播间、准备物料道具、做好直播引流、完成彩排检查，并对过程中的意外事故做好预防和处理措施。

【知识解析】

## 一、直播间搭建

常见的直播地点是企业室内直播间，室内直播间可以随时根据不同的主题和品类更换布置风格和色调，专业的背景布、打光和设备更有效保证播出的画面清晰、通透，收音清晰、无回声和杂音或噪音。

### （一）场地大小

单个主播直播的场地长宽不低于4.5米，坐播的场地层高应在2.8米以上，站播要在3米以上。而团队直播或体积比较大的商品直播，比如家电家具等，直播间应有30平方米或以上，并选择3.8米的层高来满足布景和打光的需要。

### （二）直播背景

直播的背景板尽量用浅色或纯色壁纸，颜色太多会导致过于花哨和杂乱，影响视觉效果。

除了在室内直播间：如果直播销售的是海产品，海边是最好的直播场地，用户透过镜头看到海产品被打捞上来，“生猛”的海鲜更吸引人下单；销售水果的可以边直播边采摘、边打包水果的方式来显示产品的新鲜；而卖蜂蜜的，背景可以是蜂箱和山林，让用户直观感受到蜂蜜的绿色和纯天然。

果壳直播间

南山婆直播间

蜂婆子哈哈直播间

## （三）软装搭建

选择与自身品牌相关的配饰或者小物件，放到直播间能提升直播间氛围感和质感，营造高级感，同时搭配大物件，展示柜、书架、字画等，作出背景和人物分离的效果，打造空间感，比如TeenieWeenie直播间用复古皮沙发、书柜、挂画等营造品牌的英伦复古风，而胡可直播间在销售露营产品时，则用户外场景的背景布和露营桌椅、绿植等，将室内直播间打造成户外的样子。

直播间的软装能让用户感受到品牌和企业的用心，让用户增加对直播间的好感。

TeenieWeenie直播间

胡可直播间户外露营节

### （四）贴片设置

直播间的贴片一般包括品牌名贴图、直播主题贴图、福利介绍、爆品展示、留客提示等，如拉比母婴直播间就用贴片将引流款、福利、折扣、活动等都展现在直播间里，做到了让用户一目了然。动态贴片还能起到活跃直播间气氛的效果，并解决直播背景简单、卖点信息不够明显、产品太多一个页面无法展示的问题，还能够引导用户下单。

专门服务于企业直播的平台，背景更换更为便捷。如微赞直播平台，只需选中直播话题，找到皮肤设置，修改为想要的风格，就能选取适合的皮肤直接用于直播了。

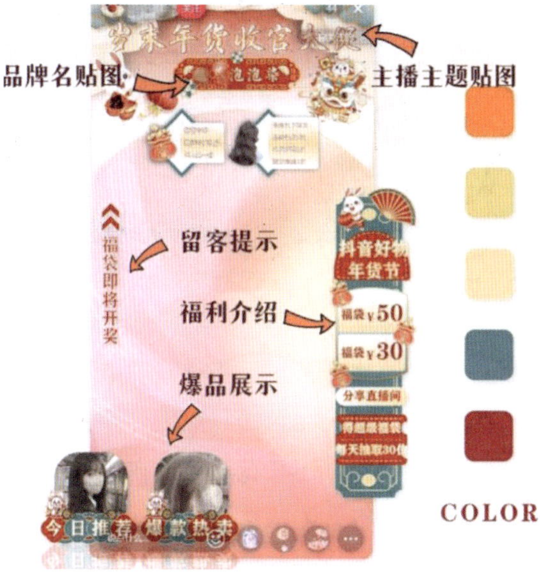


直播间贴片

某母婴直播间

### （五）做好隔音

直播场地要求有较好的隔音效果，可在硬装时直接选择通顶制作隔断，再使用轻钢龙骨加石膏板的组合，效果最好，还可以选择铺隔音棉。

### （六）排插和网线

直播间需要大量布光，因此要多预留排插的位置，方便灯光设备连线，同时注意背景墙的位置不要留排插。为尽量避免直播过程的网络问题，要使用六类网线或者超六类网线，上下对等千兆，保证直播画质。

## 二、物料道具

要想直播间布置得吸引人，要统一所有道具物料的风格设计，并让布置与品牌调性保持一致，让整体搭配既有层次感又有氛围感，达到让用户产生好感，进而增加停留时间的目的。虽然决定直播间成交率的主要还是产品和优惠，但优秀的物料和道具能马上让用户增加对直播间和品牌的好感，感受到品牌对用户的用心，而且好看的直播间还能有效增加用户的复购率。

### （一）手持板

可擦手持白白板可用于告知用户优惠信息，可擦白板还可反复使用。异形KT板可用于引导关注和下单，以及标注尺码表。在重要直播场次中，专门定制的与主题相关的手持白板能提升直播整体质感。

可擦手持白板

异形KT板

### （二）互动道具

对于长期观看直播的用户来说，抽奖转盘、按铃、小喇叭等互动道具已经见惯不怪，于是很多直播间为了让粉丝增加停留时间，都会在直播间加入各种各样的新型道具，充气锤子适合在抖音打pk的时候用于活跃气氛，而礼花炮可以在公布中奖粉丝的时候表示祝贺，扩音器看多了，可以改为用变声扩音器。更会“整活”的主播还会现场用手持麦克风高歌一曲，献给慷慨解囊的粉丝们。

更换道具的成本不高，但却能让用户产生观看下去的兴趣，可以说是花小钱办大事了。

充气锤子

礼花

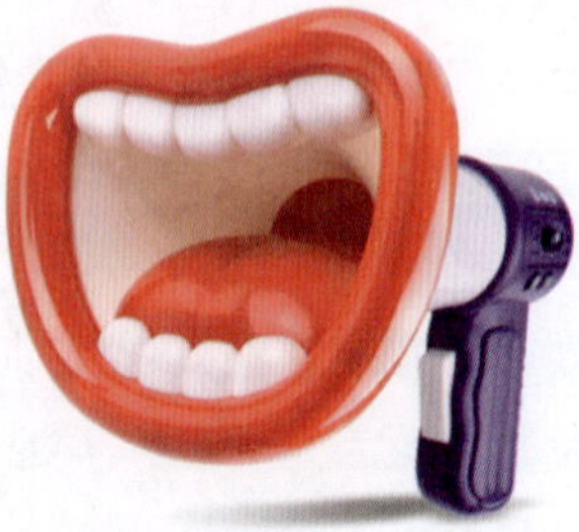

变声扩音器

### （三）创意道具

创意道具多种多样，常见的有主播头饰。主播讲得再精彩，用户看久了也会疲惫，让主播在服饰和发箍上做些改变能有效吸引用户停留，并让用户产生新鲜感。

主播头箍

## 三、直播前的引流

为了给直播造势，直播前要通过不同渠道和方式进行引流，最常见的就是设计直播海报，直播海报通常包括直播主题、产品、时间、福利、主播等。设计好的直播海报可用于各平台宣传推广，企业甚至会根据不同的平台调性，设计不同风格和尺寸的直播海报来引流。

### （一）直播预告

直播预告可通过微信公众号、小红书、微博等发布，同时剪辑短视频到各平台推广。头部直播间还会详细罗列直播产品发布至粉丝群和各平台，为用户提供更细致的服务。

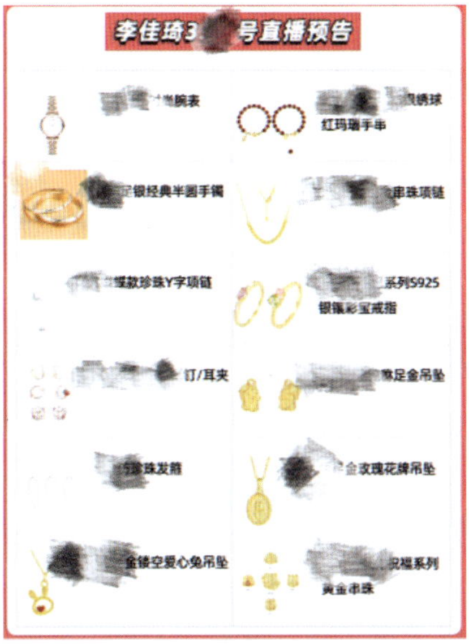

李佳琦直播预告图

交个朋友直播预告图

### （二）直播提醒

可通过粉丝群消息、小程序、视频号等提醒用户开播信息。

李佳琦直播间小程序

## （三）广告投放

【聚焦案例】卡地亚猎豹登陆朋友圈，直播前一键预约拉满用户期待值

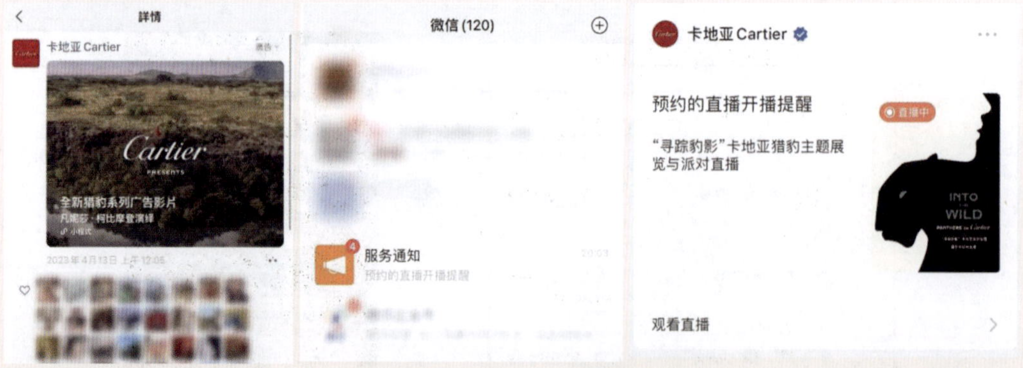


卡地亚猎豹在微信平台直播推广截图

从直播前一周起，卡地亚开始在朋友圈投放全新广告影片，通过现实与超自然交织呈现的视频内容吸引用户跳转品牌专属小程序，引导用户一键预约线上直播及线下展览，同时吸引用户感受猎豹的自由精神与野性魅力。

此外，卡地亚还通过微信内服务通知等多触点消息提醒，主动一键直击目标TA，及时提醒已预约直播的用户，提高直播预约到达率。

（资料来源：腾讯广告）

在直播前一小时在朋友圈投放直播广告，朋友圈广告有成本低、触达及时的优势。预算充足的企业还会微博等应用投放开屏广告。

## 四、彩排检查

演练彩排一般有三轮，前两轮在开播前一天，第一轮的主要参与人员是主播，主要为了提升主播的镜头感，让主播熟悉开播的镜头，第二轮则是让主播和运营团队一起按照脚本过一遍直播内容，熟悉直播环节并让环节间的衔接更流畅。第三轮彩排在直播当天，主播、嘉宾及运营团队都要参加，一起熟悉镜头和环节，共同做好开播前的准备。

彩排对于直播营销活动能否顺利进行起到了非常重要的作用。直播实操团队需要有足够的彩排时间、次数。因为彩排的质量、精细度是直播现场能否正常执行非常重要的保证。从运营和管理的角度来看，彩排时从人员到所有的硬件、物料等和直播的时候是完全一致的，彩排时间的长短会非常大地影响活动的预算，也会非常大地影响活动效果。

【聚焦案例】无彩排，不直播！

初级难度的直播营销活动，可安排半天彩排时间。中级难度的直播营销活动，一般需要提前一整天进行彩排。高难度的直播营销活动，甚至需要提前几天进行彩排。

即使不能进行全部环节的彩排，那么关键环节、关键步骤的彩排也是必不可少的，相应的预算保证和时间保证，也是必需的。

大型企业关键项目的直播活动必须有多次彩排，才能保证直播活动的顺利进行。例如右边这家国际著名车企的直播彩排，就安排了三次。

| 彩排日程安排（17 日 –18 日） | | | |
|---|---|---|---|
| 日期 | 时间 | 内容 | 参与者 |
| 1 月 17 日 | 08 : 00—14 : 00 | 设备进场，定位搭建 | 导演团队、拍摄团队 |
| | 14 : 00—16 : 00 | 设备群试 / 调试 | 导演团队、拍摄团队 |
| | 16 : 00—19 : 00 | 视频导入 /KN/ 提词器录入 | 导演团队、拍摄团队 |
| | 19 : 00—22 : 00 | 视频测试，现场彩排 | 导演团队、拍摄团队 |

| 彩排日程安排（21 日 –22 日） | | | |
|---|---|---|---|
| 日期 | 时间 | 内容 | 参与者 |
| 1 月 21 日 | 08 : 00—09 : 00 | 开机，设备调试 | 拍摄团队 |
| | 09 : 00—10 : 00 | 替身彩排，资料检查 | 替身 /KN/ 提词器翻页 |
| | 10 : 00—11 : 00 | 替身彩排 | PPT/ 提词器翻页 |
| | 11 : 00—11 : 30 | 现场录制 | 导演团队、拍摄团队 |
| | 11 : 30—13 : 00 | 替身彩排，资料检查 | 替身 /KN/ 提词器翻页 |
| | 13 : 00—14 : 00 | 替身彩排 | PPT/ 提词器翻页 |
| | 14 : 00—14 : 30 | 现场录制 | 导演团队、拍摄团队 |
| | 14 : 30—15 : 00 | 资料检查 | KN/ 提词器翻页 |
| | 13 : 00—14 : 00 | 替身彩排 | PPT/ 提词器翻页 |
| | 14 : 00—14 : 30 | 现场录制 | 导演团队、拍摄团队 |
| | 14 : 30—21: 00 | 现场调试，内部彩排，最终视频导入 | 全体 |
| 1 月 22 日 | 08 : 00—09 : 00 | 开机，设备调试 | 拍摄团队 |
| | 09 : 00—13 : 00 | 替身彩排，资料检查 | 替身 /KN/ 提词器翻页 |
| | 13 : 00—14 : 00 | 录制准备 | 全体 |
| | 14 : 00—14 : 30 | 替身彩排 | PPT/ 提词器翻页 |
| | 14 : 30—15 : 00 | 现场录制 | 导演团队、拍摄团队 |

某车企直播彩排日程安排

## 五、意外状况处理办法

直播带货期间，“翻车”时有发生，即由于技术失误、产品问题、直播间言论等导致的不利于直播销售的现场意外情况，作为直播团队，需要提前了解失误发生的可能性，并针对不同问题模拟出解决方案，保证发生的时候能沉稳应对。

### （一）技术故障

常见的直播技术故障有以下五类。

直播常见技术故障

| 序号 | 故障描述 | 解决方案 |
| --- | --- | --- |
| 1 | 直播断线 | 直播前一天以及直播当天检查直播网络<br>预备备用直播间并调试好网络 |
| 2 | 直播黑屏<br>直播卡顿 | 直播电脑插网线，使用有线网络<br>确定是否有其他软件占用网速，及时关闭<br>检查是否需要升级直播配置的设备<br>先降低直播画面清晰度，待后续升级设备后再提升清晰度 |
| 3 | 直播闪退 | 退出直播程序后重启并再次登录<br>扩大直播设备内存 |
| 4 | 链接失效 | 主播马上安抚粉丝情绪，可用补送赠品或优惠券等形式<br>运营尽快在后台修改链接设置，并重新上架 |
| 5 | 音画不同步 | 重启直播软件、重新推流<br>重新配置直播音频 |

为避免出现以上情况，平时要定期检查直播设备，直播前进行网络测速、检查电脑、手机是否符合直播平台的设备要求，直播软件的版本是否完成更新，关闭电脑和手机上与直播无关的运行软件。

在直播中出现设备情况时，主播要淡定，在运营处理好后，可以做一次直播间互动，如发红包或者福袋，让直播间氛围重新热烈起来，主播在问题解决后无须过多解释，要按照之前的策划积极推动直播进程，维持好此时直播间的氛围才是关键。

### （二）产品问题

直播所展示的产品可能因质量或性能问题在直播过程中出现问题。比如碎肉机转到一半卡住了、不粘锅粘锅了、声称不掉色的口红被擦掉了等，这种情况发生时，主播要向用户道歉，让助手确定是操作失误还是产品质量问题。

1.操作失误

及时修正操作，同时跟用户有条理地解释并获得信任。

2.质量问题

马上下架产品并允许已下单的用户发起退款。尽量平复直播间用户的情绪，在下播后还要及时公关，发道歉声明，积极解决问题，研发部门表态升级产品，避免推卸责任，以真诚的态度争取获得用户的谅解。出现产品问题的解决方案有很多，直播进行期间主播要沉着面对，尽量在直播间解决问题，如果无法解决，在下播后团队要尽快发声明道歉，避免让事件持续发酵。只要是最终能获得用户谅解的解决方案就是好方案。

### （三）直播间言论

直播间里发言的，包括主播、助播和用户，都可能出现“说错话”“口无遮拦”的情况，在有人发表了不恰当言论的时候，也需要及时处理。

1.普通用户

普通户因用户自身习惯和受教育程度的不同，部分用户可能无意识地攻击主播和品牌，这时主播要做好心理准备并及时调整心态，用幽默化解尴尬，注意维护品牌和公司形象。

2.黑粉

与普通粉丝不同，黑粉是有目的地攻击主播和品牌的，这时运营人员要及时对用户禁言、删除不当言论，进行正确的言论引导。主播要迅速调整心态，无须过度反应。

3.直播人员

直播人员也可能说出不恰当的话，比如攻击竞品公司、不合时宜地谈论其他话题，或者在与嘉宾交流中用词不当。出现这样的情况，团队应及时让助播补救圆场，当场不要让气氛受影响，保证之后的直播顺利进行，直播后则要诚恳地发声明和作出补救措施，维护品牌和直播间声誉，必要时要主动更换主播。如果主播有较好的临场应变能力，便能将直播事故大事化小，小事化无。以下是几位主播临场应对的有效话术。

**主播应对直播事故的话术**

| 序号 | 直播事故类型 | 主播应对话术 |
|---|---|---|
| 1 | 系统故障，福袋延迟 | “天呐，真的设置了，如果1分钟内没发出来，我们就点抽！” |
| 2 | 音画不同步 | 加大肢体动作，吸引用户注意，在手写板上写留人信息 |
| 3 | 链接失效 | “后台爆单卡住了”<br>“运营小哥哥打盹啦，我马上叫醒他（用气锤道具锤画面外）” |
| 4 | 优惠券没设置好 | “宝宝不急，我这边马上让后台帮你看一下，不要退出直播间哦，我们马上解决” |
| 5 | 用户质疑活动真实性 | “我们优惠绝对真实，上一轮中奖的宝宝还在不在，出来打个字” |
| 6 | 用户询问商品但语气不佳 | “主播手上的是3号商品哦，还有宝宝在问呢，再问主播要哭啦（拿出卡片眼泪道具）” |
| 7 | 用户攻击主播长相 | “大哥放心，主播的脸不上架！说到好看，不得不提我们 × 号链接，真的美上天啦（转移视线，无须过多回复）” |

【任务实施】

请为小佳团队完成有关直播间搭建、物料道具准备、引流准备、开播检查、意外状况预案。

第一步：设计直播间，构思搭建场地和调性。

第二步：准备直播物料道具

第三步：做好直播引流

第四步：进行彩排检查

第五步：预设意外状况的解决办法

【应用实操】

任务1：陈立是某中式茶饮店的直播团队一员，最近在给企业做栗子口味的秋季新品直播策划，请你帮他构思如何搭建直播间，并完成直播间物料道具准备。

任务2：孙雯的直播团队最近接到了婚庆产品的直播工作，商家提供的产品和服务包括婚纱租赁、婚纱照拍摄、婚庆服务等，请帮她设计直播间布置方案，并设计引流方案。

任务3："一路有你"国庆节直播的产品是生鸡蛋、薏米、陈皮、燕麦米和茶叶，团队在思考直播期间可能会遇到的意外事故，请你一起思考，并提供解决方案。

任务4：主播小王在直播时发现手机端观看画面中，产品因跟绿布同色被抠掉了，没有显示出来，但这个产品刚才已经讲解完了，如果你是主播会如何应对呢？

任务5：小张负责运营的直播间刚才因网络问题黑屏了一分钟，该如何应对呢？

任务6：雅雅的直播间由于设置问题，红包一直没有发出，用户情绪有点大，开始刷屏，如果你是雅雅，该如何应对呢？

【实操评价】

学生以团队为单位，通过小组合作为校企合作的产品直播搭建直播场景、准备物料道具、实操直播引流并预设意外情况并给出应对方案。设计成果进行自我评价和小组评价，优秀项 3 项及以上为整体优秀，2 项及以上为整体良好，1 项及以上为整体合格。

| 项目 | 直播间场地搭建 | 准备物料道具 | 直播引流 | 意外状况应对 |
|---|---|---|---|---|
| 评分标准 | 优秀：场地设计美观，与产品调性一致<br>良好：场地设计较为美观，与产品调性整体一致<br>合格：场地设计美观 | 优秀：物料准备充足且符合所要求的预算<br>良好：物料准备合适<br>合格：有准备物料 | 优秀：引流效果好<br>良好：引流效果一般<br>合格：有引流方案 | 优秀：能仔细列举意外状况并思考合理应对措施<br>良好：能列举意外状况并思考应对措施<br>合格：对意外状况进行梳理和思考 |

续表

| 项目 | 直播间场地搭建 | 准备物料道具 | 直播引流 | 意外状况应对 |
| --- | --- | --- | --- | --- |
| 自我评价 | □优秀 | □优秀 | □优秀 | □优秀 |
| | □良好 | □良好 | □良好 | □良好 |
| | □合格 | □合格 | □合格 | □合格 |
| 小组评价 | □优秀 | □优秀 | □优秀 | □优秀 |
| | □良好 | □良好 | □良好 | □良好 |
| | □合格 | □合格 | □合格 | □合格 |

# 任务四　直播后复盘工作

【情境导入】

国庆直播的效果挺好，小佳团队在开心之余也没有忘记还要做好直播后的复盘工作。针对此次直播吸引的新粉丝，运营要负责将他们吸引到私域流量池，让尽可能多的新粉丝变成企业持续的支持者。而整个团队还有一个更重要的任务，就是对直播后台数据进行复盘分析，将经验转化为能力。

【知识解析】

## 一、直播后用户管理

### （一）从直播间到私域流量池

直播结束并不意味着直播团队的工作就完成了，结束后，用户留存才开始启动。无论在哪个平台直播，直播结束后都要继续将用户沉淀到私域流量池进行跟进，再通过社群运营，让小助理一对一或者一对多地跟进不同用户，做好后续的转化服务。

这就要求直播团队要搜集并整理用户信息，将直播间粉丝进行分层管理，再通过送福利、做活动等方法吸引用户，尤其是将新用户吸引到私域池中来。一场直播结束后，并不是所有新用户都能成功进入到私域流量池，能转化三分之一已经非常不错了。

### （二）不同平台的转化方式

不同平台的转化方式见下表。

不同平台公域粉丝转化方式

| 平台 | 转化方式 |
| --- | --- |
| 微赞 | 打通了微信公众号、微信群，方便引导用户进入私域流量池，通过后续运营，能逐步强化联系，带动后续的销售量 |

续表

| 平台 | 转化方式 |
|---|---|
| 抖音 | 通过私信用户的方式，引导新用户加个人号 |
| 淘宝 | 引导用户加入店铺会员，享受会员优惠或者好礼，邀请用户加入店铺群聊，方便推送其他产品信息或企业活动 |

【聚焦案例】揭秘雅诗兰黛流量沉淀思路

雅诗兰黛视频号直播流量的主要来源是品牌在微信生态内的私域流量。

私域流量进直播间后，撬动公域流量。企业在用户前往直播、点开购物袋等路径中都添加了加入社群的运营动作。

社群联动直播发布晒单活动，激活高价粉丝带动群内氛围。

社群日常运营中也有有奖问答、社群专享礼赠等用户留存互动，为后续直播的开播引流。

雅诗兰黛社群引流海报

## 二、数据复盘和检查

复盘直播数据是为了把直播的经验转化为能力，通过各项数据指标找到问题，进行回顾和原因分析，再进行结果评估并总结规律。

### （一）复盘步骤

直播复盘包括流程复盘、产品复盘和流量复盘，每个步骤的具体内容如下图所示。

### （二）复盘方法

反思在整场直播中看到的、听到的，分析有何具体问题，指出有瑕疵的具体环节，讲出对直播的直观感受，再对现存问题进行讨论，并思考解决它的意义，总结下一步应该如何做，针对各项问题如何进行调整，列举出接下来的具体措施。在复盘时，要重点关注直播的曝光进入率、用户平均停留时长、转化率和整场直播的流量趋势图等四组数据。

曝光率跟平台给的曝光量成正比，如果太低则要优化直播主题、产品和场景布置。

停留时长最好要有45秒以上，越高越好，停留时间太低要转换选品或者优化主播话术。

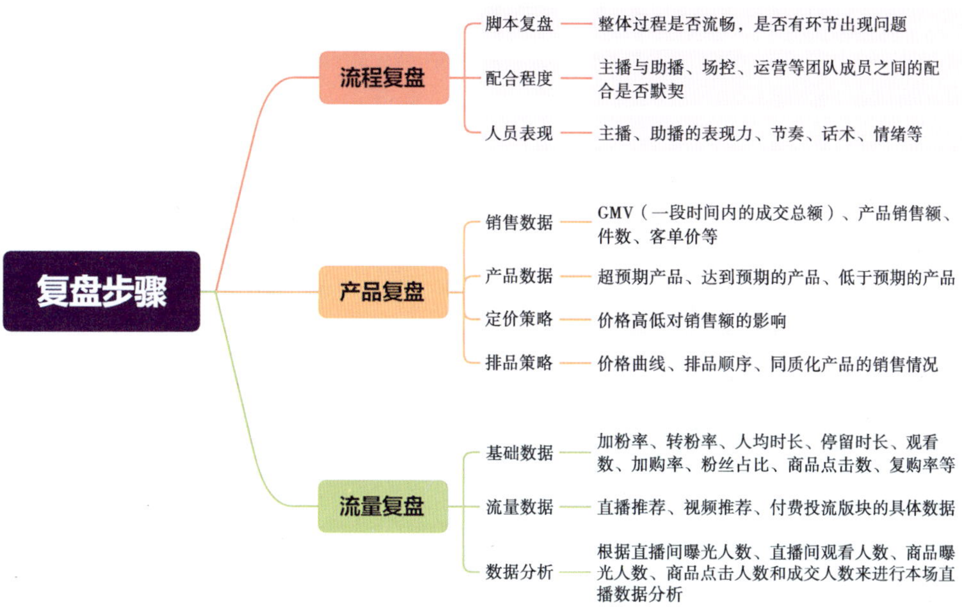


直播复盘步骤

转化率一般要达到1%~2%，它跟商品点击率和成交率有关，如果点击率低，就要重新审视选品或营销活动，而如果是成交率偏低，则考虑优化产品话术、定价、商品详情页等。

整场直播的流量趋势图，找出波峰和波谷，也就是了解数据好的时间段是在播哪些商品，讲了什么话术，做了哪些活动，把这些记录下来，下一场继续使用。波谷时间段的商品、话术和活动则要反思如何改良。

除此之外，还要关注最高在线人数、新增粉丝数、转粉数、评论人数、互动率、客单价、客单件、UV价值、流量来源等数据，做好针对单品和整场直播的分析和建议。

复盘内容可用表格记录，具体可参考下表。

直播复盘表

| 直播复盘表 | | |
|---|---|---|
| 流程复盘 | 情况 | 优化方向 |
| 脚本流畅度 | | |
| 直播间配合 | | |
| 主播镜头感 | | |
| 产品复盘 | 数据或情况 | 优化方向 |
| 销售额 | | |
| 客单价 | | |

续表

| 直播复盘表 | | |
| --- | --- | --- |
| 平均件数 | | |
| 产品数据 | | |
| 定价策略 | | |
| 排品策略 | | |
| 流量复盘 | 数据或情况 | 优化方向 |
| 进入率 | | |
| 加粉率 | | |
| 转粉率 | | |
| 留存率 | | |
| 转化率 | | |
| 流量趋势 | | |
| 互动率 | | |

【聚焦案例】数据复盘，有效提升直播效果

直播数据是直播效果最真实的反映，在带货型直播中，要关注商品展示次数和点击次数。当展示次数和点击次数之间存在明显差异时，可能是商品 SKU 不丰富、产品价格不够有优势。商品点击数代表主播的引导能力和商品的吸引力，能够让用户从商品详情页到下单页也是产品本身有吸引力的最好证明。

成交率低或者客单价低意味着用户对主播缺乏信任。所以，不是进行一次直播，用户看到了主播，就会在这里买东西，而是要持之以恒地直播，才能建立与用户之间的长期信任关系。

转化率差要追究选品、定价、流量投放、卖点设计等。有可能是直播间的选品与粉丝需要的产品不匹配，导致无法吸引观众购买，或者是客单价、性价比上出现了问题，需要更新产品。

完播率低则与很多因素有关，直播内容无趣、节奏过慢、同类竞品有大主播，都会造成完播率在某一个时间段断崖式下降。解决这个问题就要错开直播高峰，或者调整话术，还可以通过营造直播间场景氛围增加直播间的吸引力。

数据维度只是直播结果的最终呈现，要想完整复盘一场直播，回看录像必不可少。

## 【任务实施】

第一步：查看直播可视化看板，了解各项直播数据和流量情况。

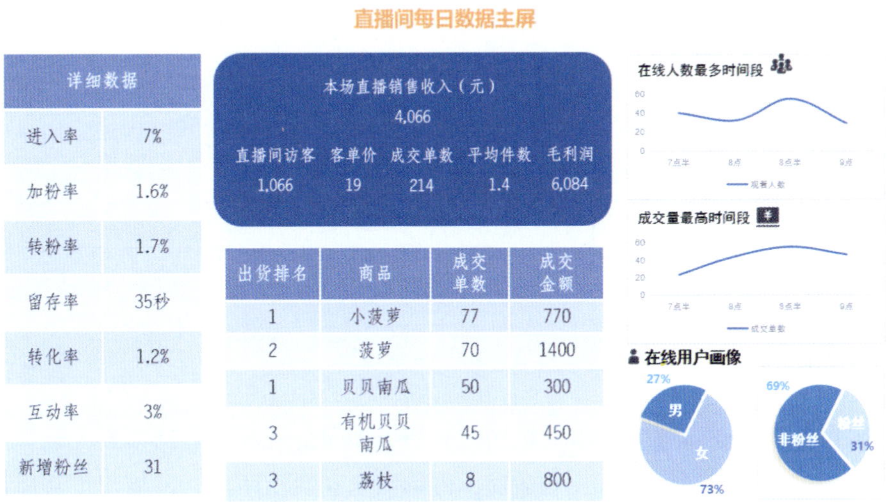


直播可视化看板

第二步：参考直播复盘表，反思整场直播，分析并指出有瑕疵的具体环节，对现存的问题进行讨论和思考，针对各项问题如何进行调整，列举未来的解决措施。

## 【应用实操】

任务1：以小组为单位直播，并学会筛选重要的直播数据。

任务2：根据直播数据，对小组直播效果进行复盘和分析。

## 【实操评价】

学生以直播小组为单位，对之前的直播实操进行复盘，复盘结果上传至线上平台，进行自我评价和小组评价，优秀项 2 项及以上为整体优秀，1 项及以上为整体良好。

| 项目 | 流程复盘 | 产品复盘 | 流量复盘 |
|---|---|---|---|
| 评分标准 | 优秀：客观分析并复盘了脚本、配合程度和人员表现，内容详尽<br>良好：分析复盘了脚本、配合程度和人员表现<br>合格：提及脚本、配合程度和人员表现 | 优秀：对销售数据和产品数据进行了搜集，对定价和排品进行了深刻反思<br>良好：对销售数据和产品数据进行了搜集，对定价和排品进行了反思<br>合格：对销售数据和产品数据进行了搜集，对定价和排品进行了思考 | 优秀：对关键流量数据，至少为四项，包括直播的曝光进入率、用户平均停留时长、转化率和整场直播的流量趋势图进行了详细有效分析，并提炼出合理的未来改进方向<br>良好：对关键流量数据，对至少四项重要数据进行了分析，并总结提炼了未来改进方向<br>合格：进行了重要数据分析，并总结提炼改进方向 |

续表

| 项目 | 流程复盘 | 产品复盘 | 流量复盘 |
|---|---|---|---|
| 自我评价 | □优秀 | □优秀 | □优秀 |
| | □良好 | □良好 | □良好 |
| | □合格 | □合格 | □合格 |
| 小组评价 | □优秀 | □优秀 | □优秀 |
| | □良好 | □良好 | □良好 |
| | □合格 | □合格 | □合格 |

## 【项目小结】

本项目介绍企业直播中的带货直播，介绍了如何合理规划直播带货全程，如何设计直播话术，包括产品话术、互动话术、催单话术和活动话术，并梳理了直播执行的相关内容，包括直播间搭建、物料道具的准备、直播引流的操作、彩排检查和意外状况的应对和处理办法，更体现了直播后的复盘工作，包括直播后的用户管理和数据复盘和检查。

项目明确了直播团队成员的职业能力要求，带大家了解企业带货直播，为带货直播做好准备。

## 【课后任务】

一、单选题

1.直播间邀请嘉宾最重要的原则是？（　　）

A.流量原则　　B.成本原则　　C.专业度原则　　D.转化率原则

2.以下平台中，属于私域直播平台的是？（　　）

A.淘宝直播　　B.微赞直播　　C.快手直播　　D.一直播

3.如果直播过程中出现黑屏，主播应该（　　）。

A.恢复后跟用户仔细解释，并保证不会再有这种情况

B.恢复后立马来一波活动，无须特意解释，把直播间氛围维持住

C.恢复后继续讲解，无视弹幕中关于故障的询问

D.慌张并中止直播

4.最近某国产电视剧热播，女主同款大衣热销，小李的直播团队将“××同款”作为商品热词，这体现了选品原则中的哪一原则？（　　）

A.时令选品　　B.以词选品　　C.以人选品　　D.热度选品

5.主播笑笑在介绍爆款果汁橙后，说：“亲们这么好吃的橙子只剩300箱，只有300箱！大家准备抢购，马上就上，果园下次收橙子要到下个月咯。”这是主播的什么话术？（　　）

A.带货话术　　B.催单话术　　C.欢迎话术　　D.互动话术

6.主播小辉在直播时说“欢迎小珍来到直播间，今天我们准备了现金红包，小姐姐可以点击屏幕右边小福袋参加活动哦！”这是互动话术中的（　　）。

A.点对点互动　　B.发问式互动　　C.标杆互动　　D.欢迎互动

7.价格较低、使用频次较高，用户也比较了解的产品在直播中适合设置成以下哪种品？（　　）

A.主推款　　B.炮灰款　　C.引流款　　D.福利款

8.在某场直播中，主播小花用了最多时间去讲解产品A的特点、卖点和促销策略，这里的产品A是（　　）。

A.特色款　　B.引流款　　C.测新款　　D.主推款

9.直播间有用户由于自身的网络问题一直以为主播没有回答她的问题而生气，语气不佳，这时运营应该（　　）。

A.拉黑该用户　　B.运营弹幕回复该用户

C.忽视该用户　　D.给用户送礼物

二、简答题

1.家具类产品主播应如何打造适合自己的人设？

2.列举五种适合服饰直播间，且能增加直播氛围的道具。

3.列举五种适合农产品直播间，且能增加直播氛围的道具。

4.直播期间如有用户攻击主播长相，作为主播或运营，应如何应对？

5.如何看待直播中用实验法去介绍产品呢？有什么好处和风险？

6.列举三种抖音直播间互动的方式。

7.列举三种保利威直播间互动的方式。

8.在策划带货直播时，如有10分钟时间空余，你会选择增加嘉宾互动还是游戏互动？

# 项目七
# 打造空中展厅

【职场场景训练】

当下，企业直播行业的供需两端都受到政策鼓励和支持，企业直播行业也随之蓬勃发展。电子商务蓬勃发展，移动支付广泛普及，网络销售、视频直播工厂生产、云上参展参会等多种新模式竞相发展，企业直播已不仅仅是营销带货环节，还将场景拓展到连锁门店、产地工厂、展会论坛等多个领域。

花cheers的业务近期发展迅速，对直播也提出了更多的场景要求，小慧接下来还要协助日常的门店直播、工厂直播、展会直播筹备。因此接下来，小慧需了解门店直播、产地直播、展会直播的前、中、后全过程的流程和具体内容。

【项目学习目标】

通过本项目的学习，应达到的具体目标如下：

1.知识目标

（1）理解门店直播的特点优势

（2）理解工厂直播的特点优势

（3）理解展会直播的特点优势

2.技能目标

（1）掌握门店直播的操作要点

（2）掌握工厂直播的操作要点

（3）掌握展会直播的操作要点

3.素质目标

（1）具备较强的资料搜集与整理能力

（2）具备良好的计划能力

（3）具备严谨细致的工作态度

## 【技能提升图谱】

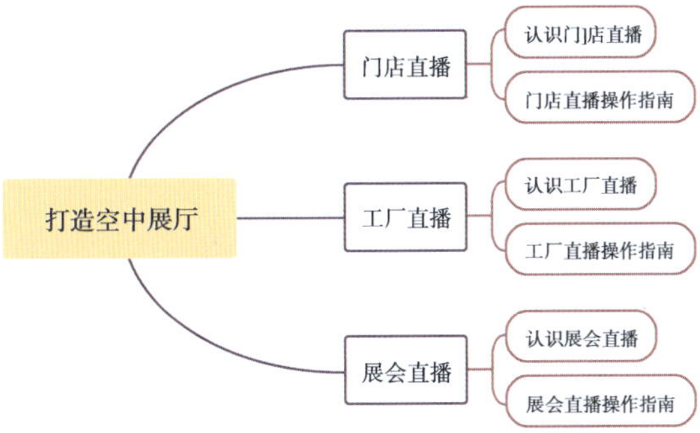


## 【学习成果展示】

按照课程资源中的模板，根据案例分析或者实践完成门店直播筹备计划、工厂直播准备要点、展会直播策划表。

门店直播筹备计划　　工厂直播准备要点　　展会直播策划表

# 任务一　门店直播

【情境导入】

小慧所在的花Cheers在精心运营下，开设了多家门店，现在品牌所有人计划开设门店直播，实现一个直播间带动多个门店销售的效果，小慧在校期间有帮助农户做助农直播，有一定的营销直播经验，但不太明白门店直播与营销直播的区别，认为门店直播就是在商店里开直播。对此，小慧打算通过网络调研、实地考察进行学习探究。

【知识解析】

## 一、认识门店直播

线下门店不断遭到各大电商类平台的冲击，客流量大幅减少、业绩下滑，运营成本高；大多数品牌未搭建好线上线下交易闭环，缺乏公域与私域流量结合运营的观念，未能为门店带来销售增长。传统卖场门店不会消失，但是一定会转型变革。在未来，卖场门店会继续存在的，但它的运行模式将往“新零售”的发展方向进行转变改革。

### （一）门店经营痛点

（1）线下门店人流量少，线下门店经营受门店位置、门店面积、门店装修及门店营销活动影响，同时随着用户逐步转移到线上消费，线下门店流量进一步匮乏。

（2）门店转化率较低，面对同行竞争，用户忠诚度低，购物时相互比价，难以提升门店转化率。

（3）未能发掘用户准确的需求，不能洞察到各类用户痛点，不明确用户消费偏好、消费频率，无法打动用户促成转化。

### （二）门店直播优势

门店卖场应可从以下四个方面着手，打造直播营销数字化闭环，提高收益。

1.推广获客

链接全渠道、全场景，利用社交广告、线下门店、SEM推广、微信公众号、微信小程序等营销手段高效引流至品牌直播间；打通线上线下一体经营体系，发挥线下便捷、服务的优势，导流到品牌直播间；品牌直播间打破传统线下门店服务局限场景，线上购买服务后，导流至线下门店，实现线上线下融合。

2.直播转化

设置多种营销活动，如观看奖励、红包雨、礼物打赏、优惠券、在线抽奖、秒杀、限时折扣等，提升直播成交转化。

3.用户留存

需做好用户洞察，了解用户属性，如用户年龄、性别、收入、职业等；分析用户行为，如消费偏好、频次，用户渠道等，对用户进行标签管理，达到分组精细化运营。

4.复购转化

通过多渠道消息推送，全方位反复触达用户，打造企业私域用户池，提升管理效率。

### （三）门店直播模式

当下门店直播一般有以下两种模式：“总部开播，门店联播”或者“门店独立开播”。

1.总部开播，门店联播

当品牌总部强管控时，由品牌总部统一管理门店经营，品牌总部开播赋能门店，门店复制经营模式，进行导购引流，业绩归属清晰。

门店卖场直播模式

2.门店独立开播

当品牌总部弱管控时，门店拥有自主经营权利，在总部授权的范围内开展独立经营模式，可分为多店联播、门店自播。多店联播即区域门店可联播，联动导购引流，发挥门店联动的势能；门店自播即门店独立开播，导购引流，客户全员分销，成交订单支持配送到家或到店自提

## 二、门店直播操作指南

门店直播本质上也是以带货和品牌宣传为主要目标的直播工作，具体工作流程如下图所示。

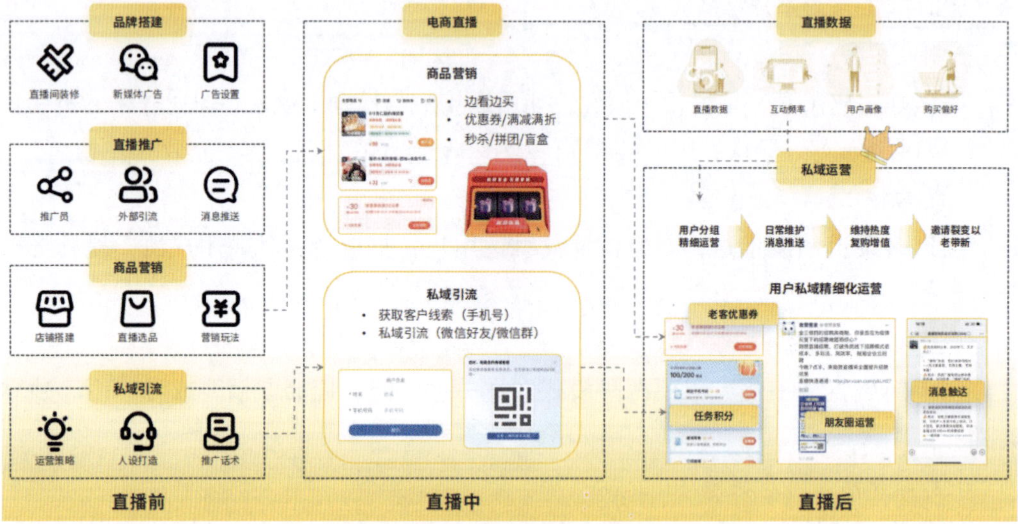


门店直播工作流程

（资料来源：《微赞:新零售导购-解决方案》）

然而门店直播与一般营销直播带货不同，其直播前、中、后的准备内容应注意以下要点。

## （一）直播前准备工作

（1）门店在直播前需实现线上线下联动预热；制作新媒体广告，比如抖音、微信群、微博、朋友圈等，提前曝光直播福利，另外，嵌入品牌公众号推文信息和菜单，创设独立小程序，实现短信直播消息推送、社群群发等操作，扩大观众群体。

（2）注重激活门店导购，创设直播推广下的业绩奖励，提高积极性，门店导购可以采用社交名片快捷拓客，通过销售线索洞察客户需求促成高效成交，鼓励客户分享转发成为二级导购，带来更多商机推销，从线下全面铺开直播预热工作。支持邀请员工成为线上导购，导购员可以将推广直播预热页推广给用户，将其他渠道的流量引入直播，通过后台管理，可实时追踪导购员获取客户数据及业绩，直播前可设置KPI指标帮助导购员制订计划，结合佣金及多阶段任务，促使导购员完成任务。

【聚焦案例】淘宝门店导购直播2020激励规则

淘宝直播推出门店导购直播疫情期间特别支持计划，由品牌门店导购担任主播，以线下商场或门店为场景的直播，结合导购人员自身才艺，线上展示在淘宝直播频道等渠道，为品牌粉丝及用户带来全新“云逛街”感受，并且可优先结合LBS直播（测试）实现周边区域潜在顾客的发掘，同期获得直播间、店铺流量奖励。

导购在门店直播中兼具选款买手、试衣模特、售后客服等角色，可与屏幕前观看直播的用户进行沟通和趣味互动，通过发券、发红包、金币雨、抽奖等玩法，结合具有风格的搭配look推销商品，还可收获个人账号和品牌店铺的粉丝。店铺通过门店直播可以运营粉丝、获得新客和流量，同时完成销售、品宣、测款、客服等工作。

由于线下无法复工/大量用户处于线上消费，因此特殊时期缩减审核门槛/时间，让商家协同导购人员能够第一时间上线直播间与粉丝、用户、潜在顾客产生交集，线上培训直播人员基准能力，持续开播还有流量曝光激励。

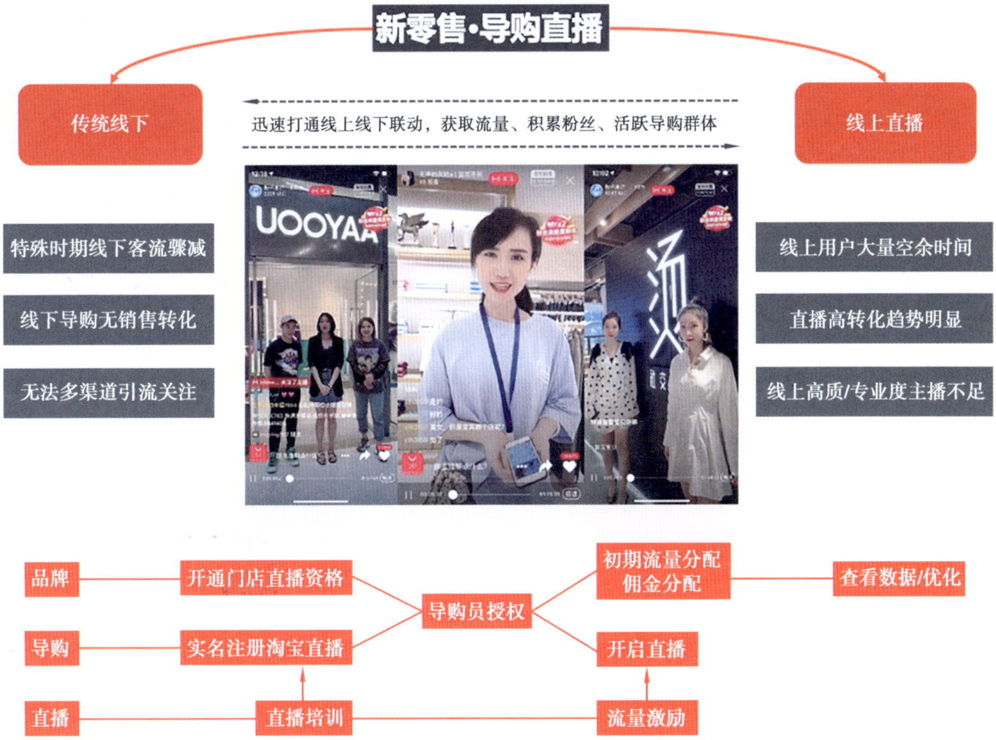


淘宝直播门店导购直播激励计划

（资料来源：淘宝直播间）

## （二）直播中执行工作

在直播中，有更丰富的营销玩法和互动，可快速活跃直播间气氛，提升直播用户互动，助力营销增长，促进直播爆单，具体可参考以下方法。

（1）先到先得：制造稀缺，刺激转化。

（2）分享领券：邀请分享，裂变拉新。

（3）订阅领券：直播间吸粉，提升留存。

（4）下单返券：多次下单，提升复购。

（5）观看送券：提升直播观看时长。

（6）主播送券：提升主播与观众的互动性。

【聚焦案例】麦当劳直播单日爆卖1 000万元

2022年11月1日，麦当劳抖音直播间直播销售额又再创新高，单日竟达到了1 000万元。

在直播中，麦当劳推出整点秒杀、随机福利等多种玩法；又比如13.5元的麦麦脆汁鸡买一送一、“11.11元安格斯汉堡”“1元草莓新地”等直播间专属产品，以互动和低价，带动观众点击和转化。

除此之外，麦当劳也十分注重保障服务品质，“麦当劳抖金店”还为团购卡券设置了“分次核销”“过期退”“未使用退”等功能，降低使用门槛。

除了产品拥有足够的竞争力和吸引力之外，找到撬动消费者的触发点，找到契合平台与消费者的沟通方式也至关重要。

通过线上直播售卖团购券的饥饿营销模式既充分调动起了年轻人的消费热情，也成功打通了品牌的数字化营销链路。

从麦当劳的例子总结出，营销制胜的法宝，离不开优惠券的设置，也就是价格优势。

麦当劳2022年双十一抖音直播引流海报

## （三）直播后跟进工作

门店直播后，可以利用电商直播中的营销功能获取意向客户信息，在SCRM系统进行精细化客户培育及运营管理，实现用户反复触达和转化，同时打造企业私域客户池，提升企业管理效率。

（1）门店客户数据资产留存包括可查询门店内的客户历史消费记录、兴趣偏好，通过客户标签按需划分客户群体，构建积分、权益服务等会员体系，赋能各门店后期更好地服务客户。

（2）对客户进行个性化标签管理，打造私域用户池，比如可以将客户按照其行为分为:观看过话题的用户、下单过商品的用户、观看互动过的用户、成交过商品的用户。针对不同类型的客户制订对应的运营计划，使用分组推送功能对不同类型的客户进行精准信息触达。

【任务实施】

案例分析：韦小宝丝绸如何“借道”视频号做好全域经营？

韦小宝丝绸成立于2009年，是杭州韦小宝纺织品有限公司旗下一家主打真丝和丝绸制品的服装、服饰品牌，其产品主要采用香云纱工艺，颇受40~60岁女性客户的青睐，是一家典型的“大淑女装”品牌。

2020年初受疫情影响，线下门店遭遇前所未有的冲击，在此背景下，韦小宝丝绸推动旗下300家直营门店上云，开启云上丝绸经营之路。为加强终端导购数字化赋能，韦小宝丝绸增设小宝商学院等培训模块，通过对导购系统工具培训、运营技能培训以及激励机制驱动，韦小宝丝绸线下1 500名导购成功上云，成为品牌私域运营的有效流量抓手。

为多样化地打开带货通路，韦小宝丝绸开始探索视频号直播。韦小宝丝绸自入驻视频号直播后，快速组建了直播与运营团队，以分享品牌故事和穿搭带货为主，聚焦在用户活跃的时间段，保持一天两场、一周六天的开播频次强触达目标用户。经过近1年的探索，韦小宝丝绸已经围绕视频号直播建立了一套独特的私域精细化运营机制。

在线上，韦小宝丝绸通过公众号、视频号等渠道推送大促热销或秋冬换新商品，以内容种草的方式触达潜在客群，引导意向顾客点击预约直播间；在线下，则采用门店二维码、导购1v1邀请等方式让门店顾客领取优惠券和做直播预约，开播当天再次邀请用户进入直播间下单。

为同时满足产品讲解专业性和精准捕捉到用户需求，韦小宝丝绸从线下门店选取形象气质较佳的标杆导购培养成专业主播，基于直播间货品上架逻辑，有节奏地上新秒杀款、爆款、利润款和引流款，并结合导购在社群、朋友圈等私域池阶段性推送，把流量集中在合适的时段导进来，引导高密度的成交。同时通过这种方式，利用视频号推流机制撬动更多的免费公域流量进入直播间，将直播间人气引向高潮。

对于直播中引流至企微社群的目标客户，韦小宝丝绸建立周期性用户触达机制，即在用户整个生命周期内，根据企微后台用户画像对人群进行需求分层，比如在什么时间段要提供什么样的产品和服务，再通过侧边栏“优惠券、产品信息、活动、页面、素材库、话术库”等功能巧设转化链路，引导客户线上下单线下核销或门店自提，提升复购转化。

目前，韦小宝丝绸的视频号直播日常可拥有1万~2万在线观众，大促期间可以达到十几万人次的在线场观。在近期的“粉丝集结、焕新出发”活动中，韦小宝丝绸运用上述私域精细化运营机制，达成了线上4场直播4天233万元的GMV，线下付费秒杀券也同期促成了180万元的GMV，整体达到了400余万元。

韦小宝丝绸智慧零售负责人徐经理表示，未来将在会员营销、私域经营上继续深耕，同时通过异业联盟，加强品牌间的互惠合作，在流量互换等领域完成从“品牌输出”到“私域增值”的转变。韦小宝丝绸数字化转型的全新动作，或将为其在客户裂变、业绩提升上带来更多的可能性。

根据以上内容，请分析韦小宝丝绸在直播前、中、后都做了哪些工作？并按照以下“直播项目工作计划”模板梳理出来。

| 阶段 | 工作类别 | 工作项 | 具体内容 |
| --- | --- | --- | --- |
| 直播前 | 门店引流 | 人员培训与绩效要求 | |
| | 新媒体引流 | 私域引流 | |
| | | 公域引流 | |
| | 直播间搭建 | 直播间装修 | |
| 直播中 | 上架策略 | 不同品类的上架顺序 | |
| | 互动策略 | 关注引导、氛围打造 | |
| | 转化策略 | 优惠活动、引导成交 | |
| 直播后 | 用户运营 | 提升粘性 | |
| | | 精准分类 | |

请详细阐述“导购在社群、朋友圈等私域池阶段性推送，把流量集中在合适的时段导进来，引导高密度的成交。同时通过这种方式，利用视频号推流机制撬动更多的免费公域流量进入直播间，将直播间人气引向高潮”是如何实现的？自行关注账号浏览，并通过调研找到类似门店的直播间的做法。

【应用实操】

请小组按照拓展资源里的案例：

1.锦月丝府打造私域增长新范式

2.高端女装品牌歌力思如何借势私域红利引爆“她”经济？

关注账号浏览直播间后，讨论分析账号的直播工作流程，最后提交每篇案例的直播项目工作计划，并通过调研找到类似门店的直播间的做法。

【实操评价】

| 项目 | 解析完整 | 创新思维 | 拓展调研 |
|---|---|---|---|
| 评分标准 | 优秀：能够将案例中的各个环节对应直播项目工作计划完整拆解<br>良好：能够将案例中的各个环节对应直播项目工作计划完整拆解，遗漏最多1项<br>合格：能够基本将案例中的各个环节对应直播项目工作计划完整拆解，遗漏最多2项 | 优秀：关注账号后发现了案例未曾包含的做法，同时提出可行的优化建议<br>良好：关注账号后发现了案例未曾包含的做法<br>合格：有关注账号进行浏览 | 优秀：能找到类似门店类、连锁经营类的直播间案例<br>良好：能找到类似直播间案例<br>合格：能找到类似直播间案例 |
| 自我评价 | □优秀 | □优秀 | □优秀 |
| | □良好 | □良好 | □良好 |
| | □合格 | □合格 | □合格 |
| 小组评价 | □优秀 | □优秀 | □优秀 |
| | □良好 | □良好 | □良好 |
| | □合格 | □合格 | □合格 |

# 任务二　工厂直播

【情境导入】

花Cheers即将在鲜花产地做一场基地直播，小慧在校期间有帮助农户做助农直播，有一定的农田直播经验，为了更好地完成这次鲜花基地直播，小慧打算通过网络调研参考优秀案例学习经验。

【知识解析】

## 一、认识工厂直播

工厂直播是一种企业直播运营的策略，用于向观众展示和推广企业的生产过程和产品。它结合了直播技术和企业运营的概念，通过在实际生产环境中进行直播，让观众通过互联网实时了解企业的生产流程、设备和产品。

### （一）工厂销售痛点

按当今生产型工厂的运营情况，工厂的生产与回款都有较长的时间，以服装工厂为例，存在产品反馈周期长、库存积压和回款周期长等问题。很多优质的源头工厂都在过去的贴牌代工模式下积累了扎实的研发、制造能力。然而，痛点在于没有销售、品牌通路。加之过去三年来，受疫情影响，许多工厂面临着日益提高的生产成本和人工成本，工厂订单不稳定。直播这一技术，让工厂可以跳过中间环节，直接与消费者面对面，开启转型之路，主播们带着观众云逛工厂，看生产线、看产品，一批批产品也从工厂走向全国各地。

### （二）工厂直播优势

工厂直播的目的是增强企业的品牌形象、提升产品认知度，并与观众建立更紧密的互动关系。通过直播平台，企业可以直接与潜在客户、合作伙伴和其他利益相关者进行交流，从而促进销售和市场拓展。工厂直播能够实现以下目标：

1.透明度与信任建立

直播间里不是千篇一律的背景板，而是忙碌的生产线、堆放整齐的仓库，井然有序的企业生产过程，观众可以了解产品的质量和制造过程，有助于建立观众对企业的信任感，增加他们对产品的认可度。

2.产品展示

工厂直播提供了展示产品的机会，观众可以近距离观察产品的细节、性能以及与其他竞争产品的区别。通过逛工厂、看生产线、测试产品、了解岗位情况，这种新型直播方式，不仅提高了产品销量，也增强了消费者黏性。这种直接展示产品的方式有助于提高产品的销售和市场份额。

3.促进互动与沟通

观众可以在直播过程中与企业代表进行实时互动，提问、留言和分享意见。比起在绿幕前直播，工厂直播让消费者感觉真实可信，还帮助企业迅速获得市场反馈，有针对性地调整生产计划，直接听到消费者的反馈，生产更多受市场欢迎的产品，提升销售额。

福建省宁德市一处农产品深精加工车间内，当地一名电商主播正在介绍羊肚菌产品

宁夏邮政海原县分公司驻场现卖现发，开展一条龙快递服务。

（图片来源：百家号官网）

## 二、工厂直播操作指南

要有效地进行工厂直播，可以按以下设计执行：

| 工厂直播内容设计 | | |
|---|---|---|
| 内容1：全景展示 | 内容2：参观过程 | 内容3：直播互动 |
| 1.使用无人机航拍，对工厂项目进行全景展示。<br>2.采用摄影机跟拍，展示工厂厂区。 | 1.由销售员或员工或工程师带领客户或消费者一同进入工厂实景参观。<br>2.设置若干地点进行讲解突显企业品质实力。 | 1.详细讲解产品，设置营销活动。<br>2.根据不同企业性质和不同的客群安排互动环节。 |

工厂直播内容安排

（图片来源：微吼网站）

### （一）直播前准备工作

1.策划和准备

明确目标，确定要展示的产品和生产环节。

2.设备和技术准备

确保有稳定的互联网连接和适当的直播设备，如摄像机、麦克风和灯光等。测试直播平台和工具，确保其正常运行。

在直播前，可以根据直播主题和内容，确定直播效果要求和机位要求，目标是借助互动直播技术，分别从“天、地、人”三个维度，全景呈现施工品质、厂区基地、生产车间、制造工艺等关键环节，帮助企业更好地展现企业实力和产品优势，同时增强了用户与企业之间的沟通与互动，提高了用户对企业的认知度和信任度。

3.宣传和邀请观众

在社交媒体、企业网站和其他渠道宣传工厂直播活动，吸引观众参与。发送邀请函或提前通知观众直播时间和链接。

大全景机位介绍基地情况

主持人介绍工厂情况

近距离拍摄茶叶制作车间

工厂直播拍摄安排

（图片来源：央视网——《超级工厂》走进竹叶青）

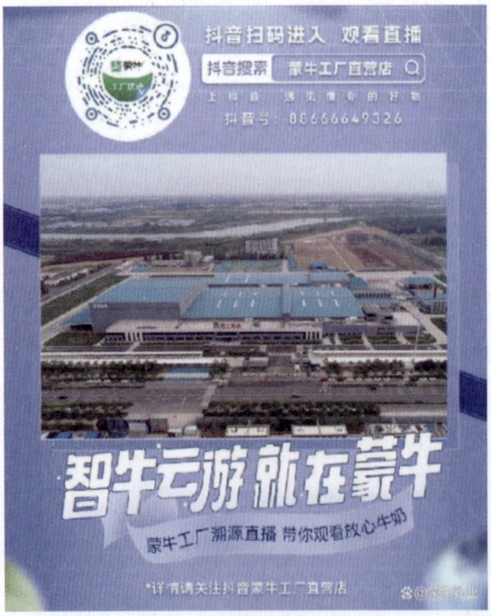


蒙牛工厂直播海报

燕之屋工厂直播海报

## （二）直播中执行工作

1.直播主持与介绍

由主持人与主讲人以访谈的形式，或者以自播的形式站在消费者的角度，将消费者最关心的问题展示清楚，通过直播画面，全方位从制作工艺、制作流程、品质要求等方面，将直播间、门店无法展示解析的产品特点做充分讲解。

在这个过程中，主持人要注意：在直播中要突出产品的特点和价值，强调其与竞争产品的差异化优势；避免夸大产品的优点或提供虚假的宣传信息。诚实和可信是建立长期关系的重要基础，所以要以真实为基础进行直播。

【聚焦案例】央视网《超级工厂》走进索菲亚，看定制家居企业如何“超前”发挥！

2022年3月11日，央视网《超级工厂》走进索菲亚，从生产、检测到成品展示，见证定制家居产品的“前世今生”，揭秘索菲亚领航中国定制家居行业背后的故事。

在索菲亚集团副总裁陈炜的引领下，央视主持人常婷首先走进了索菲亚4.0数智工厂的生产车间，她表示，现在定制家居产品已经成为市场的主流，而她本次就以消费者代表身份，为准备装修的和有装修困扰的广大消费者一探究竟。

在介绍索菲亚“数智”背后的意义时，陈总表示，与标准生产的产品不同，定制家居产品一千个订单，就意味着要生产一千个不同的产品，“非标”的生产在早期是定制家居行业发展最大的瓶颈。索菲亚为了解决这个难题，前瞻性地布局智能制造和进行数字化转型，不仅成为解决个性化定制规模化生产难题的第一人，还打破行业速度，从下单开始，将交货周期缩短到7~12天。

“这真的是中国速度啊。”主持人点评表示。根据她以往的装修经验，同城定制都需要一个月的周期，而索菲亚的“速度”则让国人尽可能地享受到定制家居的快捷。

在探访4.0车间中开料、钻孔、封边、分拣等多道工序后，主持人也切身体会到了索菲亚的数智能力，她表示：“索菲亚整个4.0车间就好像有一双无形大手，将每一道工序都高效地链接起来，真的是大大颠覆了我对家居行业的印象。”

作为敏感体质的主持人常婷，本次还带来一个消费者最关心的家具产品环保问题。在了解完板材在环保上的层层“历练”后，她直言：“索菲亚康纯板是完全符合我们对环保的要求的。”

在陈总和技术总监杜莹的带领下，主持人走进了“检测大本营”——索菲亚家居研究院的实验室，这也是行业首家获CNAS认可的实验室。

亲自见证了索菲亚对产品化学和物理性能的检测，如甲醛检测气候箱法、萃取法、含水率、冷热循环状态、耐划痕、握螺钉定力、承重力、柜子开合顺畅测试等各种严苛的测试后，连主持人都忍不住提问：“这么多测试，都是国标严格要求的吗？”

了解完索菲亚为了把好质量这道关，默默做了很多标准要求以外的“多余”检测后，主持人点评表示：“为了让消费者在使用的过程中更安心、放心，索菲亚真的把所有的功课都做在前面，并通过检测和精良的数据来保障产品是足够健康环保的。”

此外，主持人也亲眼查看了甲醛检测实实在在的数据，证明索菲亚的板材不仅已经执行了新国标级别Enf级，而且检测结果还比Enf级低很多。更难能可贵的是，在消费者看不到的地方，索菲亚紧抓“背后的细节”，如柜子六面都使用无醛添加的康纯板，保证柜子全面环保。

“作为消费者，我们更希望有像索菲亚这样有责任感的企业，给我们提供更好的产品。”主持人由衷表示。

在索菲亚集团副总裁杨鑫的引领下，主持人走进索菲亚全新的整家定制展厅，体验衣帽间、卧室、客餐厅、厨房等多个空间的精心设计后，主持人惊喜地表示：“来到索菲亚展厅后，感觉消费者真的非常省心，什么都不用考虑，因为索菲亚已经研究透了，把所有痛点都想到了，并一一给出了解决方案。”

2.直播互动

除了在直播间主播主持人与观众互动，回答问题，分享实用信息，还可以提前设置丰富的直播互动活动，激活直播间气氛，同时进行直播中的二次传播。

【聚焦案例】古井贡酒工厂直播创设五大活动云探美酒

古井贡酒创建单独的“透明工厂”线上应用中展开了功能分区设置，包括“美酒探秘”“云游古井”“产品溯源”“主播在线”“游戏互动”五大核心板块，为消费者提供了两种参与方式。

第一种参与方式：消费者可以通过在线观看直播的方式，实时了解古井贡酒的原粮、制曲、酿造、窖藏、品控、灌装等生产环节，亲自了解每瓶古井贡酒的生产全过程，达到监督工艺和质量的目的。

第二种参与方式：云游实景地图，其中包括“导游”和“自游”模式。通过真人主播和VR实景两种方式，消费者可以根据自己的方位和速度偏好探访酿造基地的每个角落，并且在游览过程中无限次进行学习，让消费者更全面地了解古井贡酒的生产过程和文化内涵。

此外，扫码溯源的直通链接、读“亳”有奖互动游戏等多种功能设置，方便快捷，寓乐于学，让古井贡酒的文化内涵和品质内涵在无形中完成消费者的“破圈”和“渗透”，在品质教育上实现消费者培育。

**古井贡酒工厂直播截图**

（案例来源：微吼网站）

## （三）直播后跟进工作

工厂直播的落幕并不是直播营销的终点，直播后的数据运营和内容运营，对整个直播的成功有着至关重要的作用。

1.内容运营

在直播后尽快自设置直播回放，支持在线视频处理、剪辑小视频、视频下载，方便对视频花絮编辑、留存，形成3分钟短视频、15秒朋友圈视频等方便传播；直播内容整理成金句海报、文章及H5等，多渠道二次传播，自有媒体有官网、微信公众号、官方微博、抖音、快手等，进行内容复用，实现长尾传播

2.数据运营

数据运营分为三类，一是直播数据分析，包括观看总人数、互动数据、在线人数峰值曲线、观众地域分布、推广效果等，直观了解直播推广效果；二是电商数据分析，总销量、总销售额、热销产品榜单、成单率、订单状态转化等，了解电商带货情况；三是用户数据分析，识别新老用户、用户性别、年龄、地域、设备、浏览渠道

等，形成用户画像直播数据。多维度数据一目了然推广效果分析，决策更优的推广方案。

【任务实施】

案例分析：新型直播，让消费者与生产企业直接“见面”——直播间开到工厂里

1.益源庆醋厂直播

“这就是我们酿醋的大缸。”“一会儿带大家去看包装车间。”“大家购买的产品都是现场打包，快递车直接就拉走了。”……在山西天庆诚电子商务有限公司的厂房里，主播手拿瓶装醋。身后是十几个大瓦缸，主播正在为直播间的观众介绍山西宁化府益源庆生产的醋类产品。

益源庆醋厂是山西省太原市一家久负盛名的老字号，位于繁华的闹市区桥头街宁化府胡同内。这里的陈醋已飘香百年，依托新技术、新平台，老醋装进“新瓶”，醋香飘得更远。“我们从2021年开始尝试直播带货，也曾取得非常好的销量成绩。”山西天庆诚电子商务有限公司直播主管郭丽告诉本报记者，从去年3月开始，公司注册电商平台，开始尝试将直播间搬进工厂，向消费者直接展示酿醋工艺。“现场展示工艺的效果肯定比光靠口述好，消费者的感受更直观，黏性更强。不仅有利于巩固老顾客，对拓展新顾客也有明显效果。”

“我们有时候会早上五六点钟开播，给观众展示工人翻缸的过程。”郭丽说，他们还在包装车间里直播，展示仓库打包、发货的真实场景，“仓库外面停着一排排快递车的场景令人震撼，很多观众看到这样的场景都会在公屏上留言，也提高了直播间的活跃度。”

比起在绿幕前直播，这种新型直播方式让消费者倍感亲切，还帮助企业迅速获得市场反馈。有企业表示：“借助直播电商，我们可以有针对性地调整生产计划，直接听到消费者的反馈，生产更多受市场欢迎的产品，提升销售额。”

过去，提起在工厂直播，有人会担心噪声偏大、背景不简洁，还可能影响工人作业。如今，越来越多的直播间走进工厂，用不断增长的销售数据证明了这种新型直播方式的良好效果。

2.广东潮汕牛肉丸直播

广东潮汕牛肉丸是当地的特色招牌美食，深受全国各地“吃货”们的喜爱。从手打到机械捶打，潮汕牛肉丸实现了规模化生产并走向全国。

主营牛肉丸的潮庭食品股份有限公司通过入驻电商平台和直播带货，让这一美食成了爆款预制菜。去年7月底，潮庭牛肉丸入驻拼多多，加入“百亿补贴”活动后，月销售额达到了150多万元，大促期间甚至实现了日销10万元的目标。

在潮庭的直播间里，可以直观地看到牛肉丸的成型过程。工人先将牛后腿肉剔筋去油脂，再将牛肉切成条状放入机器内低温捶打，最终一粒粒牛肉丸从三台成型机内“跳”出。捶打过程中，有经验的老师傅时刻留意着肉泥的状态、颜色并负责加入佐料，这也是决定肉丸弹性的关键环节。

“公司成立电商部之后就开始尝试在工厂设立直播间。”潮庭食品股份有限公司副总经理陈嘉宇告诉本报记者，这种直播方式好处很多。一方面，通过直接将产品和服务全方位展示给消费者，拉近了企业与消费者之间的距离，提高了消费者的信任度。另一方面，可以加强互动营销效果，与消费者实时交流、互动，提高消费者黏性。陈嘉宇说：“近期有一个上海的老顾客就一口气在直播间下单了20多款产品，金额高达600多元。”

组建电商团队，从一线城市挖运营人才，年销售额由700多万元飙升至5 500多万元，潮庭只用了3年时间。在看好线上渠道的陈嘉宇带领下，该公司的电商团队由4人拓展至70多人。“近年来线下销售渠道趋于稳定。借助电商平台和直播的力量，未来潮庭要在线上‘突围’才能做到真正‘出圈’，成为爆款美食。”他说。

平台上，有消费者评论：“正宗的潮汕牛肉丸，通过航空快运从南国飞越千山万水，将潮汕美食送到我们餐桌上，非常喜欢。”

（案例来源：人民网）

1.请分析益源庆醋厂的工厂直播中，在机位的设置上应该要有哪些镜头？重点要解释哪些内容？

2.请分析广东潮汕牛肉丸的直播中，在机位的设置上应该要有哪些镜头？重点要解释哪些内容？

## 【应用实操】

花 cheers 即将在鲜花产地做一次基地直播，小慧在了解了多家工厂直播案例后，认为按照一般直播工作的筹备流程，还要注重基地生产过程和产品展示讲解上的不同，将消费者关心的产品品质、实力保证等内容充分展现，请你通过网络调研，按照以下模板，为小慧整理一份基地直播的拍摄要求和产品介绍要点。

| 机位 | 大全景 | 全景 | 中景 | 近景 |
|---|---|---|---|---|
| 种植基地 | 体现：<br>设备： | 体现：<br>设备： | 体现：<br>设备： | 体现：<br>设备： |
| 产品话术 | 栽培技术 | 种植场地 | 花朵特点 | 匠人故事 |
| 玫瑰花 | | | | |
| 芍药 | | | | |

【实操评价】

| 项目 | 拍摄要求 | 产品话术 |
|---|---|---|
| 评分标准 | 优秀：各个景别设计正确，设备使用合理，画面内容充分展现种植基地面貌，表述充分，有对标案例<br>良好：各个景别设计正确，设备使用合理，画面内容充分展现种植基地面貌<br>合格：各个景别设计正确，设备使用合理 | 优秀：产品话术准备完整，栽培技术、种植场地、花朵特点、匠人故事（品牌价值）都有详细内容，表述充分<br>良好：产品话术准备充分，栽培技术、种植场地、花朵特点、匠人故事（品牌价值）都有详细内容<br>合格：产品话术准备完整，包括栽培技术、种植场地、花朵特点、匠人故事（品牌价值） |
| 自我评价 | □优秀 | □优秀 |
| | □良好 | □良好 |
| | □合格 | □合格 |
| 小组评价 | □优秀 | □优秀 |
| | □良好 | □良好 |
| | □合格 | □合格 |

## 任务三　展会直播

【情境导入】

花cheers工作室的业务已初具规模，且因为优质的花材和服务，有了不少合作伙伴。花cheers的品牌所有人打算报名参加近日所在市会展中心的鲜花贸易会，在布置线下展台的同时，也同步筹备线上展会活动，给未能到现场的合作伙伴打造深入了解工作室业务能力与资质水平的线上沟通方式。

【知识解析】

### 一、认识展会直播

疫情期间，各类线下活动停摆，线下的峰会无法正常开展，企业为了稳定保持与合作伙伴之间的沟通与业务，直播成为举办活动的首选解决方案。

展会直播是通过直播技术将企业参展的展会活动实时传播给观众，使无法亲临现场的观众也能够参与其中。展会直播可以呈现企业风采、展示产品、业务演示、嘉宾采访等内容，提高品牌曝光度、增加产品认知度，同时与观众建立更紧密的互动关系。

### （一）实体展会弊端

实体展会是一种传统的营销方式，虽然能够提供与潜在客户和合作伙伴面对面交流的机会，但它也存在一些弊端。

#### 1.高昂的成本

线下展会需要承担场地租赁、展位布置、物料制作、人员差旅等高昂的成本。这对小型企业或刚起步的企业来说，可能会造成负担过重。

#### 2.有限的时间和地域范围

线下展会通常只在特定的时间和地点举办，观众需要到达现场才能参与。这限制了展会的覆盖范围，无法直接触达所有潜在客户和目标市场。

#### 3.观众关注度不高

在一个展会现场，观众可能面临众多参展商和产品的选择，容易分散注意力。部分观众可能只是碰巧经过，没有真正的购买意向，导致参展企业的关注度不高。

#### 4.难以量化效果

线下展会的效果难以精确度量，难以判断参展所带来的直接销售、市场份额增长或品牌认知度的提升。这使得企业很难评估展会的回报率和投资回报。

#### 5.缺乏长期影响

线下展会的影响力通常是短期的，参展企业可能在展会结束后很快被观众遗忘。如果没有后续的跟进和延伸措施，展会的效果就无法持续下去。

#### 6.环境限制

线下展会可能受到天气、交通和其他不可控因素的影响。例如，恶劣的天气可能导致观众减少，而交通阻塞可能影响参展人员的到达和离开。

### （二）展会直播优势

当下，线上展会逐渐成为营销“新基建”，对比传统展会，展会直播可以带来如下好处。

#### 1.实时互动

观众可以在展会直播中与企业代表进行实时互动，提问题、留言和分享意见。这种互动性能够增强观众的参与感，建立更紧密的联系，并且有助于企业了解受众的需求和反馈。

#### 2.扩大观众范围

通过展会直播，企业可以将展会的内容传递给无法亲临现场的观众，扩大观众范围。这有助于提高品牌的曝光度，增加产品的知名度，并吸引更多潜在客户和合作伙伴的关注。

#### 3.节约成本

相比于传统的展会参展，展会直播可以节省企业的时间和成本。企业无须承担场地租赁、布置展位和人员差旅等费用，同时也能够触达更广泛的观众。据统计，常规线下活动参会人员的成本约为2 000元/人；而线上有效参会的人员成本约为20~50元/人。线下参会的邀约到会率约为10%，线上直播的邀约到会率相较于线下可提升30%。

4.信息传递和产品展示

通过展会直播，企业可以实时展示产品、技术和服务，让观众近距离了解企业的实力和产品特点。这种直接展示产品的方式有助于提高产品的销售和市场份额。

5.品牌形象增强

展会直播能够增强企业的品牌形象，传递企业的专业和创新形象。通过展示企业在展会上的表现和成果，提升观众对企业的认可度和信任感。同时，可以采用线上数字技术，探索新型营销方式，拥抱元宇宙，极大丰富展会的呈现效果。

## 二、展会直播操作指南

### （一）直播前执行要点

在会展前要做好策划筹备，这是整个直播活动中最重要的部分，在这个阶段包括内容策划、会场设计、传播策划等。

1.内容策划

内容策划必须以用户为中心，深挖用户需求痛点，以展开差异化的内容定位。内容以商品或服务为中心进行知识延伸、展示品牌或分析企业文化等，增加直播内容的创意性。

2.会场设计

搭建数字门户，打造沉浸式逛展体验。企业可将会展相关的图文内容、视频资讯、品牌直播间、在线商城等模块融为一体，形成会展的“数字门户”，也可加入3D、VR、XR等技术，为用户提供沉浸式的观看体验。

以第四届中国国际进口博览会为例，本次博览会搭建直播大数据专网，话题阅读近10亿次。2021年11月5日，2021第四届中国国际进口博览会（进博会）拉开序幕，国家主席习近平在开幕式上线上发表主旨演讲。与此同时，进博会线上国家展也启动试运行，通过图片、直播和3D模型的展示展现产业成就，还特别策划了云探厂、抢先探馆、尖货首发等线上直播活动；中央广播电视总台报道团队在上海外滩搭建3个高清演播室，出动新型“4K/8K”航拍直升机，为进博会观众提供“零延时、零距离”沉浸式逛展体验。

3.传播策划

据了解，59%的直播报名发生在一周内；但提前4周宣传，平均注册会增加12%。在企业直播前，为最大收获流量，可生产多种内容并通过不同渠道分发。如微吼直播前将内容灵活使用在多渠道传播上，充分利用时间周期。内容复用示例图微信公众号、朋友圈、社群、私聊、视频号等。

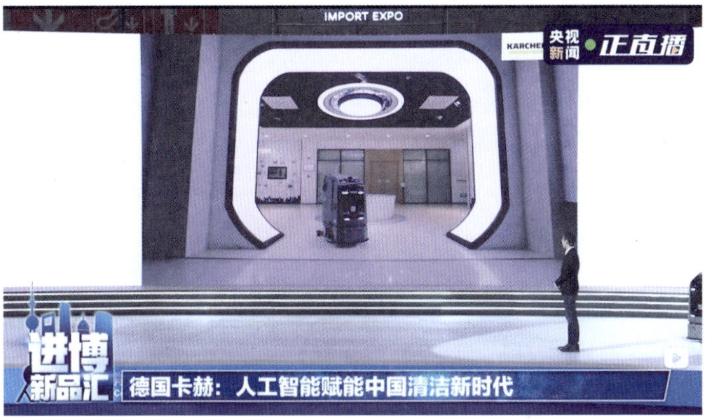


第四届中国国际进口博览会直播图

（图片来源：央视新闻正直播：第四届中国国际进口博览会（中国上海/第2天）（2021年11月6日））

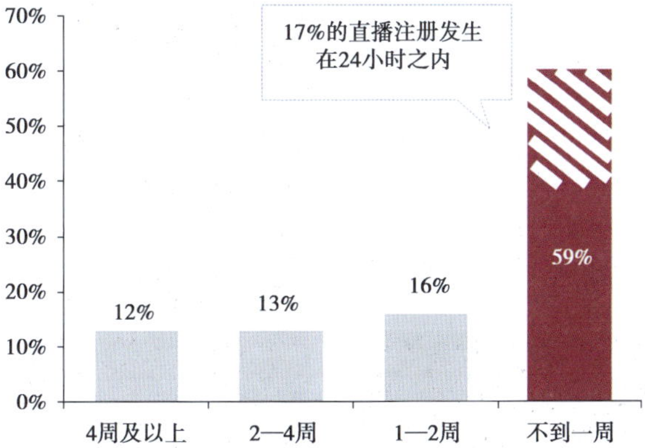


直播前宣传期及注册率

（图片来源：微吼-2022年中国线上峰会指南实操）

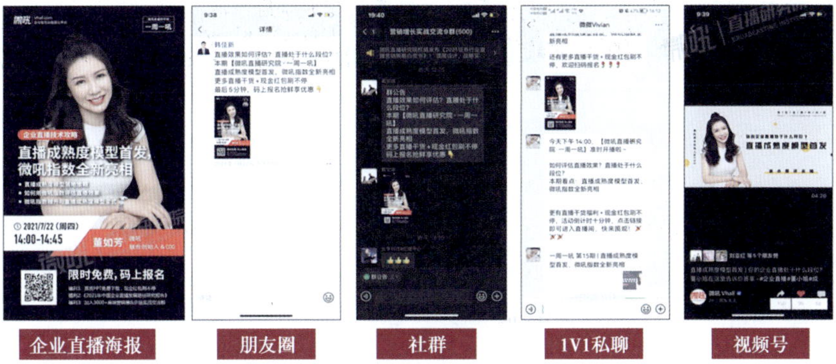


内容复用示例

（图片来源：微吼-2022年中国线上峰会指南实操）

公域私域同步传播，定位有效传播渠道。在播前预热时，内容预热可通过短视频+长图+站外渠道；暖场预热通过暖场视频+主播暖场，直播间发布直播时间公告，互动游戏、限时福利引流等方式。结合直播推流，将直播推流至各大视频平台，增加品牌曝光度，如抖音、快手、优酷、腾讯、哔哩哔哩、爱奇艺等；在预热推广时，也应建立社群，由群管理号召用户在固定时间分享推广。直播间与微信生态相辅相成，可直接在微信生态内裂变分享，形成雪球效应。

4.直播间打造

直播间记忆点打造，传递统一的品牌主张。直播间的第一印象会影响直播用户后续的观看体验，因此在直播间设计上注意线上和线下两部分。

在线上，首先，需创建直播间，生成二维码邀请卡，发布各种渠道，分享邀请更多用户观看；其次，做好线上直播间装修，设置好品牌标识、直播间背景、直播间介绍等内容，体现品牌的专业感。在线下，完善直播场地布置、软硬件测试等，保障直播流畅。

**直播间主页打造**

（图片来源：微吼案例集-企业直播助力品牌出海）

## （二）直播中执行要点

会中的两大挑战，分别是参会率与互动率。在线上展会论坛正式举办时，直播战术主要围绕着如何最大限度吸引用户注意力进行。

1.参会率

直播并不像线下那样可以灵活调整，有时一个环节的问题可能会让整场直播都无法进行下去，因此要保证参会率，就要建立多元直播矩阵，将直播页面嵌入微信公众号、小程序、App、官网、H5 页面中，便于将活动信息推广至各种社交渠道。首先，可以同步在公域平台直播，如抖音、视频号、B站等，建立多元直播矩阵覆盖用户触点，提高参会率；然后把控直播循环式节奏，防止观众中途离场；最后，保障直播的安全、稳定，包括平台保障、设备保障、网络保障、人员保障、内容合规、应急预案等。

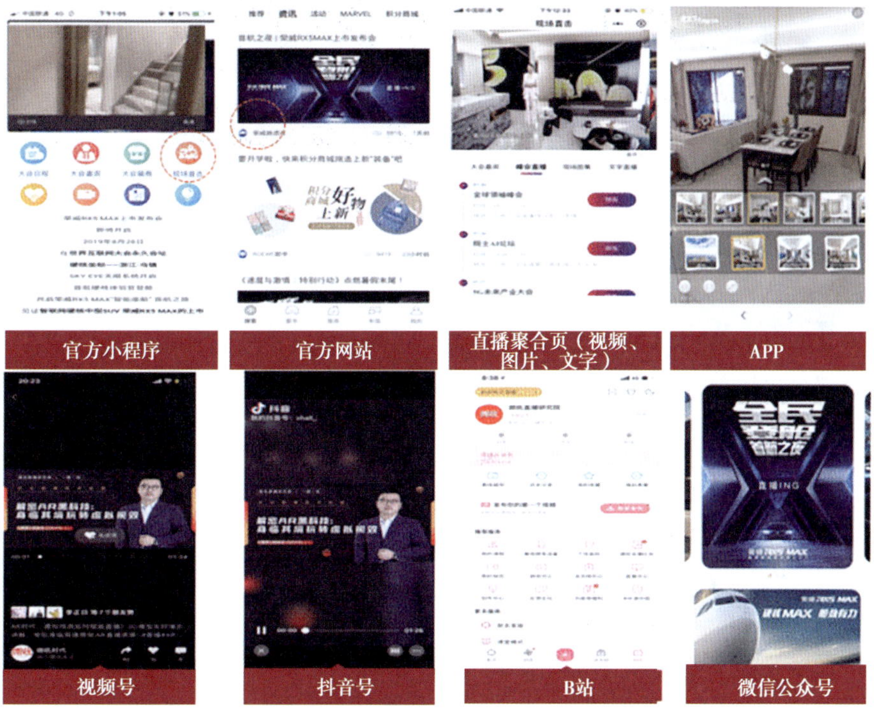


**多元直播矩阵**

（图片来源：微吼-2022年中国线上峰会指南实操）

2.互动率

线上要提高互动率，可以使用互动工具，充分调动用户热情，延长用户停留时间。通过实时弹幕、红包、点赞、演讲打赏、抽奖、游戏、问卷等多种互动环节营造活动氛围，线上互动更胜线下。此外，直播过程中，可以随着会议相关环节，在直播间推送相关的内容介绍，以了解对应的详细内容，还可以随时随地下载照片。

## （三）直播后跟进要点

1.用户运营

设置直播回放、解答直播中客户遗留的问题、资料获取通知、发放抽奖礼品等，进行用户调研、提醒用户使用、新用户培养认知、老用户提升黏性等，进行积极有效运营，增加转化。

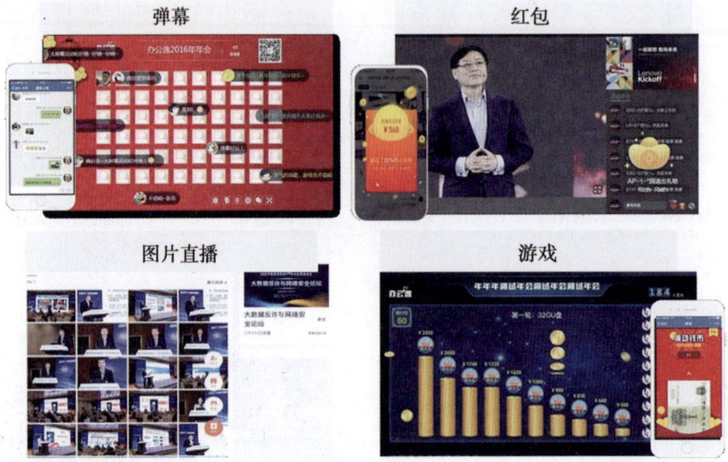


**直播互动**

（图片来源：微吼-2022年中国线上峰会指南实操）

2.数据运营

全面分析参会用户数据，掌握潜在用户数据；确定直播中最能引起参会者共鸣的内容或主题，可以参照直播互动效果，从直播问答率、直播投票率、直播留资率、商品查看率四个维度进行内容定位。

## 【任务实施】

案例分析：美的展会论坛

疫情当下，召开线下会议风险较高，打造一场面向全球经销商和消费者的超炫酷沉浸式线上虚拟大会则成为展示品牌实力，发布核心产品，传递品牌战略，表彰优秀经销商以及建立沟通桥梁，倾听消费者声音，与全球经销商、消费者建立良好沟通渠道，高效覆盖多个国家地区，有效触达更多的消费者的最佳选择。

美的家用空调在第127届线上广交会首日成功举办“Masters of Speed”拆机大赛，4 500米高空跳伞过程中，专业跳伞团队以200千米/小时自由落体速度，在一分钟的安全自由落体时间内，完成一台空调的拆卸工作。“1分钟拆卸1颗螺丝”的创意简单又直接，形象地表现出空调拆卸的确方便又快捷。创意团队夸张放大了这款空调最核心的卖点——拆卸简单。美的高空跳伞挑战得到BBC、美联社等权威媒体的报道，让整个事件的流媒体传播大于本身的宣传，让用户记忆深刻。

美的首次开展全球经销商会议后，取得良好反馈，因此计划2022年持续开展，与全球经销商和客户建立良好沟通渠道。直播时使用多语言交互界面及沟通。为不同国家、地区用户定制本地化语言界面及直播内容，多语言直播间无缝切换，提升用户直播体验。

美的高空挑战

2022年展会形式上，基于用户场景的产品呈现，核心产品3D虚实交互，以元宇宙的技术，讲述美的集团的智慧生活元宇宙。在场景创造上，还原消费者的生活场景，构建品牌智慧生活空间，传递场景化IoT（物联网Internet of Things）解决方案价值。场景化解决方案的价值被经销商和用户认可。

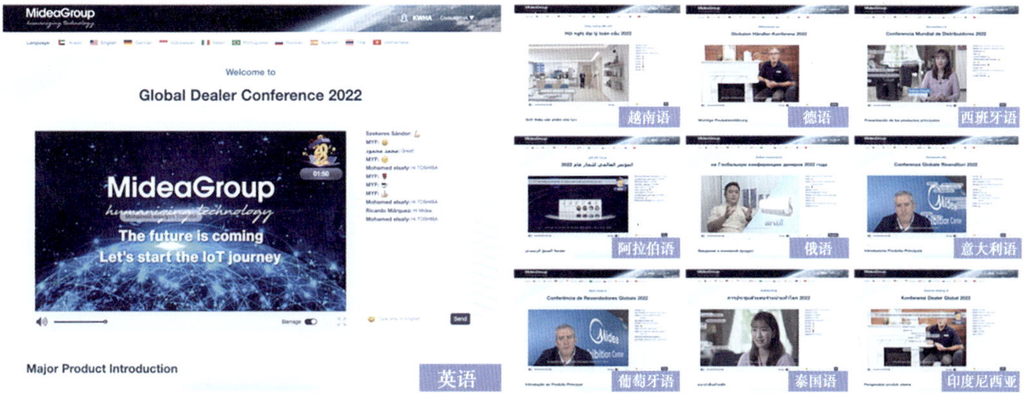


美的多语种直播页面

根据美的线上展会论坛的直播流程，请列出它直播前、中、后，都完成了哪些工作。

美的场景打造

【应用实操】

任务1：小张的实习公司是一家文创公司，是专门为多地市打造乡村旅游品牌和形象设计的公司。公司为了提高影响力，打算近期向社会组织一场公司宣传成果的展会，计划以“大美乡村情”为主题，展示近年来的乡村旅游品牌建设成果。

任务2：花cheers的品牌所有人打算报名参加近日所在市会展中心的鲜花贸易会，也同步筹备线上展会活动，计划以“花样年华，CHEERS 美丽生活”为主题向未能到现场的合作伙伴展示自己的品牌形象和品牌实力，同时展出展览管理的特色花束和花艺设计。

请你为以上两个单位按照线上展会的直播筹备流程，制作出工作清单。

线上展会直播策划表

| 阶段 | 项目 | 内容 | 注意事项 |
|---|---|---|---|
| 直播前准备工作 | 宣传物料 | | |
| | 推广渠道 | | |
| | 获客转化 | | |
| | 打造直播间 | | |
| | 打磨脚本 | | |
| 直播中工作 | 提高参会率 | | |
| | 保持稳定直播 | | |
| | 有效互动 | | |
| 直播后工作 | 用户运营 | | |
| | 直播内容二次传播 | | |

【实操评价】

| 项目 | 解析完整 | 创新思维 | 拓展调研 |
|---|---|---|---|
| 评分标准 | 优秀：宣传物料准备齐全，推广渠道预设合理、获客转化手段正确、直播间打造图片设计合理，脚本环节设计得当<br>良好：各个项目准备、预设情况良好<br>合格：各个项目准备、预设情况合格 | 优秀：参会率提高手段正确，保持稳定直播注意事项全面，有效互动措施丰富<br>良好：各个项目准备、预设情况良好<br>合格：各个项目准备、预设情况合格 | 优秀：用户运营策略得当，直播内容二次传播计划正确<br>良好：各个项目准备、预设情况良好<br>合格：各个项目准备、预设情况合格 |
| 自我评价 | □优秀 | □优秀 | □优秀 |
| | □良好 | □良好 | □良好 |
| | □合格 | □合格 | □合格 |
| 小组评价 | □优秀 | □优秀 | □优秀 |
| | □良好 | □良好 | □良好 |
| | □合格 | □合格 | □合格 |

## 【项目小结】

本项目介绍企业直播中门店直播、工厂直播、展会直播的优势、特点与操作流程，以及在具体场景下的应用和拓展。企业直播实现了企业数字化转型，提升运营效率，降低营销成本、减少时间、精力、金钱花费的多重优势。同时，多场景直播更是丰富企业营销的手段，可以帮助企业与用户深入沟通、实现实时互动，帮助企业实现流量转化，将公域流量导入私域流量池。

## 【课后任务】

一、不定项选择题

1.门店直播的主要目的是什么？（　　）

A.增加线下门店的销售额　　B.扩大线上观众的品牌认知

C.提高员工的直播技巧　　D.促进线下门店与线上平台的合作

2.以下哪个不是门店直播的优势？（　　）

A.节约成本　　B.不需要直播设备

C.短期内获得高回报　　D.仅限于特定地域观众

3.在门店直播中，观众的互动包括以下哪些？（　　）

A.提问、留言和分享意见　　B.点赞、评论和分享直播链接

C.购买产品和填写调查问卷　　D.邀请好友参与直播和留下联系方式

4.以下哪一项不是工厂直播应该侧重的内容？（　　）

A.主播的口才与自信　　B.产品的制作工艺

C.企业生产环境　　D.品牌实力与荣誉保证

5.展会直播的主要目的是什么？（　　）

A.扩大展会的参观人数　　B.提高参展企业的品牌曝光度

C.减少展会的成本和时间　　D.提供在线观众与展会现场的实时互动

二、简答题

1.在门店直播运营中，如何实现直播后的客户留存？

2.工厂直播比一般直播更能传播哪些内容？

3.展会直播如何提升参会率？

4.工厂直播的机位安排上，比其他直播有何不同？

5.你认为线上展会直播能完全替代线下展会吗？

# 项目八

# 实现数字化高效沟通

## 【职场场景训练】

企业数字化转型，人才数字化必当先行，伴随着各类利好政策的发布与实施，企业数字化学习将促进“培训+直播”迎来新的发展高潮。

小慧所在“花cheers”推出的插花课程，受到了市场的欢迎，同时为稳定各个门店的鲜花设计与包装质量，许多门店的员工也有学习要求，根据以上情况可发现，学习人员分散，线下培训覆盖面有限，组织成本高。而直播培训能极大程度地降低培训成本，提升培训效率，所以小慧需要协助将公司培训业务转型成“培训+直播”的方式。

## 【项目学习目标】

通过本项目的学习，应达到的具体目标如下：

1.知识目标

（1）理解教育课程直播的特点优势

（2）理解企业培训直播的特点优势

2.技能目标

（1）掌握教育课程直播的操作要点

（2）掌握企业培训直播的操作要点

3.素质目标

（1）具备较强的资料搜集与整理能力

（2）具备良好的计划能力

（3）具备严谨细致的工作态度

## 【技能提升图谱】

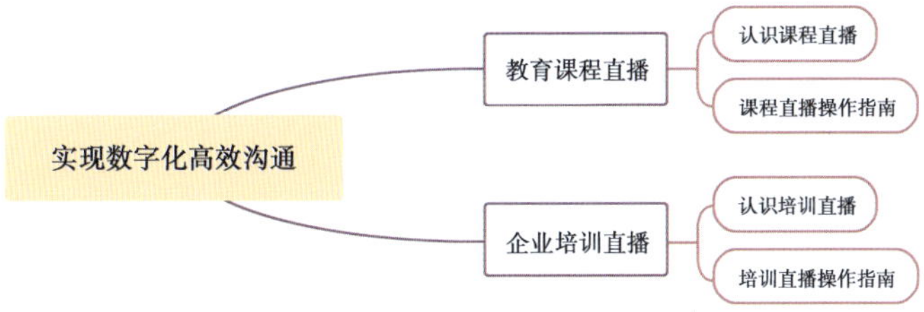

【学习成果展示】

按照课程资源中的模板，按照案例分析或者实践完成“教育课程直播准备方案”“企业培训直播准备方案”。

教育课堂直播准备方案　　企业培训直播准备方案

# 任务一　教育课程直播

【情境导入】

随着“花Cheers”的不断发展，“花Cheers”独创“线上订阅+产地直送+增值服务”的日常鲜花订阅模式，为挖掘更多的潜在用户，小慧与她的团队一起策划了一系列与花卉种植、养护和布置相关的主题直播培训课程，计划邀请专业花艺师进行客座讲座，增加培训课程的价值和吸引力，以确保能够吸引潜在客户的兴趣，同时扩大公司的营销影响力。接下来，主管要求小慧提交一份明确的直播工作计划。

【知识解析】

## 一、认识课程直播

课程直播是眼下的主流学习方式之一，线上课程直播可提供实时互动和即时反馈、个性化的学习体验、便捷灵活的学习方式以及多样化的学习资源。这些优势使得用户能够更好地参与学习，提高学习效果和学习体验，甚至对培训企业而言，课程直播成为企业开源节流、营销拓客的新渠道。具体有以下优势：

1.灵活性

直播业务培训方便灵活，用户可以在任何时间、任何地点通过电脑或手机等方式参与直播课程。这使得学习不再受到时间和地点的限制，帮助用户更好地融入学习，提高学习的效率；用户也可根据自己的掌握程度，有针对性地巩固课程内容。

2.互动性

直播业务培训提供丰富的互动形式。用户可以通过弹幕互动、视频互动、在线问答等功能与讲师进行实时互动，创造良好的学习氛围，加深了学习的沉浸感和参与感，促进用户的思考、合作和自主学习，实现个性化的学习体验，同时进一步掌握用户培训情况。

3.拓展性

直播业务培训拓宽了学习资源，直播业务培训为用户提供了丰富的学习资源，包括讲义、视频、练习题、拓展案例等。用户还可以通过直播课堂获取来自不同领域和专业的知识，拓宽自己的学科广度和深度，提高学习效果和综合素质。

## 二、课程直播操作指南

随着线上教育的愈发深入，直播的整个流程发展也愈发全面化与细节化。具体在一场直播活动中，根据时间线可划分为直播前准备、直播中和直播后三个环节，每个环节呈现不同的关键内容，从直播前的准备工作，到直播中利用直播工具与用户互动，再到直播后的数据分析与内容沉淀，打造一条全链路发展路线，助力企业利用好直播这个工具，实现教育和学习效能的提升。

### （一）直播前准备工作

在直播活动开始前，可提早2～3周做好筹备工作。

第一，确定直播培训方案，确定直播主题、设计直播内容。根据企业的专业领域和知识优势，结合用户需求，提炼出一个能真正吸引用户参与的核心内容，从而保证直播课的观看人数，同时更好地为用户提供有针对性的内容和实用的技能。

第二，制订培训大纲和教学计划。根据培训主题和目标，制订一个清晰的培训大纲，列出每个培训阶段的内容和安排。同时，制订教学计划，包括每次直播的时间、主题和教学方法等，保证培训的有序进行。

第三，搭建数字资源。一场成功的直播培训需要丰富的数字资源来支持学习和教学的过程，讲师在备课时需根据具体的培训内容、教学目标、学员表、数字资源清单和直播道具清单需求，选择和准备合适的数字资源，以便有效地支持在线教学和用户学习，具体见下表。

课程直播数字资源

| 项目 | 内容 |
|---|---|
| 教学视频 | 录制好的教学视频，可以是讲解课程内容、示范操作、演示实验等。 |
| PowerPoint/幻灯片 | 制作培训课件，使其结构清晰地呈现教学内容，包括文字、图像和动画等元素，讲解培训中的重点内容和知识点。 |
| 电子书/电子教材 | 提供电子版教材、教辅资料或电子书籍，方便用户在线阅读和查阅相关内容。 |
| 图片和图表 | 使用图片和图表来说明概念、展示数据或进行比较和分析，可以更直观地传达信息。 |
| 电子试题和练习 | 提供给用户在线答题或练习的电子试题，帮助用户巩固知识并进行自我评估。 |
| 案例分析/实例 | 准备拓展案例分析或实例，帮助用户进一步拓展知识领域。 |
| 课程文档和笔记 | 上传课程大纲、讲义、笔记等文档，供用户下载和查阅，帮助用户理解和复习教学内容。 |

第四，选择合适的直播平台，根据直播的风格和培训定位，选择一款相匹配的直播软件或平台，并进行相关设置和测试，确保直播质量和稳定性。

第五，完成直播场域布置，布置直播所需的直播设备，如摄像头、麦克风、网络环境等，以提供清晰的视频和音频效果，结合直播主题完成场景搭建。

第六，搭建直播教学团队，包括培训讲师、助教与班主任。具体权责分工见下表。

课程直播人员安排

| 项目 | 内容 |
|---|---|
| 导师 | 提供线上录播课程<br>线上直播课程授课<br>直播课程 & 线上互动<br>作业点评 & 答疑（直播 / 录播） |
| 班主任 | “班级”社区整体运营管理<br>学员打卡点评<br>开营仪式 & 结营仪式 |
| 社群助手 | 负责引导社群内氛围<br>学员学习数据整理<br>学习任务预告<br>学员学习任务督促<br>完成学员打卡任务整理<br>学员作业收集<br>学员反馈收集（开营前 / 结营后的问卷调查统计） |

第七，制作宣传资料，确定宣传渠道、策划宣传主题、制作宣传物料（裂变海报、H5官网、录播视频、短视频等）、设计用户报名方式及留存路径、引导用户预约直播，利用社群运营、短信、邮件等多种方式推送宣传物料，提升培训渗透率。

第八，提前一周做好直播设置。先提前做好直播间的准备工作，如设计品牌视觉，如品牌logo、背景设计等；接着是设置直播间，如直播活动名称、直播时间、直播简介、直播封面、互动插件等直播参数；还包括线下硬件设施与空间布局，直播画面装饰、触点元素和传播用图等物料设计等；再次，需设定直播角色权限，直播角色管理包括学员、讲师、助教、直播嘉宾、管理员、机器人等，或可设置无观看限制、报名留资料、报名白名单及付费观看等；然后，做好直播摄像与收音设备配置、灯光与反光板设置、空间布局与场景设计等；最后发布课程通知，邀请用户参加培训。

【聚焦案例】“网课入侵”时有发生，如何营造安全的网课空间

2022年受疫情影响，线上会议、线上教学已经是我们熟悉、常用的工作、学习方式之一。与此同时，出现了“网课爆破”这样一种通过网络入侵的方式，破坏线上课堂秩序的行为。网课参与者泄露网课会议号和密码后，捣乱的人进入在线课堂，通过强行霸屏，甚至辱骂等极端方式，恶意扰乱教学秩序。

“网课爆破”或“网课入侵”通常指的是进入某个网课教室，播放与课堂无关的音乐和视频，谩骂学生和老师，以此来扰乱教学秩序的行为。这种行为叫作“爆破”，入侵者把自己称为“爆破手”。

“我们正上着课，突然有人大喊‘老师我要上厕所’，然后一阵尖锐的警笛声响起，屏幕上跳出一堆乱七八糟的东西，有个男生直接开始骂人，骂得特别难听。老师没法一下子把他们全踢出去，最后只好提前结束了网课。”这是上海大学生小夏今年9月的一次网课经历。

类似的情况，已屡见不鲜。记者近日采访了解到，新学期开学以来，“网课爆破”事件频发。在一些网络平台，有不少声称专业“爆破”的博主发布视频称，各大网络会议室、在线办公平台皆可“爆破”，相关服务被称为“梦泪”“波波”“猪猪侠”等。此次新郑市第三中学刘老师的网课中，就出现了号称“梦泪”的捣乱者。

多位受访专家表示，“网课爆破”不仅扰乱了网络平台的公共秩序，也给很多人带来了实际伤害，已经不单单是搞黄一堂课这么简单了，如果是“黑客”破解网络课堂账号密码，组织捣乱者进入，或捣乱者辱骂他人造成严重后果，还可能涉嫌刑事犯罪。当下，对“网课爆破”乱象亟待整治、精准打击。

（资料来源：“网课入侵”时有发生 如何营造安全的网课空间_新闻频道_央视网）

### （二）直播中执行事项

1.直播彩排

直播彩排先是对直播工作核验，确定直播流程、人员分工安排及直播场地布置等；然后做好现场勘测，网络测试、设备测试、拍摄测试、流程彩排等，确保直播稳定进行；最后对培训课程内容做调试，展示教学材料，如PPT、讲义、案例分析、视频片段、图表等。

2.直播互动

直播时，遵循直播形式的特性，充分利用声音、内容和视觉的感官刺激学员，充分激发培训效能。使用多种直播互动形式，如签到、屏幕分享、画笔白板、PPT标注、抢答互动、实时字幕、多人连麦、随堂测试、投票、绿幕抠像等，提升培训效果和用户参与度；同时，直播监控、直播聊天内容审核、敏感词过滤等，确保跨平台（电脑端、移动端、小程序、客户端等）流畅观看直播。

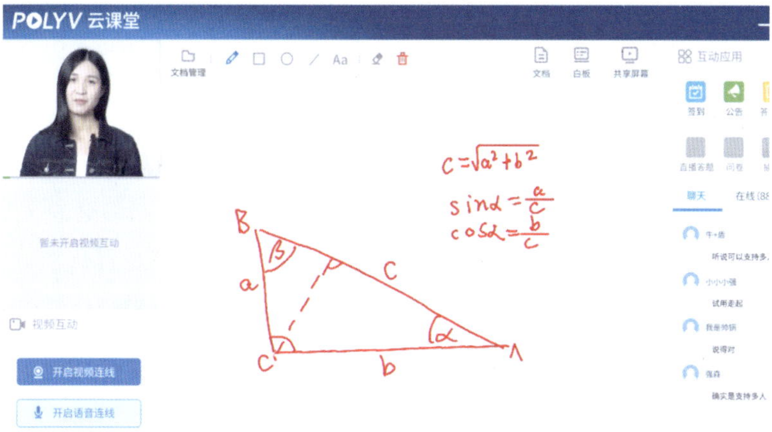


画笔白板

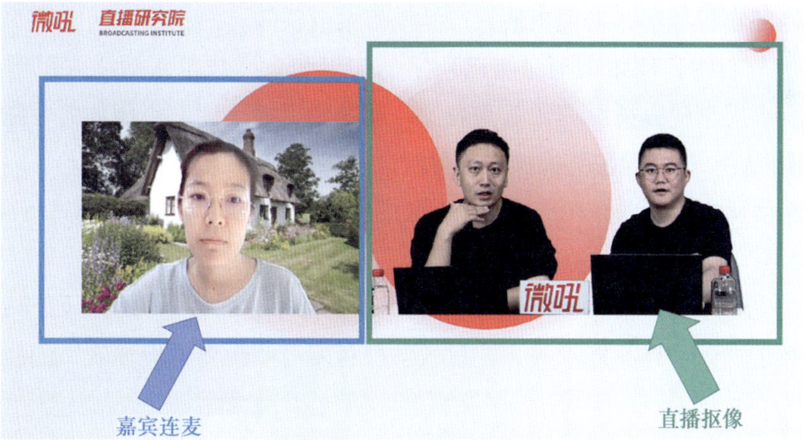


嘉宾连麦与直播抠像

直播互动

### （三）直播后跟进内容

每次培训结束后，需进行回顾和总结，对学员的问题和反馈进行解答和回应，并根据学员的需求调整教学内容和方法。同时，设置直播录制留存，上传培训资料，制作培训录像，满足用户二次传播与学习需求。

此外，还要做好数据分析和内容沉淀，包括直播数据，如参会总人数、互动数据、在线人数峰值曲线、培训课程进度、成绩和表现等；用户观看行为分析，通过数据分析立体呈现用户画像，把握课程参与度，掌控学员培训效果；追踪学习效果，通过问卷调查、学员反馈等方式，评估培训的效果和质量，利用大数据技术分析，量化培训效果，优化培训流程，帮助企业提升培训效率及质量。

### 【任务实操】

小周是一名电商专业的大学生，他热爱农业并且对创业充满激情。在三下乡活动期间，他到农村考察，发现当地农产品销售渠道狭隘，滞销严重，大多水果烂在地里。小周十分心疼，他希望通过自己所学的知识和直播技术来帮助农民解决这个问题。因此，小周组建直播电商团队为农民开展助农直播培训。小周如何才能做好一场助农直播培训呢？请按课程直播操作流程制订准备工作计划。

为确保培训的顺利进行和传授农民有效的直播技能，将从以下方面进行准备。

1.直播前

（1）准备教学材料和工具：根据培训课程准备相应的教学材料，如PPT演示、实例案例、教学视频、样品展示等，注意教学材料要简明扼要，以便农民们能够迅速理解和吸收。

（2）确定时间及地点：可以通过线上平台或者当地村委等相关部门联系农民，向他们说明培训目的和内容，并约定具体的时间和培训地点，可向当地村委或学校借会议室、教室等。

（3）检查直播设备和网络环境：检测直播设备（如摄像头、麦克风）能否正常运行，并检查直播场地网络连接是否稳定，确保能够顺利进行直播。

（4）组织宣传和邀请农民参加：可通过社交媒体、论坛、微信群等渠道宣传培训活动，并邀请感兴趣的农民参加。也可准备小礼品或者培训资料作为奖品，增加参与度。

2.直播中

（1）直播彩排：熟悉直播内容和操作流程，了解培训过程中可能出现的问题，并做好风险防范。

（2）直播讲授：通过实例讲解如何在网络平台上进行产品展示和销售。与此同时，还通过实际操作，帮助农民们建立了自己的电商网店，并教授了一些营销技巧和注意事项，直播课堂通常包括以下环节：

直播课程框架梳理

| 序号 | 直播流程 | 具体事项 | 计划时间 | 互动体现 |
|---|---|---|---|---|
| 1 | 开场引入 | 开场介绍，气氛暖场，包括人员介绍、课程简介、学习目标等 | 2 分钟 | PPT 直播<br>签到打卡 |
| 2 | 主题演讲 | 介绍与电商网店相关的知识点和理论，提供相关案例和实际应用 | 10 分钟 | PPT 直播 |
| 3 | 实例演示 | 讲师结合实际案例，进行直播演示，展示具体应用场景和操作步骤 | 5 分钟 | 屏幕共享 |
| 4 | 主题讲解 | 案例分析讲解，引导学员将理论知识应用到实际问题中 | 10 分钟 | 课堂测试 |
| 5 | 小组活动 | 学员分成小组，进行讨论、分享和实践合作等 | 10 分钟 | 直播分组讨论 |
| 6 | 答疑环节 | 通过在线平台提问和互动，讲师进行回答和解答疑惑 | 5 分钟 | 聊天问答<br>画笔白板 |
| 7 | 直播总结 | 直播总结，回顾重点知识，提供复习建议和资料，发放问卷调查 | 3 分钟 | 问卷调查 |

直播课堂时间尽量结合学员非工作时间或农忙时间，例如晚上19:30—21:00。单次直播时长控制在45~90分钟，时间过长学员容易感到疲惫。

直播内容框架通常由以下几个方面的构成：

（1）引入（2~5分钟）：开场介绍，气氛暖场，介绍讲师及嘉宾身份，明确本节课程的学习目标和重点，说明学员将会学到什么知识或技能。

（2）主题讲解（20~30分钟）：根据课程主题，进行详细的讲解和分享。可以通过演示、案例分析、实际操作等形式，将知识点具体化，并结合图表或幻灯片等工具进行辅助讲解。讲解过程中，可拆分为10~15分钟，分模块或章节进行，同时，要注重语言清晰、逻辑严密，确保学习者能够理解和接受所传达的知识。

（3）互动与实践环节（10~15分钟）：为了提高学员的参与度和学习效果，可以设置一些互动环节。例如提问学员问题，让学员进行小组讨论，或是进行课堂练习等。通过与学员的互动，可以加深对知识的理解和应用。

（4）答疑环节（10分钟）：为了确保学习者对课程内容的理解和吸收，可以设置一段时间进行提问与答疑环节。学习者可以提出问题或解决遇到的困惑，老师或助教则进行解答和讲解。

（5）总结回顾（3~10分钟）：在课程即将结束之前，对本节课程内容进行一个简要的总结回顾，强调本节课程的重点和关键知识点，给学员提供一些课后延伸资源，如参考书籍、学习链接等，发放对直播课堂的问卷调查。

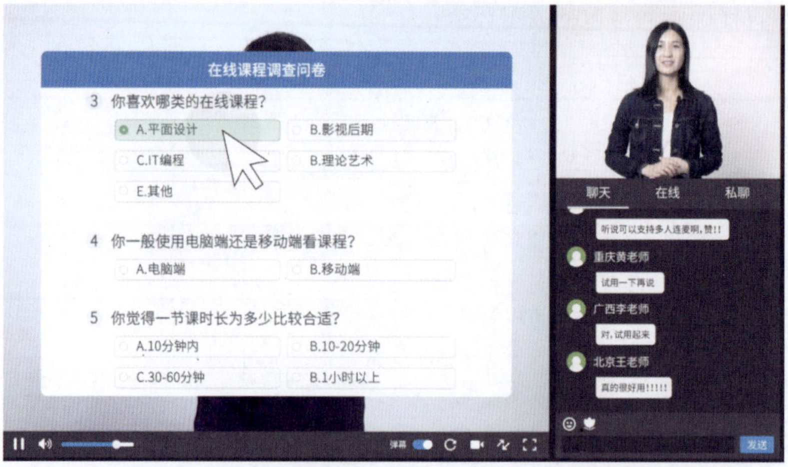


直播互动-调查问卷

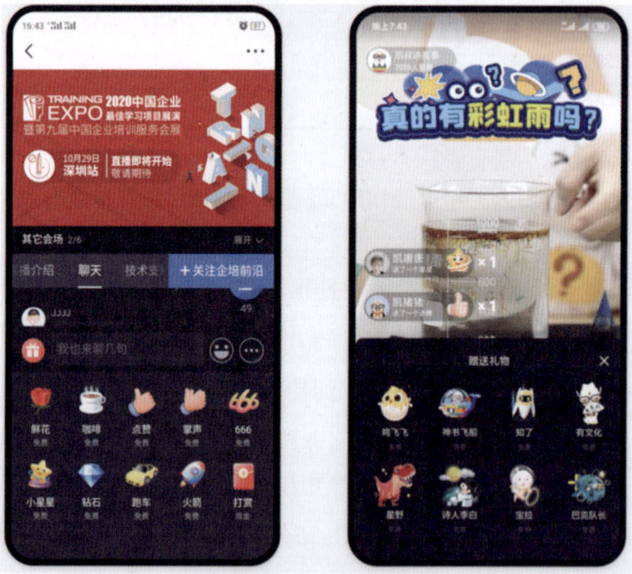


直播互动-直播打赏

3.直播后

直播复盘：对直播活动进行回顾和总结，对学员的问题和反馈进行解答和回应，了解学员对培训内容的建议，例如他们遇到的其他困难、对培训的改进建议等。这有助于培训团队更好地了解学员的需求，并对后续的培训计划进行优化。

## 【应用实操】

随着“花Cheers”的业务拓展，公司计划在下个月大促前，对用户开展花卉种植和养护相关的课程直播，由小慧负责直播相关的事宜。请你帮助小慧罗列一份明确的直播流程安排和互动安排。

1. 请根据任务，明确花艺直播培训课程直播前、中、后具体的工作流程和细节要求。

| 直播前 | | |
|---|---|---|
| 序号 | 任务内容 | 内容描述 |
| 1 | | |
| 2 | | |
| 3 | | |
| 4 | | |
| … | | |
| **直播中** | | |
| 序号 | 任务内容 | 内容描述 |
| 1 | | |
| 2 | | |
| … | | |
| **直播后** | | |
| 序号 | 任务内容 | 内容描述 |
| 1 | | |
| 2 | | |
| … | | |

2. 根据任务，请为花艺直播培训课程梳理直播脚本，设计直播互动。

| 序号 | 直播流程 | 具体事项 | 计划时间 | 互动体现 |
|---|---|---|---|---|
| 1 | | | | |
| 2 | | | | |
| 3 | | | | |
| 4 | | | | |
| … | | | | |

结合任务背景自行分析探究，然后2~3人组成小组开展讨论，形成结论后派出代表讲演，并开展自我评价、小组评价、教师点评。

【实操评价】

| 项目 | 直播流程 | 直播框架 |
|---|---|---|
| 评分标准 | 优秀：对直播工作流程有深入的理解，流程划分准确、合理、完整<br>良好：对直播工作流程有一定的理解，流程划分清晰、基本完整<br>合格：对直播工作流程相对熟悉，流程内容基本合理 | 优秀：时间安排合理，环节衔接流畅<br>良好：对直播工作流程有一定的理解，流程划分清晰、基本完整<br>合格：对直播工作流程相对熟悉，流程内容基本合理 |
| 自我评价 | □优秀 | □优秀 |
| | □良好 | □良好 |
| | □合格 | □合格 |
| 小组评价 | □优秀 | □优秀 |
| | □良好 | □良好 |
| | □合格 | □合格 |
| 教师点评 | □优秀 | □优秀 |
| | □良好 | □良好 |
| | □合格 | □合格 |

# 任务二　企业培训直播

【情境导入】

“花Cheers”旗下门店越来越多，对跨门店沟通和各个门店产品质量要求都提出挑战，马上就要迎来年货节，小慧接到任务，需要协助讲师给其他门店员工组织一次内部培训会议的直播，小慧打算按照培训直播的准备要求，提交一份明确的直播工作计划。

【知识解析】

直播业务培训即是对传统课堂教学进行数字化转型，通过直播赋能助长企业业务发展。随着科技的不断进步和互联网的普及，直播业务培训逐渐成了一种受欢迎的在线学习方式。

企业的直播业务培训在企业的营销链条中扮演着重要的角色。它不仅可以树立企业形象，扩大企业知名度，还能够为代理商、经销商、合作伙伴、加盟店、导购或潜在用户提供培训。通过丰富的直播内容和形式，企业可以建立起面向合作伙伴的数字化培训体系。这种培训方式不仅可以帮助新的合作伙伴快速了解公司信息，还能够及时反馈用户的需求，帮助合作伙伴应对用户的变化和消费需求的升级，从而提高合作伙伴的竞争力。

## 一、认识培训直播

企业培训直播应用场景在企业中呈现多元化趋势，调查显示，企业培训直播的应用场景，既有对内的业务能力培训、新人培训、管理制度培训、党建培训等，还有对外的合作伙伴培训、行业研讨会、同业交流等场景。对于企业而言，开展对外的业务培训具有重要意义。它可以收集到目标客户画像，提升企业员工的专业能力和技能水平，拓展企业的业务范围和市场份额，促进企业发展和推动经济增长，增强企业的品牌形象和声誉。

企业培训直播的应用范围

（图片来源：艾瑞咨询.2020年中国企业直播应用场景趋势研究报告）

随着直播行业的发展，企业培训直播的价值也在不断拓展。从过去仅以直播培训为扩展线下直播的渠道，到越来越多的行业开始使用直播培训，并有效利用直播达到降本增效的培训效果。企业培训直播具体有以下优势：

1.加强品牌建设

通过企业培训直播，企业能够展示其专业知识和行业经验，通过与客户、合作伙伴等的互动，企业可以更好地展示自身的专业能力和服务水平，树立良好的企业形象和声誉。同时，加强品牌建设和知名度，使企业深入行业、参与行业话题讨论，形成品牌影响力和行业影响力。

2.建立合作关系

企业培训直播不仅仅针对用户，还可以针对企业的合作伙伴，如供应商、代理商等。通过培训，企业可以加强与合作伙伴之间的沟通和合作，提高共同解决问题能力和协同效率，实现共赢发展。

3.数据收集应用

企业培训直播可以收集多种数据，以帮助企业了解用户的学习与互动行为数据。

常见数据如参与情况、互动数据、成绩和表现、反馈和评价、观众数据、课程进度、直播平台及设备技术数据等，实时监控用户的学习情况，及时调整教学策略和提供个性化的指导。

【聚焦案例】直播服务商助力企业培训内容形态向数字化发展

针对传统企业培训的成本高、效果差、风险高三大痛点，微赞提供贯穿“组织架构-课程管理-直播培训-考核评估”全流程的企业培训直播场景解决方案。

其中，山西教育、用友等不少知名企业都利用微赞直播开展了对内对外的培训，实现了企业培训的全方位线上转型。

用友平台利用微赞直播打造一系列企业线上培训，降低培训成本。通过支持微信、小程序、PC端等多端观看，功能轻便简洁，方便随时随地开始学习，提升了员工参与度。用友通过规范化管理培训课程，完善企业培训内容体系，并且运用剪辑管理，能精准、快速地查找回放课程精华。在课程学习前，通过微信、短信通知培训成员，帮助企业提升培训的出勤率；在课程直播中，可以通过视频、图文以及其他互动功能的音视频内容形式，丰富的多端开播工具支持，打破地域和时间的限制，支持多人在线连麦，实现讲师学员零距离互动；更有答题红包、精彩答题、直播练习等寓教于乐，帮助学员在快乐中巩固课程知识。

另外，可以对学员信息进行白名单校验，提供跑马灯水印及密码验证，打通企业微信/钉钉账号系统实现员工验证，充分保障企业隐私内容安全。

通过规范化管理培训课程，完善企业培训内容体系，与此同时，通过剪辑管理，能精准、快速地查找回放课程精华。

（资料来源：微赞官网）

## 二、培训直播操作指南

与课程直播不同，培训直播指的是企业B2B领域、产品讲解发布，或者是对自己公司内部员工的培训直播，基于直播这种轻量级、快启动、易操作特性，企业能更好地传递企业价值并帮助合作伙伴、供应商解决更多实际的业务问题。

### （一）直播前准备工作

1.搭建培训直播团队

团队中的人员配置可分为三大类：出镜人员、执行人员、运营人员。直播中的出镜人员：一般为主持人、主播、嘉宾等主播角色；直播执行人员包括：导播、摄像灯光、调音以及直播技术工程师；直播运营人员包括：直播总策划、直播小助理、直播运营（内容、活动、数据）、设计师。

2.搭建直播间

搭建直播间具体包括准备直播设备和建设直播场景。

俗话说："工欲善其事，必先利其器。"一个成功的直播，除了内容之外，还需要有各种硬件设备的支持，包括摄像头的选择、灯光调试、网络环境的搭建等。

直播场景可结合企业实际情况，根据直播主题和类型选择合适的直播场景和样式，让场景与主题相贴合，可以给观众带去更强的沉浸感和代入感，具体有实景直播、绿幕直播、虚拟直播等。

3.确定直播主题和话题

根据培训目的和内容设计主题，选择具有吸引力和能够激发人们好奇心、探索欲的话题。可以通过前期设置调查问卷的方式收集话题内容，包括：与销售部门联系沟通客户在工作中最常遇到哪些问题、最关注的是哪些内容等；或者是从以前的直播中寻找话题。

4.确定直播时间

对于企业来讲，每周三和周四是举办B2B直播的最佳时间，每天的上午 11 点和下午 2 点是直播参与率最高的时间，因为这段时间合作伙伴、员工都是办公时间，且和周一周二工作会议计划错开时间，因此参与率会比较高。

5.邀请嘉宾

一般而言，企业培训直播中出现的角色有主持人、讲师、特邀嘉宾三类，这三个角色是企业直播主要信息传递者和专业背书者，同样的内容，由不同职位、不同领域、不同身份的人表达出来，效果也不一样。在邀请老师时，应先把企业介绍、直播介绍和邀请函发给老师，确保老师能对直播主题和话题做好准备。

6.推广宣传

由于企业培训直播的客户群体是固定的，企业需要进行通知和邀请。具体可通过：短信、邮件、社群、海报宣传、动态H5等方式。正常情况下，应该在直播开始前一周进行宣传，方便用户安排自己的时间，报名率大大提高。在进行宣传时，建议放在上午8—10点。

7.设计直播脚本

根据直播主题，明确直播内容重点，分别梳理出讲述要点（主播）、直播脚本（统筹）等内容信息，如有必要，主播还可以输出逐字稿，确保能在镜头面前有更好的呈现。另外，人们难以长时间对某一事物保持高度注意力，因此需要对内容要点和直播环节进行适当分配，在关键节点设置关键内容和互动，持续吸引观众注意。举例，一场45分钟的直播，可在第5分钟、第15分钟、第30分钟等节点精细内容，匹配用户互动行为，通过控场节奏和内容的设计，打造直播全流程最佳的峰值体验。

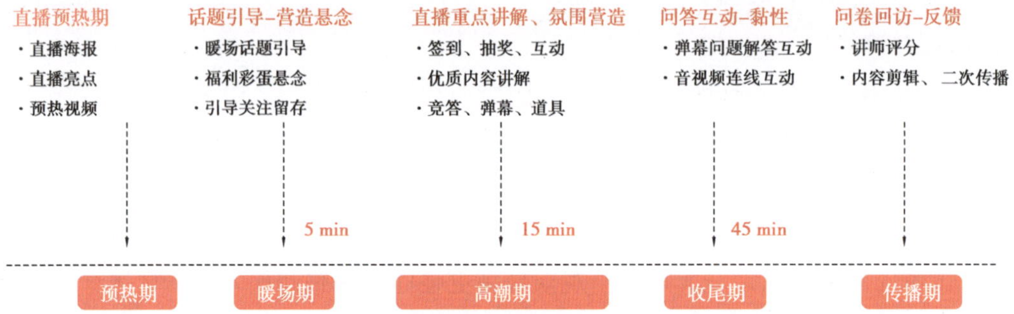


**把握直播节奏的策略**

（资料来源：《保利威-B2B企业直播搭建指南》）

8.直播脚本

基于直播内容要点和流程环节输出直播脚本，直播脚本大致包含：直播基本信息、直播流程策划以及工作人员安排三个维度信息。

（1）直播基本信息：传递本场直播的相关信息，包含直播目的、直播主题、直播地点、直播时间以及直播内容大纲等。

（2）直播流程策划：帮助执行人员了解每一项直播流程，精确到每个画面，包含开场策划、画面策划以及互动策划。

（3）工作人员安排：明确直播过程中各岗位职责，保障直播顺利落地，包含人员分工、执行内容、执行节点以及重点标记。

9.直播彩排

在进行直播之前，一定要先测试直播视频的音频、视觉、灯光、背景等问题，同时让直播老师一起走一遍流程，提前熟悉一下场景，提前规避问题，确保直播正常进行。

| 直播主题：<br>直播时间： | | | | | | | |
|---|---|---|---|---|---|---|---|
| 主持人：XXXX 嘉宾：XXXXX | | | | | | | |
| 彩排时间：2月30日下午16:00-17:00 \| 形式：MR虚拟场景多地连线 | | | | | | | |
| 流程 | 时间 | 时长 | 内容 | 嘉宾动作 | 画面 | 音乐 | 小助手 |
| 1 | 开场 - 5min | | | | | | |
| 主持人开场 | 16:00-16:05 | 5min | XXXXXXX | 嘉宾候场 | 主视觉<br>运镜<br>1个人名条 | 开场音乐 | |
| 互动环节 | 16:05-16:06 | 1min | | | | | 发红包 |
| 2 | 第一环节-15min | | | | | | |
| 主旨分享 | 16:06-16:21 | 15min | 嘉宾主旨分享<br>《分享内容主题》 | 异地嘉宾接入，<br>和主持人打招呼 | 个特效窗<br>2个人名条 | | |
| 互动抽奖环节 | 16:21-16:24 | 3min | 直播抽奖 | | 视频mov | 背景音乐 | 记录获奖名单，推送企微二维码添加 |
| 3 | 圆桌对话 - 40min | | | | | | |
| 主持人串场 | 16:24-16:25 | 1min | 主持人串场，邀请圆桌嘉宾 | 候场 | 主视觉<br>人名条 | | |
| 圆桌 | 16:25-17:25 | 1hour | 圆桌主题 | 嘉宾接入 | 主视觉+嘉宾人名条 | | |

**企业培训直播脚本**

（资料来源：《保利威-B2B企业直播搭建指南》）

## （二）直播中执行工作

### 1.直播热场

开场热场，无论你准备的是 Word 版文字稿还是 PPT，核心始终有两个：

第一，代入认同，与观众构建共情，让他们知道我们懂他们想听的内容，懂他们来参加直播背后的知识痛点。

第二，创造矛盾，让观众对内容有后续的期待。

### 2.直播互动

开场前的互动，或开场前 1～3 分钟内的互动，用于测试今天整体活跃度如何中场互动，比如讲了 30 分钟，或者讲了50% 内容后，进行简单互动结尾问题互动，在 Q&A 环节进行。

直播互动包括直播功能互动和聊天区互动两个维度。

直播功能互动：即使用直播间已有的功能活跃直播间氛围，如红包、抽奖、打赏、问卷等。

聊天区引导互动：可结合主播讲述内容要点，安排小助手在直播间对话题展开提问互动，激活观众在聊天区的互动热情。

聊天区观众互动：即主播需要关注直播间聊天区观众提问，并及时答疑，做好与观众的直播互动，维持直播间活跃度。

### 3.直播结尾

可以通过以下4项内容完成培训直播的结尾：

（1）直播要点总结：回顾直播，总结关键要点，给出明确结论与观点。

（2）从理论到实践：给出执行路径图，帮助用户更好地理解内容。

（3）相关知识延展：推荐相关书籍或网站，提供自主学习提升的方式。

（4）福利发放：可采用发红包、抽奖等福利发放的形式，提升观众黏性。

4.私域运营

企业的培训直播还可以作为企业连接客户，展现企业专业性和品牌能力的传播物料。

在直播开始前，企业可以在直播频道后台绑定企业旗下其他企微账号（如销售部和市场部），将直播推广权限下放至一线员工。随后，员工便可根据企微标签客户进行 1v1 推送（如营销类直播推给营销行业客户，玩法类直播推给活动行业客户），邀请企微客户观看直播，实现精细化运营和管理。

在直播中，可以实时跟进客户观看情况——如有多少人正在观看直播、单客户观看时长、进入和退出时间等，就直播内容和话题与客户私聊互动，激活客户对直播和产品的兴趣。

在直播后，直播数据将得到更系统化和精细化的沉淀，精准匹配客户行为数据，如参与答题卡、问卷、点赞等，生成多维度客户画像，帮助员工更全面地了解自己的客户。

## （三）直播后运营工作

1.总结复盘

直播数据一般可分为基础数据和行为数据，基础数据包括观看时长、观看次数、观看渠道、观看终端、热力值等，行为数据则按用户在直播间的行为动作维度进行统计，如发言、点赞、问卷、红包以及抽奖等。根据数据统计维度的不同，可以分别对直播、观众和渠道进行分析。

（1）直播层面：可根据直播观看人数、观看峰值、互动次数、热力值等维度了解观众对直播内容的感兴趣程度，从而对直播主题、内容进行精选，为后续直播提供数据支撑。

（2）观众层面：可以根据观众来源按需求/场景为用户打上“标签”，并与企业其他平台的数据实现互通，从而生成每一位观众完整的360° 用户画像。

（3）渠道层面：若直播前为各个推广渠道设置了渠道二维码，可通过查看各个渠道的观众来源，为后续重点推广铺路。

2.二次宣发

直播结束后，大致能沉淀直播回放、精彩花絮、图文精华等数字资产，企业可根据实际需要对内容进行二次制作及宣发。

（1）直播回放：直播结束后会生成直播回放，开启直播回放后可以让错过直播的朋友在直播间回看直播。

（2）精彩花絮：可以将直播回放下载或在线剪辑成精彩花絮视频，根据不同分发渠道的特点，输出不同时长的视频，如30秒朋友圈，1分钟社群，5分钟平台等，将直播的价值二次释放。

（3）图文精华：亦可对直播中的亮点进行方案拆解，做成公众号文章，沉淀成企业解决方案。

（4）分发矩阵：根据企业特性和直播内容，可在公域平台建立企业自己的视频矩阵，亦可结合渠道推广数据筛选精准渠道，将视频和图文内容分发至公域流量中，触达更多的人群。

## 【任务实操】

案例分析：华夏保险×保利威 迭代与融合，打造企业特色数字化培训直播体系

华夏保险从2019年开始未雨绸缪，着手建设数字化培训生态，研发了新型在线教育培训系统，进入适应模式；2020年，随着疫情突发，其在线学习平台——华夏凤凰商学院（以下简称“商学院”）正式上线，培训团队在应用中不断深化逻辑，优化体验。而从2021年至今，员工们对平台的应用已经驾轻就熟，培训团队持续升级迭代培训模式。

**华夏保险线上线下混合培训**

当前，商学院已能适应绝大多数华夏保险的学习场景，完备的直播功能弥补了线下培训难以开展的窘况，并与线下活动完美融合，深化成果，直达绩效。保利威与华夏保险通力合作，以直播助建数字化培训生态。

即便在线培训平台相当方便和智能，对寿险培训而言，仍必须规避“有了在线培训就可以抛弃线下培训”的误区。华夏保险在近年来大力推行线上线下混合培训，最大限度地提升培训效能。

1.课程设计，一切为了体验

华夏保险每一次轮训内容都由“主旨课程 + 案例课程”组合而成。为了规避各个机构学习时网络不稳定的现象，课程大多数情况下采用伪直播这一新媒体制作方式。

这需要提前录制好课程，每十分钟设置一个感性的刺激，引导整个授课过程，并根据学员的学习情况微调内容，再在直播时段投放。通常，每门案例课程时长持续 1.5 小时，主旨课程持续3个小时。为了防止注意力负载，培训团队以 45 分钟为一课时进行剪辑，中间加上10分钟的课间休息倒计时视频是由平时制作的泛金融类的趣味短视频集合而成，适合学员课间休息时作为拓展了解。

2.学以致用，及时引导练习

每天线上学习的开篇视频都包含了复习和预告内容，末尾则涵盖了当日课程总结梳理和作业，保证学员投入一定的时间加以练习。每位学员提交的研讨成果都被留档备查，对后期培训总结以及管理者追踪，都有极大的帮助。

3.学习转化：与绩效支持共同发力

在学习转化阶段，除了学员自身努力，也需要为他们提供绩效支持渠道，华夏保险从三方面展开：首先，建立学习社群，学员可在其中向讲师和大咖提出问题并获取答案。其次，获取管理者的支持，让管理者追踪学员行动计划的推进情况，及时开展绩效面谈。最后，让学员通过商学院直播间以及视频号，持续分享学习和实践的收获，投放到线上学习社群，或者线下机构每天早会的“典范分享”模块中，激发其他员工学习转化的积极性。

4.总结效果：延续终点

培训后，为了持续升温培训内容，团队会上传直播内容并回放，也会剪辑成若干短视频，通过多个媒体渠道形成传播矩阵，增加直播素材的复用性，进一步帮助学员持续学习，同时，组织各机构进行整体追踪和复盘，积累绩优销售的经验并持续改进。对于项目的策划人员来说，培训结束当天不是终点，培训后的三个月甚至半年，追踪评估学员战斗月的业务表现，这才是培训的终点。

（资料来源：华夏保险 × 保利威 迭代与融合，打造企业特色数字化培训直播体系）

根据以上案例，请按照表格模板总结出直播前、直播中、直播后都准备了哪些事项。

【应用实操】

“花Cheers”近期打算围绕跨门店的“贺喜金色年华”年货节活动组织一场内部员工的花品设计和促销业务培训会议，小慧需要准备内部培训直播，并邀请一位花艺大师作为嘉宾，同时，店长还要求她做好直播内容的留存，以备二次引流推广。请按照以上要求，提交一份明确的直播工作计划。

1.请根据任务，明确花艺直播培训课程直播前、中、后具体的工作流程和细节要求。

直播流程安排

| 直播前 | | |
|---|---|---|
| 序号 | 任务内容 | 内容描述 |
| 1 | | |
| 2 | | |
| 3 | | |
| 4 | | |
| … | | |
| 直播中 | | |
| 序号 | 任务内容 | 内容描述 |
| 1 | | |
| 2 | | |
| … | | |
| 直播后 | | |
| 序号 | 任务内容 | 内容描述 |
| 1 | | |
| 2 | | |
| … | | |

2.根据任务，请为花艺直播培训课程梳理直播脚本，设计直播互动。

直播框架

| 序号 | 直播流程 | 具体事项 | 计划时间 | 互动体现 |
|---|---|---|---|---|
| 1 | | | | |
| 2 | | | | |
| 3 | | | | |
| 4 | | | | |
| … | | | | |

结合任务背景自行分析探究，然后2~3人组成小组开展讨论，形成结论后派出代表讲演，并开展自我评价、小组评价、教师点评。

【实操评价】

| 项目 | 解析完整 | 拓展调研 |
|---|---|---|
| 评分标准 | 优秀：对直播工作流程有深入的理解，流程划分准确、合理、完整<br>良好：对直播工作流程有一定的理解，流程划分清晰、基本完整<br>合格：对直播工作流程相对熟悉，流程内容基本合理 | 优秀：时间安排合理，环节衔接流畅<br>良好：对直播工作流程有一定的理解，流程划分清晰、基本完整<br>合格：对直播工作流程相对熟悉，流程内容基本合理 |
| 自我评价 | □优秀 | □优秀 |
| | □良好 | □良好 |
| | □合格 | □合格 |
| 小组评价 | □优秀 | □优秀 |
| | □良好 | □良好 |
| | □合格 | □合格 |
| 教师点评 | □优秀 | □优秀 |
| | □良好 | □良好 |
| | □合格 | □合格 |

## 【项目小结】

本项目介绍课程直播、企业培训直播的一般流程，包括数字化下的线上教育课堂搭建，企业内部培训、合作方的会议沟通以及在具体场景下的应用和拓展。通过企业直播，助力企业实现数字化转型，提升运营效率，降低营销成本，减少时间、精力、金钱花费的多重优势。随着培训直播应用的愈发深入，直播的整个流程发展也愈发全面化与细节化。具体在一场直播活动中，根据时间线可划分为直播前、直播中和直播后三个环节，每个环节呈现不同的关键内容，从直播前的准备工作，到直播中利用直播工具与讲师互动，再到直播后的数据分析与内容沉淀，打造一条全链路发展路线，助力企业利用好培训直播这个工具，实现效能的提升。

## 【课后任务】

一、不定项选择题

1.以下哪些岗位是课程直播要有的工作人员？（　　）

A.班主任　　B.主讲老师　　C.社群助手　　D.活跃学员

2.以下哪些内容属于课程直播前的彩排调试内容？（　　）

A.直播摄像与收音设备配置　　B.灯光与反光板设置

C.空间布局与场景设计　　D.讲师预讲彩排

3.根据知识解析，以下哪个时间是企业对内对外培训的最佳时间？（　　）

A.周一下午　　B.周一上午　　C.周四下午　　D.周五下午

4.在企业培训中的直播热场可以分为？（　　）

A.代入认同，与观众构建共情

B.抽奖活动

C.创造矛盾，让观众对内容有后续的期待

D.发放秒杀福利

5.以下哪些是培训直播中的互动？（　　）

A.发放练习小册　　B.聊天区互动

C.签到活动　　D.抽奖活动

二、简答题

1.企业培训场景有哪些构建模式？

2.企业培训的组织流程是怎样的？

3.如何对企业直播效果做出评估分析？

4.企业直播中的主播主讲话术要点和互动技巧有哪些？

5.课程直播前，应该准备哪些数字资源和物料？

# 模块三 企业直播新趋势

## 项目九
## 探究企业直播新方向

【职场场景训练】

党的二十大报告明确提出“加快建设数字中国”等重大战略，为全国推进虚拟现实产业转型和新型城市基础设施建设指明了方向，提供了路径。虚拟现实是新一代信息技术的重要前沿方向，是数字经济的重大前瞻领域。近年来，相关部门加快推动虚拟现实产业发展，新业态、新模式不断催生。

小慧想要在企业直播运营领域有更长远的发展，除了能够组织完成进行各个场景的直播以外，还要持续关注新技术对直播行业的赋能与革新，因此小慧打算围绕企业直播新方向进行探索学习，不断提升职业竞争力。

【项目学习目标】

通过本项目的学习，应达到的具体目标如下：

1.知识目标

（1）了解数字人直播。

（2）了解虚拟直播。

（3）了解元宇宙直播。

2.技能目标

（1）能够通过探究调查了解有关数字人直播的情况进展。

（2）能够通过探究调查了解有关虚拟直播的情况进展。

（3）能够通过探究调查了解有关元宇宙直播的情况进展。

3.素质目标

（1）形成良好的产业认知，具有商业思维。

（2）具备创新进取精神，不断探索新技术、新要素、新业态。

（3）具备较好的信息搜集能力与整理能力。

【技能提升图谱】

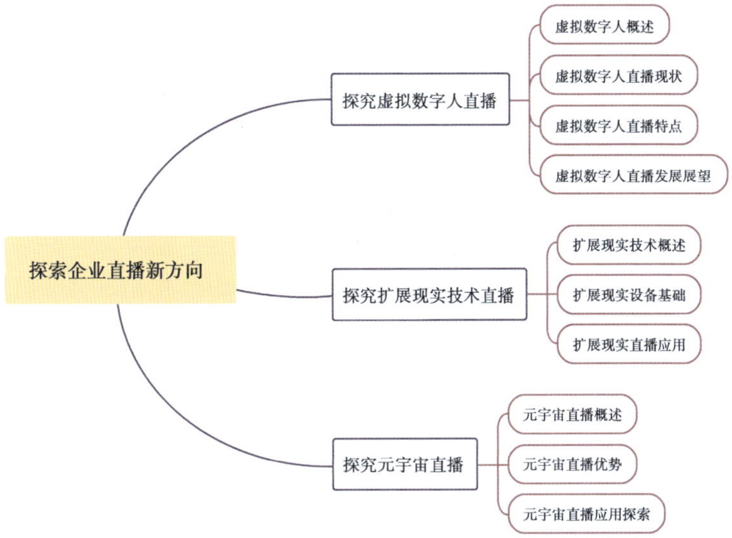


【学习成果展示】

按照以下“数字人直播探究报告”成果模板，调研探究，丰富内容，完成自己的“数字人直播探究报告”“扩展现实直播探究报告”“元宇宙直播探究报告”。

数字人直播探究报告

# 任务一　探究虚拟数字人直播

【情境导入】

近来虚拟数字人呈现井喷式发展，银行、媒体、美妆等不同行业纷纷推出自己的虚拟数字人，一时之间AYAYI、柳夜熙等各式各样风格鲜明的虚拟人类走进了大众视野。那么到底什么是虚拟数字人?

小慧看到眼下直播间的虚拟数字人越来越多，考虑是否建议自己实习的单位“花Cheers”采用虚拟数字人直播，打算先自己了解调研，制作KWHL思维导图，提升自己的职业能力，拓展专业知识。

【知识解析】

## 一、虚拟数字人概述

虚拟数字人指的是使用计算机生成的虚拟人物模型，通常是人类形象的3D模型。虚拟数字人通过计算机图形学、人工智能等技术，可以呈现出逼真的外观和动作，并可以实现复杂的人机互动，目前，广泛应用于游戏、电影、动画、人机交互等领域。随着技术的不断发展，虚拟数字人已经有了许多进一步的应用。例如，虚拟数字人可以通过深度学习等技术实现自主学习，能够自行学习和优化自己的行为；虚拟数字人还可以被用作代理人，出现在客户服务对话框中，为用户提供定制化的服务。此外，虚拟数字人还可以作为一种数字资产，出现在区块链技术的应用场景中，成为数字货币的交易对象。

**相芯科技公司的3D智能虚拟数字人样品**

（图片来源：相芯科技官网）

当下在电商领域，虚拟主播、虚拟讲解员、虚拟代言人、虚拟员工等虚拟数字人的应用越来越多，虚拟数字人可以分为两大类，分别是2D live虚拟数字人和3D三维虚拟数字人。

2D live虚拟数字人通过图片素材的变化，让人们产生动作错觉，但在观感、内容延展性上，都较3D三维虚拟数字人有差距，所以现在大部分品牌应用的都是3D三维虚拟数字人。

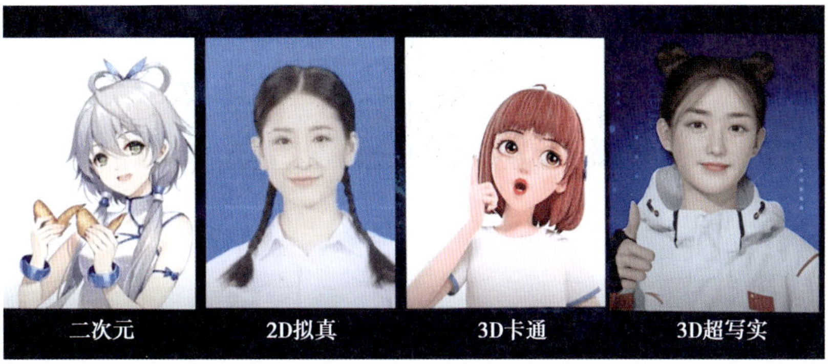


**虚拟数字人形象类型**

（图片来源：搜狐官网）

3D三维虚拟数字人从精度上分为5类，从高到低分别是：超写实级、超影视级、2.5次元、二次元、卡通。

**超写实级、超影视级虚拟数字人形象**

（图片来源：搜狐官网）

卡通是最低级别的3D三维虚拟数字人，造型简单，常出现在儿童3D动画中，如猪猪侠、熊出没等。二次元比卡通级别造型更复杂，一般在二次元虚拟偶像中应用较多，如洛天依等。2.5次元指的是比二次元更真实、细腻的3D三维虚拟数字人，其皮肤和衣料质感更好，常应用于大品牌的二次虚拟代言人中。影视级写实级3D三维虚拟数字人，其造型精致，一般3A游戏大作中的虚拟人物或影视剧中的虚拟人物多采用这种3D三维虚拟数字人。而超写实级别的3D三维虚拟数字人是最精细的虚拟数字人，其汗毛、皱纹，甚至血管走向都清晰可见，面部表情细微，感情表达更加真实。

虚拟数字人柳夜熙微博日常分享

虚拟数字人AYAYI微博日常分享

央视网数字虚拟小编“小C”

（图片来源：新浪微博）

虚拟数字人是虚拟现实、人工智能、区块链等多种技术的交叉应用，极大地拓展了人们的想象力和应用场景。当下，国内已有不少信息科技公司开展数字人定制制作业务，为各行各业提供虚拟形象生成、定制、驱动等服务，帮助企业客户打造更面向未来的、更具差异化的虚拟人应用产品和数字资产。

## 二、虚拟数字人直播现状

虚拟数字人直播是一种通过计算机图形学、人工智能等技术，使用虚拟数字人模型作为主播，实现直播互动的方式。虚拟数字人直播拥有比传统直播更加灵活、多变、智能化等优势。在虚拟数字人直播中，虚拟数字人模型可以自由移动，进行自定义的操作、动作和表情等，而且不会受到自然环境和时间等因素的影响。同时，虚拟数字人直播还可以通过人工智能等技术实现互动，如语音交互、智能回答问题、智能推荐观看内容等。

虚拟数字人直播适用于众多领域。例如，在游戏直播中，虚拟数字人可以扮演游戏主角，进入游戏进行互动，在直播中展示游戏玩法；在电商直播中，虚拟数字人可以进行产品推荐、展示等，在直播中为用户提供更加丰富、生动、有趣的购物体验。在直播带货行业的催化下，虚拟人行业迎来高速发展，虚拟偶像、虚拟主播、虚拟员工、虚拟客服等虚拟人IP更是不断涌现，其中虚拟代言人更是成为新潮流，在2022年的双十二购物节上，蒙牛打造的3D写实虚拟代言人“奶思”在快手“蒙牛牛奶旗舰店”直播间带来首秀，在双十二直播首秀中，奶思不仅展示了蒙古舞等才艺，以及虚拟人特效，还分享了牛奶生产流程等乳品知识，通过游戏互动、福利派发、带货蒙牛产品等多种方式与直播间的互动。

**相芯科技自研虚拟直播带货助手解决方案**

（图片来源：相芯科技官网）

目前，虚拟数字人直播在应用的过程中，需要注意以下几点：

（1）模型设计和制作：虚拟数字人直播模型的设计和制作要求高，需要准确还原主播的面部表情、生动的动作等，才能更好地吸引用户的注意力。

**蒙牛3D写实虚拟代言人“奶思”**

（图片来源：百家号官网）

（2）技术支持：虚拟数字人直播需要依托高性能的计算机、人工智能等技术实现，因此需要有相应的技术支持，保证客户体验的效果和稳定性。

（3）沟通与交流：虚拟数字人直播需要有专业的运营团队，掌握直播细节，拟订直播话术与互动内容才能与用户进行精准沟通和交流，满足用户的个性化需求。

总之，虚拟数字人直播是一种趋势，随着技术的发展和普及，将成为直播行业、人机互动行业和数字业务的新模式。

## 三、虚拟数字人直播特点

目前，虚拟数字人直播相比于传统的真人直播有以下优点：

（1）降低成本：虚拟数字人直播不需要支付人力成本、场地等较高的成本，因此在一定程度上可以减轻企业的经济负担。

（2）实时性强：虚拟数字人直播采用计算机图形学等技术，主播可以实现实时的运动和表现，直播效果更加流畅、真实。同时，虚拟主播比真人主播可控，不会出现跳槽或绯闻等负面事件，不会造成意外损失。

（3）自由度高：虚拟数字人直播可以实现多种自由度和功能，可以为用户提供更加丰富的观看体验。例如，虚拟数字人可以有更丰富的换装，更丰富的动作表演与特效技能等。

（4）无限互动：虚拟数字人可以通过人工智能技术实现智能化互动，可以回答用户的提问、进行语音交互等，对待直播间一些突发状况，例如黑粉不当言论不会有情绪失控导致直播事故等风险。

（5）跨地域性强：虚拟数字人直播可以跨越时空的限制，不受地域的限制，能够实现全球范围内的直播。虚拟数字人直播的时间无上限，可以全天不间断直播，随时随地与观众互动。

然而，当下虚拟数字人主播与真人主播相比，带货时不易打动消费者，带货能力相较显弱。另外，虚拟主播的相关技术尚未成熟，直播过程中容易因为技术原因，出现图像无法显示或中断等事故。除此之外，提高群众的接受能力也是目前电商的一个重要工作，二次元人群毕竟属于少数，想让观众完全接受虚拟主播，还需要改变他们的认知，提高他们对虚拟事物的价值认同。

可见，虚拟数字人主播还有很大的发展空间，可以预见数字人直播技术未来会有更强大的技术革新，让电商直播的内容更加丰富，虚拟数字人的赋能作用将进一步加强。

## 四、虚拟数字人直播发展展望

虚拟数字人直播作为一种新兴的互动直播方式，其发展前景十分广阔。

（1）个性化和多元化：虚拟数字人模型可以个性化定制，与用户产生更加亲密的互动，同时也可以根据用户需求打造更多元化的主播形象。

**相芯科技数字人形象定制流程**

（图片来源：相芯科技官网）

（2）全球化：虚拟数字人模型可以在任何地方进行直播，无须限制时间和空间，可实现全球直播，预计将赋能跨境电商与直播等业务。

（3）应用广泛：虚拟数字人直播不仅可以应用于娱乐直播，还可应用于教育、电商、医疗、社交等多个领域，拓展了它的广泛应用空间。

**风平智能医疗、教育、财经行业数字人直播效果**

（图片来源：风平智能官网）

（4）技术创新与升级：虚拟数字人直播的技术不断创新与升级，比如更加智能、更加逼真的呈现，更加方便的操作等，将大大提升用户和观众的体验。

总之，虚拟数字人直播将成为一个极具活力的生态系统，将不断适应新的市场趋势和用户需求，为观众提供具有魅力性、创新性、好玩性和实用性的直播新方案。

## 【任务实施】

1.根据KWHL图表，完成对虚拟数字人的探索思维导图。

其中，K：即knew，我已经知道的；W：What do I want to know？即我想要知道什么；H：How can I learn？我怎么学习这些内容；L：What did I learn？通过学习了解到的内容。请按照自己了解的内容，将已知的（K）、想要知道的（W）进行梳理后，通过新闻阅读、搜集案例、直播观看进行探索。

| 项目 | 内容 |
|---|---|
| K（knew）<br>通过课堂学习我已经知道的 | |
| W（What do I want to know？）<br>我想要知道什么？ | |
| H（How can I learn？）<br>我怎么学习这些内容？<br>建议：<br>1.新闻阅读<br>2.搜集案例<br>3.直播观看 | |
| L（What did I learn？）<br>通过学习了解到的内容 | |

2.请帮助小慧按照准备数字人的直播流程，构建花店的数字人直播设计，并探讨可行性。

第一步：确定直播内容和主题。确定直播内容和主题是数字人直播的第一步。通过分析用户需求和市场热点，确定直播的主题以及主播的形象。

第二步：制作数字人模型。制作数字人模型是数字人直播的核心步骤。可以通过3D建模、人工智能等技术制作数字人模型，制作完成后进行测试和优化，确保数字人模型的效果达到最佳状态。

第三步：编写直播脚本。编写直播脚本是数字人直播的重要一步，直播脚本需要针对主题和主播形象，准备足够的素材并规划好大致的直播流程。

第四步：准备直播设备和软件。准备直播设备和软件是进行数字人直播的前提条件。需要准备高性能的计算机和专业的直播软件，以及相应的视频、音频和图像处理工具。

第五步：前期宣传和策划。数字人直播需要进行前期的宣传和策划，通过社交媒体、广告投放等方式宣传，吸引用户关注和参与。

第六步：进行数字人直播。在上述准备工作完成后，可以进行数字人直播。在直播过程中需要注意音视频质量、交互效果和用户体验等多个因素，确保直播节目流畅、清晰并与观众保持良好的互动。

第七步：总结优化。根据直播情况，总结数字人直播效果，完成复盘建议。

| 步骤 | 内容 |
| --- | --- |
| 第一步：<br>确定直播内容和主题 | |
| 第二步：<br>制作数字人模型 | 下载软件，按照情景任务设计数字人，生成预览视频。（作品请看素材包）<br><br><br>下载软件（以来画为例）并生产数字人视频 |
| 第三步：<br>编写直播脚本 | |
| 第四步：<br>准备直播设备和软件 | |
| 第五步：<br>前期宣传和策划 | |
| 第六步：<br>进行数字人直播 | |

## 【应用实操】

任务1：请按照准备数字人直播的工作流程，探究果蔬农产品数字人直播创意。

任务2：请按照准备数字人直播的工作流程，探究数码产品数字人直播创意。

【实操评价】

| 项目 | 数字人形象设计 | 数字人直播话术设计 | 自评数字人直播效果 |
| --- | --- | --- | --- |
| 评分标准 | 优秀：数字人形象贴合直播主题，感觉亲切<br>良好：数字人形象自然流畅，符合直播要求<br>合格：能够设计出数字人 | 优秀：热情招呼，说明直播主题，吸引观看，介绍详细<br>良好：有欢迎语，说明直播主题，介绍详细<br>合格：说明直播主题，能介绍直播内容 | 优秀：能够说明数字人直播与真人直播相比的优势与劣势，完整详细<br>良好：能够正确说明数字人直播与真人直播相比的优势与劣势<br>合格：能够举出数字人直播的优势与劣势 |
| 自我评价 | □优秀 | □优秀 | □优秀 |
| | □良好 | □良好 | □良好 |
| | □合格 | □合格 | □合格 |
| 小组评价 | □优秀 | □优秀 | □优秀 |
| | □良好 | □良好 | □良好 |
| | □合格 | □合格 | □合格 |

## 任务二　探究扩展现实技术直播

【情境导入】

近几年，在资本和技术的加持下，各种“虚拟直播+”如雨后春笋般涌现，在各个领域大放光彩，小慧看到眼下直播间的虚拟直播间已有不少投入案例，考虑是否建议自己实习的单位“花Cheers”采用虚拟直播，打算先自己了解调研，制作KWHL思维导图，提升自己的职业能力，拓展专业知识。

【知识解析】

### 一、扩展现实技术概述

扩展现实技术，也称XR，“Extended Reality”的缩写，包含虚拟现实（VR）、增强现实（AR）、混合现实（MR）等技术和应用的总称。XR技术是一种能够将真实和虚拟世界无缝融合的技术，用户通过头戴式设备或手持设备进行交互，可以感受到在自己身临其境的场景和环境中，使得虚拟和现实世界的边界变得模糊。

在虚拟现实（VR）中，用户身处于全新的虚拟环境中，与真实世界的联系被完全隔断，而增强现实（AR）则是虚拟元素叠加在现实环境中，用户可以看到现实中的环境和虚拟元素，混合现实（MR）更加深入混合了虚拟世界和现实世界，用户可以在现实环境中对虚拟元素进行操作，也可以通过虚拟元素对现实环境进行操作。XR技术已经在多个领域得到了广泛应用，如游戏、医疗、教育、娱乐、建筑等。

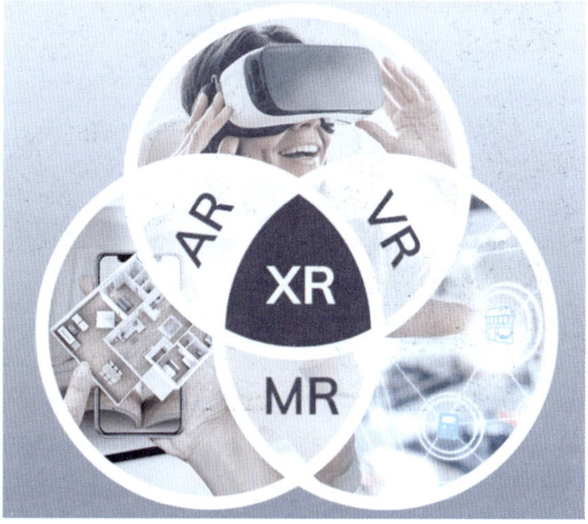


XR与VR/AR/MR的关系

（来源：搜狐官网）

总之，XR技术提供更真实的体验，可以将用户带入虚拟或增强的现实环境中，模拟各种场景和情境，让用户亲身体验和学习；可以根据用户的行动、手势和声音等与虚拟物体进行交互，让用户获得更加自然、直观的交互方式。这种交互方式在游戏、培训、医学等领域具有广泛应用。

在商业领域的应用方面，XR技术有助于提高生产效率，优化流程、工艺和装备，提高产品质量，并可以降低生产成本。例如你在网上购买沙发，通过扩展现实，你可以看到它实际上放在客厅中的效果，通过预先体验来还原场景，减少退货情况，提升零售店的购物体验。

制造业也从XR中得到推动。AR可以在建立之前显示新工厂布局的外观，维护人员将很快创建工厂演练，使需要维修的机器以鲜艳的红色或橙色突出显示。XR实践培训可以在现实世界的设施中提供分步虚拟体验。

在教育方面，XR技术可以提供全新的学习方式和交互体验，促进学生探索、发现和学习，帮助他们更容易地理解知识和概念，提高学习成效。例如西安某教育机构推出将K12教育中各个学科抽象的知识概念具体化；将宏观的、微观的、复杂的知识点变得可视化，从而增强学生对知识点的理解，让学习变得简单高效，从而为老师减压，为学生减负。

在医疗诊疗中，XR技术的应用有助于提高准确性和效率，并可以在模拟环境下进行手术模拟、实验训练等操作，降低手术风险和伤害。例如外科医生可在重大手术前开展模拟和训练，进而对手术过程中可能出现的问题提前预知。

MR赋能科学教育

（来源：漫游广州）

【聚焦案例】XR扩展现实演播室带你感受“奋斗者”号那些了不起的“黑科技”

2020年11月10日，中国“奋斗者”号载人潜水器在玛利亚纳海沟成功坐底，坐底深度10909米，创造了中国载人深潜新纪录。对于这次“万米级深潜”，中央广播电视总台央视新闻频道、央视新闻新媒体运用AR、XR、3D技术进行了全程直播报道。

为了真实记录这一全球瞩目的重要时刻，中央广播电视总台专门组建全海深工作室，打造实时虚拟全景3D直播系统，进行首次全虚拟场景直播，通过XR虚拟演播进行同步科普讲解。运用AR与XR技术进行直观展示，让原本刻板的新闻播放方式生动起来，趣味性和知识性增强。观众可以身临其境全景体验海洋10 909米深处的海之蓝。

中央广播电视总台运用AR、XR、3D技术直播“奋斗者”号深潜任务

（资料来源：学习强国）

## 二、扩展现实设备基础

XR技术需要依赖多种设备和系统进行实现，比较常见的设备包括以下几种。

### （一）LED屏幕

XR效果是以LED屏幕为拍摄背景，通过摄像机的实时追踪技术、实时渲染技术、多屏幕播控管理技术，使LED屏幕中呈现出的虚拟场景画面与屏幕前的“真实角色”在摄像机视角下保持正确三点透视关系，同时对于LED屏幕之外的画面通过“前景叠加”（AR）技术进行实时合成，最终将“真实角色”置身于虚拟世界之中，为观众提供虚拟世界和现实世界之间的无缝连接、转换的“沉浸式”环境。

XR应用下的LED屏幕

（来源：搜狐官网）

### （二）XR动捕系统

XR动捕系统是一种使用传感器和软件技术，将人类动作捕捉并转换成电脑模型的系统。XR动捕系统可以将用户的实时动作转换成3D模型，用于虚拟现实、增强现实和混合现实应用中的角色动画、游戏、教育和培训等领域。

XR动捕系统中的传感器通常包括各类位置追踪器、惯性测量单元、摄像头和深度传感器等设备。这些传感器可以记录用户身体的运动轨迹、姿态和动作细节，通过算法和软件将这些数据转换为3D模型。

XR动捕系统

（来源：搜狐官网）

## （三）XR计算机系统

XR计算机系统需要满足高性能、低延迟、高分辨率和大带宽等特殊需求，以保证用户在虚拟环境中的流畅体验和逼真感受。

XR计算机系统应有以下两个功能：

1.合成功能

它是连接物理舞台与虚拟场景的基础设施，高度集成的LED显示硬件、控制系统、内容渲染引擎和摄像机跟踪。合成服务器是虚拟拍摄工作流程的核心，负责接入摄像机跟踪系统+虚拟制作内容+摄像机拍摄的实时图像，将前景内容输出到LED墙，将合成的XR视频图像输出到导播台进行直播和存储。

2.渲染功能

XR的逼真感受离不开视频制作的渲染处理。渲染引擎是各种最新图形技术的执行者，应用于视频制作的渲染引擎就像汽车的引擎，决定了节目画面的真实感、流畅度和吸引力，观众看到的画面、场景、色彩效果等都是由引擎直接控制的。

【聚焦案例】揭秘春晚舞蹈诗剧《只此青绿》：一眼千年 尽显江山多娇

2022年春节联欢晚会舞蹈诗剧《只此青绿》，通过XR、全息扫描等前沿科技与4K超高清实时渲染系统，高度还原《千里江山图》赭石色调与“头绿”色彩纹理，强化镜面反射效果，营造“人画交融”意境。

《只此青绿》通过XR、全息扫描等技术营造“人画交融”舞台效果

（资料来源：学习强国）

## （四）XR灯光系统

XR灯光系统是指为虚拟现实、增强现实和混合现实应用中的三维环境设置灯光和相关特效的系统。与传统的三维图形应用不同，XR灯光系统需要考虑到用户在现实世

界中的视觉体验，以提供更加逼真的虚拟环境。

XR灯光系统通常运用到多种光源，如点光源、平行光源、聚光灯等，通过控制光源的颜色、亮度、角度、阴影等参数，以模拟出真实世界中各种不同的灯光效果，包括光照、阴影、反射等。XR灯光系统中的光源可以在不同位置和方向上设置，以模拟出真实世界中的光线变化。而XR灯光效果的出现，还需要考虑到光和环境的互动以及材质特性，如反射、折射、吸收和散射等。XR灯光系统还能实现光影映射，用于捕获场景的深度信息和光照信息，以实现真实感的光照和阴影效果。

## 三、扩展现实直播应用

随着虚拟技术的加持，企业直播对“人、场、货”的重建，已经实现了虚拟直播间和人的交互与落地。扩展现实技术可以打破现实与虚拟世界的壁垒，让虚拟与现实共同出现在直播间。虚拟主播和动捕技术的应用，实现了“人”的转型；3D虚拟场景的搭建实现了“场”的再造，可大幅提升观众直播体验；数字商品的出现，使得虚拟直播中的“货”也开始被重构。在虚拟技术的加持下，企业直播的应用正在被颠覆。在企业直播场景中，依托5G技术实现应用场景多元化、增强互动的趣味性，极大改善企业直播用户体验的效果，拓宽企业直播更多的应用场景。

XR灯光系统

（来源：百家号官网）

在2022年京东首届农特产购物节上，美轮美奂的虚拟田间直播场景将直播间的观众带入“乡村绿野、风吹麦浪”的环境中，给人一种沉浸式的购物体验。这种沉浸式的场景营造可以利用直播间观众的感官体验和认知体验，营造氛围让参与者享受处在原生态环境中的状态，使消费者置身于虚拟世界之中，可以临其境、感其情、悟其理，从而帮助直播间实现流量转化。

京东首届农特产购物节的直播间创设

（来源：百家号官网）

作为2022年卡塔尔世界杯足球赛的持权转播商，中国移动咪咕视频打造了国内首个世界杯“元宇宙”虚拟观赛互动空间，直播间的主场景融合了沙漠与海洋共处的奇景，整个演播台置身水上，背景是流沙型的丝带和卡塔尔的主城区，使得坐在屏幕前的你，仿佛已经置身于极具未来感的“沙海之城”卡塔尔，它打破传统演播室的组成方式，依托XR技术构建了一个科技感十足的立体空间，让屏幕前的你体验更沉浸、更自由、更多元的世界杯元宇宙。

国内首个世界杯“元宇宙”虚拟观赛互动空间

（来源：百家号官网）

## 【任务实施】

1.根据KWHL图表，完成对扩展现实的探索思维导图。

其中，K：即knew，我已经知道的；W：What do I want to know？即我想要知道什么；H：How can I learn？我怎么学习这些内容；L：What did I learn？通过学习了解到的内容。请按照自己了解的内容，将已知的（K）、想要知道的（W）进行梳理后，通过新闻阅读、搜集案例、直播观看进行探索。

| 项目 | 内容 |
|---|---|
| K（knew）<br>通过课堂学习我已经知道的 | |
| W（What do I want to know？）<br>我想要知道什么？ | |
| H（How can I learn？）<br>我怎么学习这些内容？<br>建议：<br>1.新闻阅读<br>2.搜集案例<br>3.直播观看 | |
| L（What did I learn？）<br>通过学习了解到的内容 | |

2.请帮助小慧按照准备扩展现实直播流程，构建花店的直播设计，并探讨可行性。

第一步，确定目标受众：明确你的目标受众，并了解他们的偏好和使用行为。确定你的目标受众可以帮助你确定要创建的扩展现实直播内容类型和主题。

第二步，确认直播内容：考虑创意和扩展现实内容，例如场景、特效和交互式活动等。确保所创建的扩展现实内容符合你的目标受众和主题需求。

第三步，准备设备和软件：选择适合你的扩展现实直播设备和软件。你可以选择使用自己的设备和软件，或选择第三方提供的现成方案。

第四步，组建团队：招募一个高效的团队，包括扩展现实专家、内容生产者、摄像师、程序员和项目经理等。在团队中明确各自的角色和工作任务。

第五步，做好运营和推广：准备好线上推广方案，以吸引你的目标受众。考虑使用社交媒体、影响者和数字营销等渠道。

第六步，完成测试和优化：在正式上线扩展现实直播前，需要进行充分的测试和优化，确保扩展现实直播顺畅和稳定。

| 步骤 | 内容 |
|---|---|
| 第一步：确定目标受众 | |
| 第二步：确认直播内容 | |
| 第三步：准备设备和软件 | |
| 第四步：组建团队 | |
| 第五步：做好运营和推广 | |
| 第六步：完成测试和优化 | |

【应用实操】

任务1：根据扩展现实直播的特点，请分享你认为哪些行业适合做扩展现实直播、哪些行业不适合做，并列举原因。

任务2：分享一个扩展现实直播的成功案例，按照直播流程进行分解。

【实操评价】

| 项目 | 任务 1 评价 | 任务 2 评价 |
|---|---|---|
| 评分标准 | 优秀：列举原因充分合理<br>良好：列举原因合理，有提升空间<br>合格：原因正确，但还需进一步拓展 | 优秀：案例有代表性，直播流程分解详细<br>良好：案例相关，直播流程分解恰当<br>合格：案例相关，直播流程有分解，但有提升空间 |
| 自我评价 | □优秀 | □优秀 |
| | □良好 | □良好 |
| | □合格 | □合格 |
| 小组评价 | □优秀 | □优秀 |
| | □良好 | □良好 |
| | □合格 | □合格 |

## 任务三　探究元宇宙直播

【情境导入】

元宇宙是物理世界和数字世界深度融合、虚实共生的一个独特产物，它既根植于现实世界，又呈现在虚拟世界。在元宇宙世界中，我们综合应用新一代数字技术，来实现信息交互、价值传递和沉浸体验，塑造出数字经济发展的未来形态。

小慧所在的实习单位“花Cheers”负责人打算与企业联合开发一个“花Cheers”元

宇宙，作为一款日常运营的游戏，兼具电商功能，同时探究元宇宙直播的可能性。

【知识解析】

## 一、元宇宙直播概述

元宇宙“Metaverse”来源于美国科幻作家尼尔·斯蒂芬森的小说《雪崩》。书中描绘了一个名为“Metaverse”的多人在线的虚拟世界，用户以个性化的虚拟化身在其中活动。在这个虚拟世界中，用户既是其中的体验者，也是其中的创造者。用户可以在其中进行社交、工作等活动，可以购买土地的开发许可证，可以构建街道、楼宇、公园等，在虚拟世界中进行各种创造。在《雪崩》之后，出现了很多带有元宇宙元素的作品，对这个充满想象的虚拟世界进行描绘，例如，电影《头号玩家》等。

元宇宙直播是指在虚拟的世界中进行直播的一种形式，是将传统的视频直播和虚拟现实技术结合起来，通过建立虚拟世界中的主持人和观众，进行直播活动的一种新型直播方式。

当下元宇宙直播包括视频直播、游戏直播、音乐演出直播等，观众可以通过VR头盔等设备进入虚拟的直播场景，与主持人互动，参与直播活动。在元宇宙的虚拟世界里，直播可以突破地域限制，让全球观众都能够参与其中，而且通过虚拟现实技术，观众还能够享受更具沉浸感的直播体验，增加社交互动性。

**元宇宙智能服务平台“亚运元宇宙”**

（来源：学习强国）

## 二、元宇宙直播优势

相较于传统的线下或线上直播，元宇宙直播具有更加丰富的互动性和沉浸感，可以实现更加个性化和高度定制化的直播内容，吸引更多的受众关注。为商业活动提供全新的营销手段和销售渠道，为企业创造更加广阔的商业价值。具体如下：

### （一）互动性

元宇宙直播还可以为观众和主播提供更高级的互动性，例如让观众能够通过VR设备和手势控制在虚拟环境中的角色行动，实时进行角色对话交流等。

### （二）虚拟服务与销售

主播可以在元宇宙直播中展示虚拟产品和虚拟服务，这可以为主播创造更大的收入来源。

### （三）便于观看

观众可以通过电脑、手机、平板电脑或VR设备轻松观看元宇宙直播，减少地域限制或时间限制等因素的影响。

### （四）创意自由

元宇宙直播可以通过引入AR和VR技术，使场景、角色和事件的创意更加自由和多变，这可以令节目和内容更加吸引人、有趣和具有时尚感。

【聚焦案例】招聘新形式——闽南师范大学举办元宇宙双选会

2023年6月，闽南师范大学以“百日冲刺促就业 踔厉奋发建新功”为主题，连续举办4场元宇宙双选会。在元宇宙虚拟世界中，学校设置了展览展厅、就业政策宣讲厅、就业陷阱防范展厅、宣讲厅、恳谈室、咨询室等服务场景，为毕业生提供更加便捷的求职、就业指导服务，同时也提高了用人单位的招聘效率。

据毕业生反馈，在元宇宙平台中，可随意在展厅中漫步，随时查阅用人单位的宣传材料和岗位需求，与用人单位进行面对面语音、视频交流，“互动感非常强，是一种全新的求职体验”。总而言之，这次元宇宙双选会，操作直观便捷，效果与线下招聘会相差不大。

**闽南师范大学举办元宇宙双选会网页截图**

（案例来源：学习强国）

## 三、元宇宙直播应用探索

元宇宙的出现打破了空间的界限，让以前没有联系的世界产生了关联，这在消费体验上尤为明显。以前人们在线上的购物，大都是浏览商品详情页，现在随着技术升级，在AR（增强现实）、VR（虚拟现实）、MR（混合现实）等技术综合运用下，元宇宙直播带货让消费者有了更真实、沉浸的体验，实现了视觉、听觉、触觉等多感官交互，让看不见、摸不着的线上电商逐渐拥有了线下实体店的体验感。

【聚焦案例】好莱客开年这场元宇宙直播有点高能

好莱客紧跟时下大热的元宇宙风口，通过元宇宙直播、品牌数字虚拟IP、互动体验、线上选购一系列创意化营销方式，探索元宇宙营销的更多可能性，打造了一场开年“元宇宙直播大秀”，直播主舞台的Homie兔，不仅现场讲解产品，还可以与总裁进行砍价“大战”，进行“萌趣”才艺表演，增加了直播间的趣味性以及耐看性。直播间的观众也能通过弹幕实时分享自己的感受，在玩的过程中产生购买兴趣。这种打破现实和虚拟限制的元宇宙直播，给家居消费者带来了前所未有的沉浸式体验感。

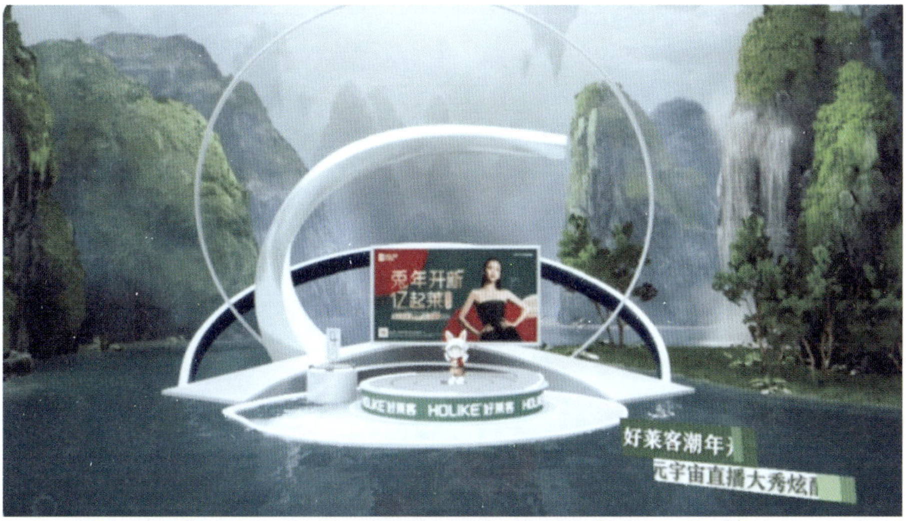


**好莱客开年这场元宇宙直播网页截图**

（来源：百家号官网）

元宇宙直播的应用非常广泛，可以应用于游戏、体育、演唱会、会议、教育培训等多个领域。比如在游戏方面，元宇宙直播让游戏玩家可以在直播间观看全球范围内的游戏比赛，分享游戏技巧和经验，还可以通过虚拟礼物来支持自己喜欢的玩家。在体育方面，元宇宙直播可以让观众在虚拟现实场景中欣赏精彩比赛，增强观赛体验。在演唱会和会议方面，元宇宙直播可以打破时空限制，让观众无论身在何处均可参与到活动中来。在教育培训方面，元宇宙直播不仅可以让学生在线上参与到课程中来，还可以提供更加具有互动性和趣味性的学习方式，进一步提高学习效果。

随着VR技术和直播技术的快速发展，未来元宇宙直播有望进一步完善和创新。在技术方面，人工智能技术能够为观众提供更加个性化的直播体验，而虚拟现实技术能够让观众更加真实地感受到直播内容。此外，区块链技术也能解决直播时的版权、安全等问题。在业态方面，社交电商的兴起意味着直播内容更加符合观众需求，虚拟礼物的运用也将增强用户互动和流量变现效果，而虚拟广告也将呈现出更多元的形式和内容。因此，元宇宙直播将有更广阔的发展前景。

## 【任务实施】

根据KWHL图表，完成对虚拟数字人的探索思维导图。

其中，K：即knew，我已经知道的；W：What do I want to know？即我想要知道什么；H：How can I learn？我怎么学习这些内容；L：What did I learn？通过学习了解到的内容。请按照自己了解的内容，将已知的（K）、想要知道的（W）进行梳理后，通过新闻阅读、搜集案例、直播观看进行探索。

| 项目 | 内容 |
|---|---|
| K（knew）<br>通过课堂学习我已经知道的 | |
| W（What do I want to know？）<br>我想要知道什么？ | |
| H（How can I learn？）<br>我怎么学习这些内容？<br>建议：<br>1.新闻阅读<br>2.搜集案例<br>3.直播观看 | |
| L（What did I learn？）<br>通过学习了解到的内容 | |

## 【应用实操】

任务1：根据元宇宙直播的特点，请分享你认为哪些行业适合做元宇宙直播、哪些行业不适合做，并列举原因。

任务2：分享一个元宇宙直播的成功案例，按照直播流程进行分解。

【实操评价】

| 项目 | 任务 1 评价 | 任务 2 评价 |
| --- | --- | --- |
| 评分标准 | 优秀：列举原因充分合理<br>良好：列举原因合理，有提升空间<br>合格：原因正确，但还需进一步拓展 | 优秀：案例有代表性，直播流程分解详细<br>良好：案例相关，直播流程分解恰当<br>合格：案例相关，直播流程有分解，但有提升空间 |
| 自我评价 | □优秀 | □优秀 |
| | □良好 | □良好 |
| | □合格 | □合格 |
| 小组评价 | □优秀 | □优秀 |
| | □良好 | □良好 |
| | □合格 | □合格 |

## 【项目小结】

本项目介绍企业直播未来发展趋势与可能性，在元宇宙应用场景中，打造虚拟数字人和虚拟场景成为了主要营销方向。如同在现实世界中一样，元宇宙营销也遵循“人、货\场”运行逻辑。虚拟数字人以品牌代言人、员工、客服等身份出现，虚拟场景空间则成为了产品发布、直播带货的主要形式。品牌结合自身的营销需求，通过虚拟数字人、虚拟场景更好地展现品牌形象，兼顾创新与变现，将数字资产不断沉淀为品牌资产，探索元宇宙直播的无限可能性。

## 【课后任务】

一、不定项选择题

1.以下哪些是虚拟数字人直播特点？（　　）

A.降低成本　　B.实时性强　　C.无限互动　　D.真实亲切

2.以下哪些属于扩展现实设备？（　　）

A.XR屏幕系统　　B.动捕系统　　C.XR灯光系统　　D.XR计算机系统

3.元宇宙直播的优势有哪些？（　　）

A.成本低　　B.创意多　　C.效果好　　D.与客户链接强

二、简答题

1.虚拟数字人直播有哪些优点？

2.目前虚拟数字人直播有哪些问题？

3.虚拟现实直播有哪些优点？

4.虚拟现实直播是如何实现的？

5.你认为元宇宙直播带来了哪些新体验？